BestMasters

Mit „BestMasters“ zeichnet Springer die besten Masterarbeiten aus, die an renommierten Hochschulen in Deutschland, Österreich und der Schweiz entstanden sind. Die mit Höchstnote ausgezeichneten Arbeiten wurden durch Gutachter zur Veröffentlichung empfohlen und behandeln aktuelle Themen aus unterschiedlichen Fachgebieten der Naturwissenschaften, Psychologie, Technik und Wirtschaftswissenschaften.
Die Reihe wendet sich an Praktiker und Wissenschaftler gleichermaßen und soll insbesondere auch Nachwuchswissenschaftlern Orientierung geben.

Jan Kristof Nidzwetzki

Entwicklung eines skalierbaren und verteilten Datenbanksystems

Auf Basis von Apache Cassandra und SECONDO

Mit einem Geleitwort von
Prof. Dr. Ralf Hartmut Güting

Jan Kristof Nidzwetzki
Hagen, Deutschland

BestMasters
ISBN 978-3-658-12443-4 ISBN 978-3-658-12444-1 (eBook)
DOI 10.1007/978-3-658-12444-1

Die Deutsche Nationalbibliothek verzeichnet diese Publikation in der Deutschen Nationalbibliografie; detaillierte bibliografische Daten sind im Internet über http://dnb.d-nb.de abrufbar.

Springer Vieweg

Gedruckt auf säurefreiem und chlorfrei gebleichtem Papier

Springer Fachmedien Wiesbaden ist Teil der Fachverlagsgruppe Springer Science+Business Media
(www.springer.com)

Geleitwort

Die Verarbeitung sehr großer Datenmengen ist im Zeitalter des Internet ein drängendes Problem und ein »*heißes*« Forschungsthema geworden. Früher waren sehr große Datenmengen großen Firmen und einigen wissenschaftlichen Anwendungen vorbehalten und ihre Wachstumsraten waren vorhersehbar. Im Internet können aber Ideen auch in kurzer Zeit sehr populär werden und weltweit dramatisch wachsende Nutzerzahlen finden. Man denke an *Google*, *Amazon*, *Facebook*, *Twitter*, *Youtube* usw. Solche Datenmengen sind nur noch mit riesigen Rechnerclustern zu bewältigen.

Google hat mit dem *MapReduce-Ansatz* die Programmierung von Anwendungen auf Clustern von Hunderten oder Tausenden Rechnern stark vereinfacht und sie skalierbar und ausfallsicher gemacht. Ausfallsicherheit ist unverzichtbar, da bei solchen Zahlen von Rechnern ständig einige defekt sind oder werden. Die entsprechende Open-Source-Plattform *Hadoop* ist überaus populär geworden. Da MapReduce mit (Schlüssel, Wert)-Paaren arbeitet, wurden in der Folge *Key-Value-Stores* eingeführt, die Daten in dieser Form skalierbar und ausfallsicher speichern.

Thema der Arbeit ist Entwurf, Implementierung und experimentelle Auswertung der Kopplung eines Key-Value-Stores mit einem erweiterbaren Datenbanksystem. Konkret werden die Systeme *Cassandra* und SECONDO miteinander verbunden.

Cassandra organisiert Schlüssel-Wert Paare verteilt in einem sogenannten *logischen Ring*. Der Ring stellt den Wertebereich einer *Hashfunktion* dar. Eine Menge von Cassandra-Instanzen (Knoten) auf verschiedenen Rechnern ist Schlüsselpositionen im logischen Ring zugeordnet. Jede Instanz auf Position p_i ist zuständig für die Schlüssel-Wert Paare mit Hashwerten von Schlüsseln zwischen p_{i-1} und p_i. Durch Replikation von Daten über mehrere Knoten läßt sich Ausfallsicherheit erreichen. Durch die Möglichkeit, weitere Knoten an beliebigen Positionen im Ring einzufügen, ergibt sich Skalierbarkeit.

NoSQL-Systeme wie Cassandra bieten allerdings nur rudimentäre Funktionen zur Anfrageauswertung. Insbesondere werden Joins nicht unterstützt.

SECONDO ist ein prototypisches Datenbanksystem, dessen Architektur auf Erweiterbarkeit angelegt wurde. SECONDO ist über definierte Schnittstellen erweiterbar um sogenannte Algebramodule, die jeweils spezielle Datentypen und Operationen darauf anbieten können. Solche Algebramodule können auch Indexstrukturen oder Algorithmen für die Anfrageauswertung wie Joinalgorithmen anbieten. Ebenso ist die Ebene der Anfrageoptimierung oder die der graphischen Benutzerschnittstelle erweiterbar.

Neben der erweiterbaren Architektur liegt der Fokus von SECONDO auf der Unterstützung geometrischer Datentypen und Operationen sowie deren zeitabhängiger Varianten, der sogenannten Moving Objects. So können etwa Bewegungsverläufe von Fahrzeugen, Personen oder Tieren effizient in der Datenbank verarbeitet und auf einfache Weise abgefragt werden.

Allerdings arbeitet ein SECONDO Datenbankserver zunächst auf einem einzelnen Rechner; somit ist keinerlei Skalierbarkeit, geschweige denn Ausfallsicherheit, gegeben.

Die in dieser Arbeit entwickelte Kopplung von Cassandra und SECONDO bietet aus Sicht der einzelnen Systeme folgende Vorteile:

- Cassandra: durch Hinzunahme von SECONDO wird komplexe verteilte Anfrageausführung möglich.
- SECONDO: das Gesamtsystem bietet verteilte Anfrageausführung. Somit wird Parallelisierung von SECONDO-Instanzen erreicht. Darüber hinaus bietet Cassandra skalierbare Verarbeitung von Updates.

Insgesamt ergibt sich ein skalierbares, ausfallsicheres System, das in der Lage ist, beliebige Updateraten zu unterstützen und auf den gespeicherten Daten komplexe Anfragen auszuführen. Im Bereich der Verarbeitung von Bewegungsdaten sind diese Eigenschaften einzigartig. Durch die Erweiterbarkeit von SECONDO kann das Gesamtsystem DISTRIBUTED SECONDO auch für andere Anwendungen angepasst werden.

Ralf Hartmut Güting

LG Datenbanksysteme für neue Anwendungen
Fakultät für Mathematik und Informatik
FernUniversität Hagen

Zusammenfassung

Im Rahmen dieser Arbeit wird ein erweiterbares Datenbanksystem mit einem hochverfügbaren Key-Value-Store gekoppelt. Ziel ist es, dem Datenbanksystem einen verteilten und hochverfügbaren Datenspeicher zur Verfügung zu stellen. Ebenfalls werden Themen wie Verteilung und Verarbeitung von Datenströmen sowie die verteilte Abfrageauswertung behandelt.

Inhaltsverzeichnis

Abbildungsverzeichnis

Tabellenverzeichnis

Abkürzungsverzeichnis

ACK	Acknowledge
CQL	Cassandra Query Language
CSV	Comma Separated Values
DB	Datenbank
DBMS	Datenbankmanagementsystem
DHT	Distributed Hash Table
DNS	Domain Name System
EOF	End of File
EOT	End of Transmission
GPS	Global Positioning System
HDFS	Hadoop Filesystem
IP	Internet Protocol
KV-Store	Key-Value-Store
OSM	OpenStreetMap
PBSM-Join	Partition Based Spatial Merge Join
POSIX	Portable Operating System Interface
PSFS	Parallel Secondo File System
RPC	Remote Procedure Call
SCP	Secure Copy
SOS	Second Order Signature

SQL	Structured Query Language
SSH	Secure Shell
TCP	Transmission Control Protocol
UUID	Universally Unique Identifier
VDBMS	Verteiltes Datenbankmanagementsystem

1. Einleitung

Das aktuelle Jahrzehnt wird als Zeitalter der Daten bezeichnet [Whi09, S. 1]. Die Menge der weltweit existierenden Daten ist in den letzten Jahren stark angewachsen. Eine Studie des amerikanischen Marktforschungsunternehmens IDC (*International Data Corporation*) prognostiziert, dass das *Digitale Universum* in der Zeit von 2005 bis 2020 von 130 Exabytes[1] auf 40 000 Exabytes anwachsen wird [GR12]. Pro Kopf würden im Jahr 2020 somit ca. 5 200 Gigabyte Daten gespeichert.

Diese Menge an Daten stellt eine große Herausforderung für Datenbankmanagementsysteme (*DBMS*) und Hardware dar. Um die wachsenden Datenmengen verwalten zu können, entstanden in den letzten Jahren neue, auf den Umgang mit großen Datenmengen spezialisierte, DBMS. Diese Systeme werden umgangssprachlich als *Big-Data Systems* bezeichnet. Sie brechen bewusst mit den Strukturen klassischer DBMS und verzichten auf Funktionen wie Transaktionsmanagement oder *SQL* als Abfragesprache. DBMS, welche auf SQL verzichten, werden als NoSQL-Datenbanken bezeichnet.

Durch den Funktionsverzicht skalieren Big-Data Systems oft besser als traditionelle DBMS. Auch ist die ständige Integrität der Daten nicht oberstes Gebot. Um Skalierbarkeit und Verfügbarkeit zu bieten, werden meist die Dienste von mehreren physikalischen Systemen in Anspruch genommen. Es handelt sich somit um verteilte Systeme.

Viele gängige NoSQL-Datenbanken stellen sich dem Anwender gegenüber als *Key-Value-Store* dar. Daten werden mit Hilfe eines Schlüssels (*Key*) identifiziert; als Werte (*Value*) können meist beliebige Daten abgelegt werden. Vorgefertigte Funktionen und Algorithmen um Daten auszuwerten, existieren in der Regel nicht. Funktionen wie Selektionen oder Joins müssen wiederholt durch Programmierer realisiert werden. Das wiederholte Implementieren von Funktionen für die Datenauswertung macht die Arbeit mit Key-Value-Stores umständlich.

Im Gegensatz zu Key-Value-Stores besitzen traditionelle DBMS (*relationale DBMS*) mit SQL eine mächtige Abfragesprache. Diese erlaubt die

[1] 1 Exabyte = 10^{18} Bytes = 1 000 000 000 000 000 000 Bytes

Auswertung eines Datenbestandes mittels vordefinierter Funktionen. Für den Anwender sind diese DBMS deutlich einfacher zu benutzen. In SQL muss er nur formulieren, wie ein Ergebnis aussehen soll. Wie dieses berechnet wird, bleibt verborgen. Nach einer anfänglichen Euphorie über die Einfachheit von Key-Value-Stores, kommt verstärkt der Wunsch auf, Funktionen für die Auswertung von Daten direkt vom DBMS bereitstellen zu lassen. So setzt die Firma *Google Inc.* für viele Neuentwicklungen wieder DBMS ein, welche sich mit einer Abfragesprache ansprechen lassen (wie z. B. *Google F1* [SVS+13]). Das wiederholte Implementieren von Funktionen für die Datenauswertung entfällt somit.

Auch relationale DBMS können über mehrere Systeme verteilt werden. Aufgrund ihres Aufbaus ist Skalierbarkeit und ständige Verfügbarkeit nur schwer zu erreichen. Wünschenswert ist ein System, welches die Skalierbarkeit und Verfügbarkeit von NoSQL-Datenbanken mit den Möglichkeiten zur einfachen Datenauswertung von relationalen DBMS kombiniert.

1.1. Ziele dieser Arbeit

Die vorliegende Arbeit behandelt drei Themen aus dem Bereich der Big-Data Systems: (i) Verarbeitung von Datenströmen, (ii) hochverfügbare und skalierbare Datenhaltung und (iii) verteilte Abfrageauswertung.

Das Zusammenspiel dieser drei Komponenten ist in Abbildung 1.1 aufgezeigt.

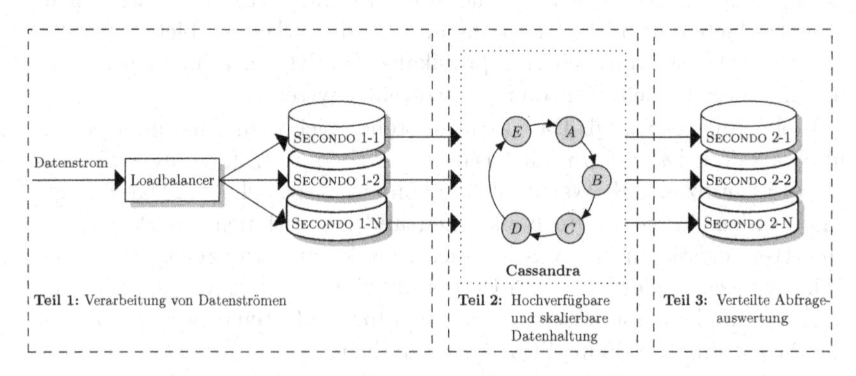

Abbildung 1.1.: Zusammenspiel der in dieser Arbeit behandelten Komponenten.

Der erste Teil der Arbeit geht der Frage nach, wie sich große Datenströme verarbeiten lassen. Ein besonderes Augenmerk liegt hierbei auf der Verteilung von Datenströmen über mehrere Systeme mit Hilfe eines Loadbalancers. Jedes System muss durch die Aufteilung des Datenstroms nur einen Teil der gesamten Daten verarbeiten. Der Loadbalancer besitzt verschiedene Strategien, einen Datenstrom zu verteilen und mit Ausfällen von Systemen umzugehen.

Das an der FernUniversität in Hagen entwickelte DBMS SECONDO wurde um die Möglichkeit erweitert, Datenströme von einem Netzwerksocket zu lesen und in einen Tupelstrom umzuwandeln. Hierzu wurde der bereits vorhandene Operator `csvimport` angepasst.

Im zweiten Teil der Arbeit wird beschrieben, wie sich eine relationale Datenbank und eine NoSQL-Datenbank zu einem *Datenbank-Hybriden* kombinieren lassen. Ziel hierbei ist es, die Skalierbarkeit und die Hochverfügbarkeit einer NoSQL-Datenbank auf die relationale Datenbank zu übertragen und weiterhin die mächtigen Operatoren der relationalen Datenbank nutzen zu können. Die NoSQL-Datenbank übernimmt dabei die Speicherung der Daten; die relationale Datenbank ist für die Auswertung der Daten zuständig. Als NoSQL-Datenbank wird Apache Cassandra eingesetzt. SECONDO nimmt die Rolle der relationalen Datenbank ein.

Zur Kopplung von SECONDO mit Apache Cassandra wurde eine Algebra entwickelt. Diese Algebra stellt Operatoren wie `cspread`, `ccollect`, `clist` und `cdelete` für den Datenaustausch mit Cassandra bereit.

Der dritte Teil der Arbeit untersucht, wie sich eine verteilte und robuste Abfrageauswertung mit dem *Datenbank-Hybriden* realisieren lässt. Hierzu wurde ein System mit dem Namen DISTRIBUTED SECONDO entwickelt. Dieses erlaubt es, Datenbankabfragen über mehrere Systeme hinweg zu verteilen und die Ausführung zu überwachen. Zudem besitzt DISTRIBUTED SECONDO die Fähigkeit, mit dem Ausfall von Systemen umzugehen.

1.2. Aufbau dieser Arbeit

Diese Arbeit ist in acht Kapitel gegliedert. Im folgenden Kapitel werden die Grundlagen von verteilten DBMS und deren Technologien beschrieben. In Kapitel drei wird die Verarbeitung von Datenströmen behandelt. In den Kapiteln vier bis sieben wird das entwickelte System zur Kopplung von SECONDO mit Apache Cassandra vorgestellt und experimentell untersucht. Das letzte Kapitel enthält eine Zusammenfassung sowie einen Ausblick auf mögliche Erweiterungen dieser Arbeit. Abgeschlossen wird die Arbeit durch einen Anhang, in welchem neben Quellcode und Mitschriften von Experimenten auch eine Einführung in Cassandra enthalten ist.

Kapitel 2: Dieses Kapitel gibt eine Übersicht über die Funktionsweise verteilter DBMS. Ebenso werden Technologien wie *Map-Reduce*, PARALLEL SECONDO und Systeme zur *Stromverarbeitung* vorgestellt. Zudem werden in diesem Kapitel Begriffe wie *Scaleup* und *Speedup* definiert und erläutert.

Kapitel 3: Welche Möglichkeiten die im Rahmen dieser Arbeit entwickelten Komponenten bereitstellen, um Tupelströme zu verteilen und zu verarbeiten, wird in diesem Kapitel vorgestellt. Dabei wird auf einen Loadbalancer, einen Lastgenerator sowie den Operator `csvimport` eingegangen.

Kapitel 4: In diesem Kapitel wird eine Algebra vorgestellt, welche SECONDO um die Möglichkeiten erweitert, mit Cassandra zu interagieren. Zudem werden in diesem Kapitel einige Konzepte der Implementation dieser Algebra beschrieben. Auch wird auf zwei Hilfsoperatoren (`delay` und `statistics`) eingegangen. Diese Operatoren werden für die in Kapitel 7 durchgeführten Experimente benötigt.

Kapitel 5: Die verteilte Auswertung von Abfragen wird in diesem Kapitel behandelt. Es wird zunächst an einem einfachen Beispiel gezeigt, wie Abfragen parallel verarbeitet werden können und welche Probleme dabei gelöst werden müssen. Anschließend wird der Aufbau von DISTRIBUTED SECONDO vorgestellt und es wird beschrieben, wie die ermittelten Probleme von diesem System gelöst werden.

Kapitel 6: Dieser Abschnitt stellt exemplarisch drei Anwendungsmöglichkeiten für die entwickelten Komponenten vor. Es wird darauf eingegangen, wie sich Datenströme verschiedener Anwendungsfälle aufzeichnen und durch DISTRIBUTED SECONDO auswerten lassen. Zudem wird der Algorithmus »*Partition based spatial merge join*« parallelisiert.

Kapitel 7: In diesem Kapitel sind verschiedene Experimente beschrieben, welche die Leistungsfähigkeit der entwickelten Komponenten untersuchen. Es wurden zudem Experimente durchgeführt, um das Verhalten von Cassandra und der verwendeten Hardware zu untersuchen. Auch ein experimenteller Vergleich mit PARALLEL SECONDO ist in diesem Kapitel enthalten.

Kapitel 8: Das letzte Kapitel beinhaltet eine Zusammenfassung der Arbeit. Zudem wird ein Ausblick auf mögliche Erweiterungen und Verbesserungen gegeben.

Anhang: Im Anhang finden sich Quellcodes sowie Scripte zu den vorgestellten Programmen. Hinzu kommen Mitschriften von Experimenten sowie Anleitungen die vorgestellte Software zu installieren. Zudem findet sich im Abschnitt F eine Seminararbeit, welche die Grundlagen der Software Apache Cassandra vorstellt. Auf den letzten Seiten der Arbeit befinden sich das Listing- und das Literaturverzeichnis.

Hinweis: Sollten dem Leser die Grundlagen von Cassandra nicht geläufig sein, so wird empfohlen, die in Abschnitt F enthaltene Seminararbeit vor dem Lesen von Abschnitt 2.7 durchzusehen. Ab Abschnitt 2.7 werden einige der dort beschriebenen Konzepte als bekannt vorausgesetzt.

2. Grundlagen

Datenbankmanagementsysteme werden heutzutage von fast jeder größeren Software zur Datenhaltung genutzt. Aus Sicht der Software ist es wünschenswert, dass das DBMS jederzeit erreichbar ist (*Verfügbarkeit*) und auch bei wachsenden Datenbeständen schnell die angefragten Informationen liefert (*Systemleistung und Skalierbarkeit*). Um diese Ziele zu erreichen, bietet es sich an, das DBMS über mehrere *Systeme* (*Nodes / Knoten*) zu verteilen. Hierbei spricht man von einem *verteilten Datenbankmanagementsystem* (*VDBMS*).

2.1. Verteilte Datenbankmanagementsysteme

Bei einem VDBMS handelt es sich um ein DBMS, welches über ein Computernetzwerk verteilt ist und die Verteilung zu einem großen Teil vor dem Anwender versteckt [ÖV11, S. 3].

Verfügbarkeit kann in einem VDBMS dadurch erreicht werden, dass Relationen (Daten) auf mehreren Systemen redundant vorgehalten werden. Bei Ausfall eines Systems kann ein anderes System die Aufgabe des ausgefallenen Systems übernehmen.

Systemleistung und Skalierbarkeit lassen sich dadurch erreichen, dass die am VDBMS teilnehmenden Systeme Aufgaben in Teilaufgaben zerlegen und diese parallel verarbeiten. Jedes System bearbeitet nur einen Teil der Aufgabe. Durch Hinzufügen von weiteren Systemen kann oft die Bearbeitungszeit weiter reduziert werden.

Ein VDBMS kann genutzt werden, um eines oder beide Ziele zu erreichen. Werden Daten redundant gespeichert, um ihre Verfügbarkeit zu erhöhen, besteht eine besondere Herausforderung darin, diese konsistent zu halten [Dad96, S. 240ff.].

2.1.1. Architekturmodelle von VDBMS

Die Architekturmodelle von VDBMS unterschieden sich hinsichtlich dreier Eigenschaften: (i) *Autonomie*, (ii) *Heterogenität* und (iii) *Verteilung* [ÖV11, S. 25ff.].

(i) Die Autonomie bezeichnet die Fähigkeit, dass ein DBMS unabhängig von anderen Systemen operiert. Weisen die am VDBMS teilnehmenden Knoten eine hohe Autonomie auf, so können diese selbst entscheiden, welche Daten sie bereitstellen. Ebenfalls können diese Knoten unabhängig von anderen Systemen Abfragen auf den lokal gespeicherten Daten ausführen.

(ii) Die Verteilung beschreibt, wie die Daten in dieser Architektur gespeichert werden. Ein hoher Grad an Verteilung besagt, dass Daten verteilt (und eventuell auch redundant) auf den Systemen des VDBMS gespeichert werden.

(iii) Die Heterogenität ist ein Maß, wie stark sich die teilnehmenden Systeme voneinander unterscheiden. Dies kann sich sowohl auf die verwendete Hardware und Software, als auch auf das verwendete Schema beziehen, in welchem die Daten gespeichert sind.

Einige Architekturmodelle für VDBMS und die Ausprägungen dieser Eigenschaften sind in Abbildung 2.1 zu finden.

- Als *Mutidatenbanksystem* bezeichnet man ein VDBMS, welches aus autonom agierenden, heterogenen Datenbanken besteht. Die Daten weisen in diesen Systemen eine hohe Verteilung auf. Bei einem solchen System kann es sich beispielsweise um die nachträgliche Kopplung von zwei vormals autonom arbeitenden DBMS handeln. Beide DBMS können weiterhin lokal Abfragen ausführen. Auch bleiben nach der Kopplung die Daten in den beiden DBMS abgespeichert.
- *Client-Server Systeme* weisen hingegen keine Heterogenität auf. Auf allen Client-Systemen kommt die gleiche Software zum Einsatz. Auch können die Clients nicht unabhängig von ihrer Server-Komponente agieren. Es ist jedoch möglich, dass auch hier eine gewisse Verteilung von Daten vorhanden ist. Beispielsweise können mehrere Server eingesetzt werden, welche jeweils nur einen Teil der Daten vorrätig halten.

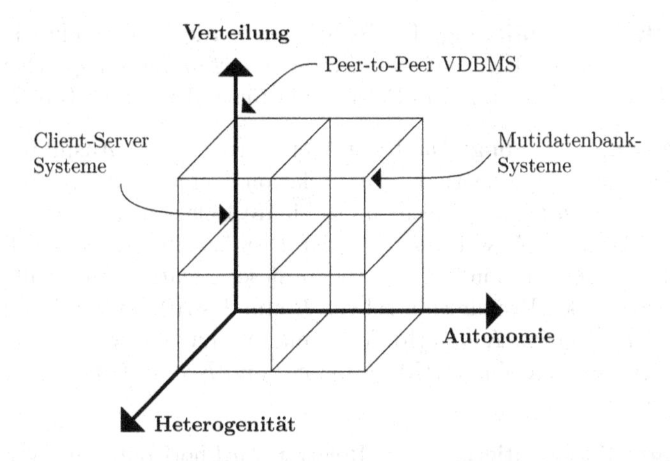

Abbildung 2.1.: Architekturmodelle von VDBMS (nach [ÖV11, S. 25]). Es wird hinsichtlich der Heterogenität, der Autonomie und der Verteilung der am VDBMS beteiligten Systeme unterschieden.

- *Peer-to-Peer Systeme* weisen eine deutlich höhere Verteilung der Daten auf als Client-Server Systeme. Es wird nicht zwischen Clients und Servern unterschieden. Auf jedem Peer-to-Peer System ist ein voll funktionsfähiges DBMS installiert. Die Systeme kooperieren, um Abfragen auszuführen.

2.1.2. Fragmentierung und Allokation

Viele VDBMS verteilen Relationen über mehrere Systeme, um die Verfügbarkeit dieser zu erhöhen. Die Verteilung der Relationen wird von zwei Faktoren beeinflusst: (*i*) Der *Fragmentierung* und (*ii*) der *Allokation*. Die Fragmentierung regelt, wie eine Relation in mehrere Teile aufgeteilt wird; die Allokation regelt, welcher Teil einer Relation auf welchem System gespeichert wird [KE06, S. 449ff.].

Fragmentierung

Damit Relationen in einem VDBMS verteilt werden können, werden diese zunächst in *Fragmente* (*Teile*) zerlegt. Hierfür existieren drei verschiedene Methoden [KE06, S. 453]:

Horizontale Fragmentierung: Die Relationen werden in disjunkte Tupelmengen zerlegt. Hierzu eignet sich die *Selektion* mit entsprechenden Zerlegungsprädikaten. Ein Beispiel hierfür findet sich in Tabelle 2.1.

Vertikale Fragmentierung: Die Relationen werden durch Ausführen von *Projektionen* fragmentiert. Eine Relation R mit mehreren Attributen lässt sich wie folgt in mehrere binäre Relationen aufteilen: Für jedes Attribut A, welches nicht der Primärschlüssel ist, wird eine neue binäre Relation angelegt. Jede dieser Relationen enthält zwei Attribute: den Primärschlüssel von R und das Attribut A [Dad96, S. 75]. Die Relation $Kunde$(Id, Vorname, Nachname) würde so in die zwei Relationen $Kunde_1$(Id, Vorname) und $Kunde_2$(Id, Nachname) zerlegt.

Kombinierte Fragmentierung: Die Relation wird horizontal und vertikal fragmentiert.

Eine korrekt durchgeführte Fragmentierung erfüllt die folgenden Kriterien [KE06, S. 453f]: (i) *Rekonstruierbarkeit*, (ii) *Vollständigkeit* und (iii) *Disjunktheit*. Die Rekonstruierbarkeit besagt, dass die ursprüngliche Relation aus den einzelnen Fragmenten wiederherstellbar sein muss. Die Vollständigkeit besagt, dass jedes Datum einem Fragment zugeordnet ist. Die Disjunktheit stellt sicher, dass ein Datum nur einem Fragment zugeordnet ist; die Fragmente überlappen sich nicht.

Allokation

Die Allokation regelt, welches Fragment auf welchem System gespeichert wird. Dabei kann zwischen der *redundanzfreien Allokation* und der *Allokation mit Replikation* unterschieden werden. Bei der redundanzfreien Allokation wird jedes Fragment genau einem System zugeordnet (N:1 Zuordnung). Bei der Allokation mit Replikation werden Fragmente mehreren System zugeordnet (N:M Zuordnung). Die Fragmente werden somit Redundant gespeichert. In Abbildung 2.2 ist das Zusammenspiel zwischen Fragmentierung und Allokation einer Relation zu sehen.

2.2. Konsistenz

Redundant (mehrfach) gespeicherte Daten werden als konsistent angesehen, wenn alle Kopien der Daten identisch sind. Egal welches Repli-

			Kunden		
Id	*Vorname*	*Nachname*	*Stadt*	*Alter*	*Handynummer*
1	Jan	Knutzen	Berlin	29	1233445445
2	Erik	Schmidt	Hagen	4	4354543444
3	Ute	Müller	München	16	450934552
4	Regine	Husel	Kiel	77	4543454433

			$\mathbf{Kunden}_{(\sigma(Kunden.Alter \geq 18))}$		
Id	*Vorname*	*Nachname*	*Stadt*	*Alter*	*Handynummer*
1	Jan	Knutzen	Berlin	29	1233445445
4	Regine	Husel	Kiel	77	4543454433

			$\mathbf{Kunden}_{(\sigma(Kunden.Alter < 18))}$		
Id	*Vorname*	*Nachname*	*Stadt*	*Alter*	*Handynummer*
2	Erik	Schmidt	Hagen	4	4354543444
3	Ute	Müller	München	16	450934552

Tabelle 2.1.: Horizontale Fragmentierung einer Relation. Die Relation *Kunden* wird durch die Zerlegungsprädikate ($Kunden.Alter < 18$) und ($Kunden.Alter \geq 18$) in zwei disjunkte Relationen zerlegt.

kat gelesen wird, es werden stets die gleichen Informationen vorgefunden. Man spricht in diesem Fall davon, dass alle Replikate den gleichen Versionsstand aufweisen. Dies stellt den gewünschten Zustand dar. Dieser ist nur mit erheblichem Aufwand zu erreichen. Es muss beim Aktualisieren der Daten sichergestellt werden, dass alle Replikate gleichzeitig aktualisiert werden. Diese Strategie ist als *ROWA* (*Read one, write all*) bekannt [ÖV11, S. 465].

Der Nachteil dieser Strategie ist, dass Daten nicht mehr aktualisiert werden können, sobald ein System ausgefallen ist. In der Praxis werden daher oft Strategien verwendet, welche auf Quoren basieren. Es muss nur ein Teil der Systeme bei einem Update erfolgreich aktualisiert werden können, um die Änderung der Daten als erfolgreich anzusehen [ÖV11, S. 468ff.]. Da nicht alle Systeme durch das Update aktualisiert werden müssen, können auch Updates durchgeführt werden, wenn ein oder mehrere

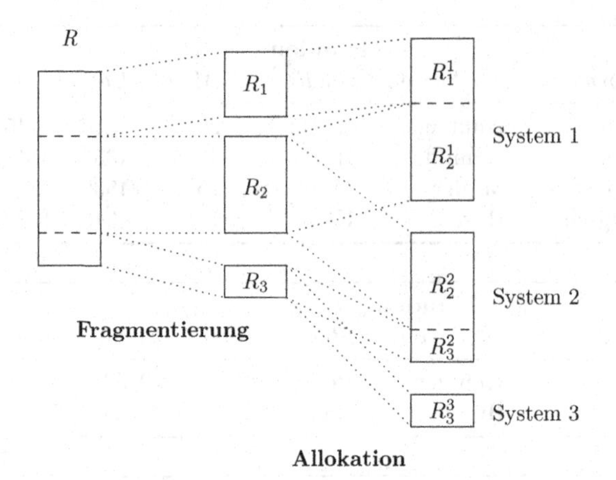

Abbildung 2.2.: Fragmentierung und Allokation einer Relation (nach [KE06, S. 453] / [CP84, S. 40]). Die Relation R wird in die Fragmente R_1, R_2, R_3 zerlegt. Diese Fragmente werden auf drei Systemen, teils redundant, gespeichert.

Systeme ausgefallen sind. Nun tritt das Problem auf, dass die Replikate verschiedene Versionsstände aufweisen können.

Bei einem *Konsistenzmodell* handelt es sich um einen zwischen Prozessen und Datenspeichern geschlossenen Vertrag. Er besagt, dass der Datenspeicher solange korrekt funktioniert, solange sich der Prozess an bestimmte Regeln hält [TvS07, S. 307]. Das Konsistenzmodell legt unter anderem fest, in welcher Reihenfolge Schreiboperationen sichtbar werden.

In verteilten Systemen wird zwischen datenzentrierten und clientzentrierten Konsistenmodellen unterschieden. Erstere beschreiben das Verhalten beim Zugriff von mehreren Prozessen auf einen Datenspeicher. Letztere die Sicht eines Clients auf die von ihm geschriebenen Daten.

2.2.1. Datenzentrierte Konsistenmodelle

Ein Vertreter der datenzentrierten Konsistenzmodellen ist der *sequenziell konsistente Datenspeicher*. Dieses Konsistenzmodell wird von einem Datenspeicher erfüllt, wenn die von Prozessen am Datenspeicher durchgeführten Operationen so sichtbar werden, als wenn diese in einer sequenziellen Reihenfolge ausgeführt worden währen und die von den Prozessen vorgegebene Reihenfolge eingehalten hätten [TvS07, S. 313].

In Abbildung 2.3 ist schematisch das Verhalten eines solchen Datenspeichers abgebildet. Die in Abbildung 2.3(a) dargestellten Lese- und Schreibanforderungen können sequenziell in der Reihenfolge: $W_2(x)b$, $R_3(x)b$, $R_4(x)b$, $W_1(x)a$, $R_3(x)a$, $R_4(x)a$ angeordnet werden. Für die Lese- und Schreibanforderungen in Abbildung 2.3(b) lässt sich keine sequenzielle Ordnung finden. $R_3(x)b$ muss vor $R_3(x)a$ ausgeführt werden und $R_4(x)a$ muss vor $R_4(x)b$ ausgeführt werden. Die Operationen $W_1(x)a$ und $W_2(x)b$ so anzuordnen, dass dies erreicht wird, ist nicht möglich.

Eine Verschärfung der sequenziellen Konsistenz stellt die *linearisierbare Konsistenz* (*linearizable consistency*) dar. In dieser wird zusätzlich jedem Ereignis OP eine Zeit $T(OP)$ zugeordnet[1]. Bezüglich dieser Zeit lässt sich eine Ordnung der Ereignisse aufstellen. Gilt $T(OP_1) < T(OP_2)$, so muss OP_1 vor OP_2 in der sequenziellen Reihenfolge vorkommen.

Das in Abbildung 2.3(a) dargestellte Verhalten befolgt somit nicht die linearisierbare Konsistenz. Der Prozess P_1 führt als erster eine Schreiboperation auf dem Datenelement x durch. Kurz darauf überschreibt der Prozess P_2 dieses Datenelement. Der von P_1 geschriebene Wert darf somit von nachfolgenden Leseoperationen nicht mehr gelesen werden.

2.2.2. Clientzentrierte Konsistenmodelle

Clientzentrierte Konsistenmodelle beschreiben die Sicht eines Prozesses auf von ihm geschriebene Daten. Bezüglich den nebenläufigen Zugriffen mehrerer Clients werden keine Aussagen getroffen.

Mit dem Begriff *letztendliche Konsistenz* (*eventual consistency*) [Vog09] bezeichnet man Konsistenzmodelle, welche ein hohes Maß an Inkonsistenz zulassen. Gemäß dem Fall, dass Daten über einen längeren Zeitraum nicht aktualisiert werden, weisen alle Replikate irgendwann (letztendlich) den gleichen Versionsstand auf [TvS07, S. 319ff.].

Das *Domain Name System* (*DNS*) setzt dieses Konsistenzmodell um. Werden DNS-Daten über einen längeren Zeitraum nicht geändert, sind irgendwann im gesamten Internet die gleichen DNS-Daten sichtbar. Auch die Datenbank Cassandra verwendet dieses Konsistenmodell.

[1] Dies kann beispielsweise über logische Lamportuhren erfolgen [Lam78].

P1:	$W_1(x)a$			
P2:		$W_2(x)b$		
P3:			$R_3(x)b$	$R_3(x)a$
P4:			$R_4(x)b$	$R_4(x)a$

(a) Ein sequenziell konsistenter Datenspeicher

P1:	$W_1(x)a$			
P2:		$W_2(x)b$		
P3:			$R_3(x)b$	$R_3(x)a$
P4:			$R_4(x)a$	$R_4(x)b$

(b) Ein nicht sequenziell konsistenter Datenspeicher

Abbildung 2.3.: Vergleich zweier Datenspeicher: Datenspeicher (a) bietet sequenzielle Konsistenz, Datenspeicher (b) bietet keine sequenzielle Konsistenz (nach [TvS07, S. 313]). Auf der horizontalen Achse schreitet die Zeit voran. Symbolbedeutung: $W_1(x)a$ besagt, dass zu diesem Zeitpunkt von Prozess 1 das Datenelement x mit dem Wert a beschrieben wird. $R_4(x)a$ besagt, dass zu diesem Zeitpunkt von Prozess 4 das Datenelement x gelesen wird. Der Wert des gelesenen Datenelements ist a.

2.3. Fehlerarten

In verteilten Systemen stehen die Komponenten in Abhängigkeit zueinander. Der Fehler einer Komponente kann sich auf das Verhalten anderer Komponenten auswirken. In [Cri91] und [HT93] wurden diese Abhängigkeiten untersucht und eine Klassifikation der Fehlerarten vorgenommen. In [TvS07, S. 357] sind die Fehlerarten beider Artikel nochmals zusammengefasst (siehe Tabelle 2.2).

Im Rahmen dieser Arbeit werden die ersten drei Fehlerarten einfach als *Fehler* oder *Ausfall* bezeichnet. Eine Unterscheidung zwischen z. B. einem überlasteten Server, welcher innerhalb einer Zeitspanne keine Antwort liefert und einem abgestürzten Server, wird nicht vorgenommen. Zudem wird davon ausgegangen, dass die letzten beiden Fehlerarten nicht auftreten. Die in dieser Arbeit vorgestellten Techniken bieten keine Möglichkeit, die letzten beiden Fehlerarten zu erkennen.

2.4. Hashing

Als *hashing* (engl. zerhacken) wird das Abbilden einer beliebig langen Information auf eine Information fixer Länge bezeichnet [TvS07, S. 426]. Die

Fehlerart	Beschreibung
Absturzausfall	Ein Server steht, hat aber bis dahin richtig gearbeitet. Der angebotene Dienst bleibt beständig aus.
Dienstausfall	Ein Server antwortet nicht auf eingehende Anforderungen.
Zeitbedingter Ausfall	Die Antwortzeit eines Servers liegt außerhalb des festgelegten Zeitintervalls.
Ausfall korrekter Antwort	Die Antwort eines Servers ist falsch.
Byzantinischer Ausfall	Der Server erstellt zufällige Antworten zu zufälligen Zeiten.

Tabelle 2.2.: Unterschiedliche Fehlerarten in verteilten Systemen (nach [TvS07, S. 357]).

Funktion, die dies erledigt, wird als *Hashfunktion* bezeichnet. Die Ausgabe der Funktion bezeichnet man als *Hashwert.* Hashfunktionen sind nicht injektiv. Es ist also nicht möglich, aus dem Hashwert die ursprüngliche Information zu rekonstruieren.

2.4.1. Hashtabellen

Hashfunktionen werden in Datenstrukturen oft eingesetzt, um bestimmte Elemente effizient auffinden zu können. Ein Beispiel hierfür ist die Datenstruktur *Hashtable* [CSRL01, S. 224]. Der Hashwert eines Elementes bestimmt den Ablageort (Eintrag) in der Hashtabelle.

Beispiel: Hashfunktion für die Aufteilung eines Integerwertes k auf eine Hashtabelle mit 1024 Einträgen. Für jedes Element k kann durch die Hashfunktion die Position in der Tabelle bestimmt werden.

$$\texttt{h(k) = k mod 1024} \tag{2.1}$$

2.4.2. Distributed Hashtables

Hashtabellen können über mehrere Systeme verteilt werden. In diesem Fall spricht man von *Distributed Hash Tables* (*DHTs*) [TvS07, S. 216]. Diese DHTs bilden die Grundlage vieler Peer-to-Peer Systeme. Jeder Teilnehmer am Peer-to-Peer Netzwerk speichert und verantwortet einen Teil der

DHT. Beispielsweise kann für ein Peer-To-Peer Netzwerk mit n Knoten die Hashfunktion `h(k) = k mod n` zur Aufteilung der Daten eingesetzt werden. Die Hashfunktion legt fest, welcher Knoten für das Element mit dem Wert k zuständig ist.

Consistent Hashing

Problematisch wird es, wenn ein neuer Knoten ins Peer-to-Peer Netzwerk aufgenommen wird und die Hashtabelle in ihrer Größe verändert werden muss. Wird die Hashtabelle aus dem letzten Beispiel von n auf $n + 1$ Elemente vergrößert, befinden sich die in den bestehenden n Einträgen gespeicherten Elemente an einer falschen Stelle. Grund hierfür ist, dass sich mit dem Vergrößern der Hashtabelle auch der Parameter n der Hashfunktion verändert hat.

Alle bislang eingefügten Elemente müssen durch die neue Hashfunktion verarbeitet und gegebenenfalls auf einem anderen System abgespeichert werden. Im Falle einer DHT müssten viele Elemente von einem System auf ein anderes System kopiert werden. Bei einem Peer-to-Peer System ist die Anzahl der Teilnehmer nicht konstant. Es kommen laufend neue Teilnehmer hinzu, andere Teilnehmer verlassen das Netzwerk.

Um das aufwändige *Rehashing* der Daten zu vermeiden, kann *Consistent Hashing* eingesetzt werden. Die Idee hierbei ist, dass der Wertebereich der Hashfunktion unabhängig von der Anzahl der Teilnehmer des Peer-to-Peer Netzwerkes ist. Jeder Teilnehmer am Peer-To-Peer Netzwerk verantwortet einen *Bereich* der DHT. Kommt ein neuer Knoten hinzu, kann ein Bereich der DHT aufgespalten und auf zwei Knoten verteilt werden. Der Rest der DHT und die Parameter der Hashfunktion bleiben hiervon unberührt (siehe Abbildung 2.4).

Das in dieser Arbeit beschriebene Datenbankmanagementsystem Cassandra, setzt DHTs in Verbindung mit Consistent Hashing ein.

2.5. Das CAP-Theorem

Im Jahr 2000 präsentierte der amerikanische Informatiker *Eric Brewer* auf der Konferenz »*Symposium on Principles of Distributed Computing*« das *CAP-Theorem*. Dieses Theorem besagt, dass aus den drei Eigenschaften *Consistency* (Konsistenz), *Availability* (Verfügbarkeit) und *Partition Tolerance* (Partitionstoleranz) nur jeweils zwei von einem verteilten Sys-

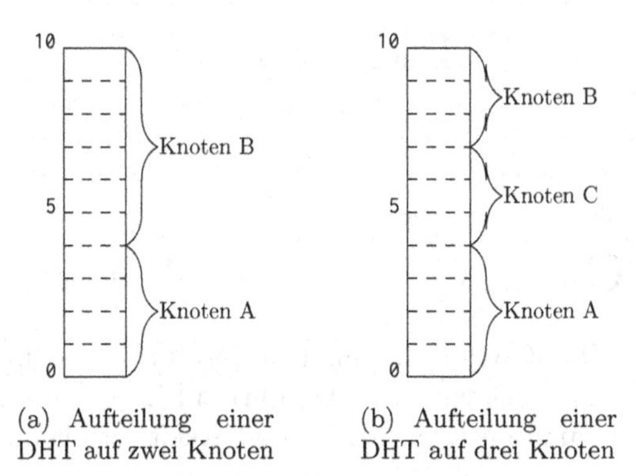

(a) Aufteilung einer DHT auf zwei Knoten

(b) Aufteilung einer DHT auf drei Knoten

Abbildung 2.4.: Consistent Hashing mit Distributed Hash Tables. In Abbildung (a) wird eine DHT mit zehn Einträgen auf zwei Knoten verteilt. In Abbildung (b) kommt ein Knoten hinzu. Der Bereich des Knotens B wird in zwei Teile aufgeteilt und auf die Knoten B und C verteilt.

tem (wie einer verteilten Datenbank) erreicht werden können [GL02]. Das Theorem ist in Abbildung 2.5 veranschaulicht.

Consistency: Die von der Datenbank gelieferten Daten befinden sich jederzeit in einem konsistenten Zustand. Jeder Client sieht zu einem Zeitpunkt den gleichen Zustand der Daten.

Availability: Die Datenbank steht jederzeit für Abfragen zur Verfügung.

Partition Tolerance: Dies bezeichnet die Fähigkeit des DBMS mit Netzwerkunterbrechungen oder dem Verlust von Nachrichten umzugehen.

Für jede der möglichen Kombinationen finden sich Systeme in der Praxis:

Partition Tolerance und Consistency: Hierzu zählen Systeme wie MongoDB [PHM10], HBase [Geo11] oder Google Bigtable [CDG+08]. Diese Systeme stellen jederzeit die Konsistenz der Daten sicher. Zudem können sie mit Netzwerkausfällen umgehen. Die Verfügbarkeit der Daten kann durch diese jedoch eingeschränkt werden.

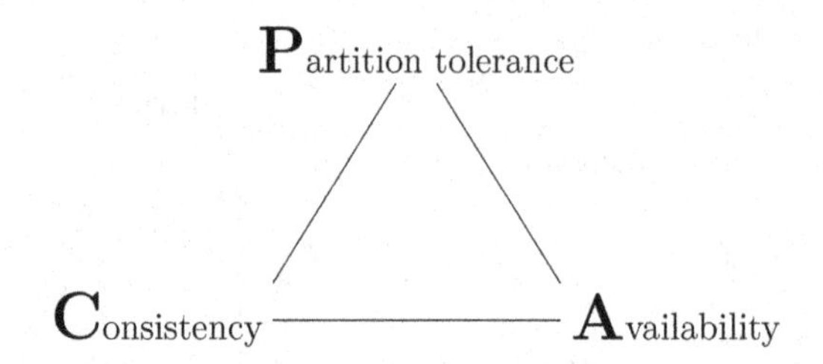

Abbildung 2.5.: Das CAP-Theorem. Ein verteiltes System kann immer nur zwei der drei aufgeführten Eigenschaften (Konsistenz, Partitionstoleranz, Verfügbarkeit) erfüllen.

Partition Tolerance und Availability: Systeme wie Apache Cassandra [Hew10], Amazon Dynamo [DHJ+07] oder das Domain-Name-System [Moc87] fallen in diese Kategorie. Die Daten sind jederzeit verfügbar, auch wenn Teile des Systems durch einen Ausfall abgetrennt werden. Es wird jedoch nicht sichergestellt, dass sich die Daten in einem konsistenten Zustand befinden.

Consistency und Availability: Traditionelle DBMS wie beispielsweise MySQL [Dye08] oder PostgreSQL [OH12] fokussieren sich auf Consistency und Availability. Die Konsistenz der Daten kann in einem VDBMS durch ein *Zwei-Phasen-Commit-Protokoll* sichergestellt werden [KE06, S. 471ff.].

2.6. NoSQL-Datenbanken

Der Begriff *NoSQL* wurde erstmals im Jahre 1998 für ein leichtgewichtiges DBMS mit dem Namen »*NoSQL - A Relational Database Management System*« verwendet [NoS14]. Dieses DBMS des Entwicklers *Walter Hobbs* bietet viele der aus RDBMS bekannten Funktionen, verzichtet jedoch auf den Einsatz von SQL. Für Abfragen benutzt dieses DBMS das *Operator-Stream Paradigm*: Ähnlich zu einem Operatorbaum werden die Daten durch verschiedene Instanzen des Programms geleitet. Jede Instanz nimmt dabei die Rolle eines Operators ein. Die Tabellen werden in einfachen

Textdateien gespeichert. Das Verbinden der Programminstanzen erfolgt über eine *Pipe*[2].

Heutige NoSQL-Datenbanken

In den letzten Jahren hat sich der Begriff *NoSQL-Datenbank* zu einem Sammelbegriff für Datenbanken entwickelt, welche ohne die Abfragesprache SQL auskommen und meist auf die Verarbeitung großer Datenmengen ausgelegt sind. Der Begriff NoSQL-Datenbank lässt sich nicht präzise definieren. Die meisten der sich selbst als NoSQL-Datenbank bezeichnenden Systeme haben gemein, dass diese Daten horizontal fragmentieren und das System verteilt auf mehreren Systemen ausgeführt wird. NoSQL-Datenbanken sind im CAP-Theorem (siehe Abschnitt 2.5 auf Seite 16) meist auf der Kante AP (Verfügbarkeit und Partitionstoleranz) zu finden. Konsistenz ist bei diesen Datenbanken nicht das oberste Ziel.

2.6.1. Key Value Stores

Die ersten Versionen vieler NoSQL-Datenbanken stellten sich dem Anwender gegenüber als einfacher *Key-Value-Store* (*KV-Store*) dar (siehe Abbildung 2.6). Daten konnten mit einer Operation *put(Schlüssel, Wert)* unter einem eindeutigen Schlüssel abgelegt werden. Mittels der Operation *get(Schlüssel)* konnten die unter dem Schlüssel gespeicherten Informationen wieder abgerufen werden. Als Datentypen für den Schlüssel und den Wert kommt meist der Datentyp String zum Einsatz. Beispiele hierfür sind das *Thrift-Interface* von Cassandra oder das Interface der NoSQL-Datenbank *Dynamo* [DHJ+07, S. 211].

Schlüssel in Key-Value-Stores

Um zusammengehörige Daten zu kennzeichnen muss bei *einfachen KV-Stores* mit zusammengesetzten Schlüsseln gearbeitet werden. *Komplexere KV-Stores* stellen eine Adressierung über mehrere Attribute bereit. Ein

[2] Unter Unix können mit einer *Pipe* die Ausgaben eines Programms als Eingabe für ein anderes Programm bereitgestellt werden [Tan09, S. 55]. Beispiel: Das Programm `ls` erzeugt eine Liste mit allen Dateien im aktuellen Verzeichnis. Diese Ausgabe wird durch eine Pipe »|« dem Programm `grep` als Eingabe bereitgestellt. Das Programm grep gibt nur die Zeilen aus, welche ein bestimmtes Suchmuster enthalten. So erhält man durch den Befehl »`ls | grep meindokument`« eine Auflistung aller Dateien im aktuellen Verzeichnis, welche den Begriff *meindokument* enthalten.

Key	Value
1111_fistname	Jens
1111_lastname	Müller
2222_firstname	Tobias
2222_lastname	Mayer
3333_age	22

(a) Ein KV-Store mit zusammengesetzten Schlüsseln

Key	Attribute	Value
1111	firstname	Jens
1111	lastname	Müller
2222	firstname	Tobias
2222	lastname	Mayer
3333	age	22

(b) Ein KV-Store ohne zusammengesetzte Schlüssel

Abbildung 2.6.: Zwei Key-Value-Stores mit den gleichen Werten. In 2.6(a) werden die Daten über einen eindeutigen Schlüssel adressiert. In 2.6(b) werden die Werte über einen Schlüssel und ein Attribut adressiert.

Beispiel für einen komplexen KV-Store ist das Datenmodell von Cassandra (siehe Abschnitt F.2 ab Seite 244). In diesem werden Daten über einen Zeilenschlüssel und ein oder mehrere Attribute adressiert.

Beispiel: In einem einfachen KV-Store sollen die Werte *Vorname*, *Nachname* und *Alter* des Benutzers mit der ID `1234` gespeichert werden. Als Schlüssel können hierfür `1234_vorname`, `1234_nachname` und `1234_alter` genutzt werden.

Spätere Versionen vieler NoSQL-Datenbanken führten eine Abfragesprache ein um den Umgang mit ihnen zu vereinfachen. Ein Beispiel hierfür sind die Cassandra Query Language (CQL) mit der sich neuere Versionen von Cassandra ansprechen lassen oder *AQL* (ArangoDB Query Language) mit der sich das DBMS *ArangoDB* abfragen lässt [Ara14].

Schwierigkeiten bei der Verwendung von Key-Value-Stores

Die Verwendung von relationalen Datenbanken, mit ihrer Abfragesprache SQL, nimmt einem Anwendungsentwickler viel Arbeit ab. Er muss in SQL nur formulieren, wie das Ergebnis einer Abfrage aussehen soll, nicht aber wie die eigentliche Berechnung abzulaufen hat [Nid12, S. 6ff.]. Das DBMS berechnet aus der SQL-Abfrage einen Operatorbaum, welcher mit möglichst geringem Aufwand an Ressourcen das gewünschte Ergebnis liefert. Auch sind in relationalen Datenbanken Techniken für die Nutzung von Transkationen enthalten.

All diese Funktionen sind in NoSQL-Datenbaken nicht enthalten. Funktionen wie Filter, Verbünde (Joins) oder Transaktionen müssen individuell von einem Entwickler realisiert werden. Nach einer Anfangs großen Begeisterung für die Einfachheit von KV-Stores werden zunehmend NoSQL-Datenbanken entwickelt, welche sich mit Hilfe einer Abfragesprache ansprechen lassen. Die Entwickler des bei Google entwickelten hochverfügbaren und verteilten SQL-DBMS *F1* schreiben in [SVS+13, S. 12] als Motivation für ihre Arbeit:

> »In recent years, conventional wisdom in the engineering community has been that if you need a highly scalable, high-throughput data store, the only viable option is to use a NoSQL key/value store, and to work around the lack of ACID transactional guarantees and the lack of conveniences like secondary indexes, SQL, and so on. [...] that option was simply not feasible: the complexity of dealing with a non-ACID data store in every part of our business logic would be too great, and there was simply no way our business could function without SQL queries.«

2.7. Cassandra

Apache Cassandra ist ein hochverfügbar, verteilter und skalierbarer Key-Value-Store. Eine Beschreibung dieser Datenbank findet sich im Anhang im Kapitel F ab Seite 241. Ab diesem Abschnitt werden die im Anhang beschriebenen Konzepte von Cassandra als bekannt vorausgesetzt. Die dargestellten Funktionen beziehen sich auf die Version 2.0.7 von Cassandra.

Cassandra bietet zwei Schnittstellen für Client-Anwendungen. Eine auf *Apache Thrift* basierende Schnittstelle und eine CQL-Schnittstelle:

- Bei Apache Thrift handelt es sich um ein, ursprünglich bei Facebook entwickeltes, Kommunikationsprotokoll ähnlich RPC.
- Alternativ kann Cassandra mit dem *binary CQL protocol* angesprochen werden. Bei der *CQL* (*Cassandra Query Language*) handelt es

sich um eine zu SQL ähnlichen Abfragesprache. Es wird empfohlen, für Neuentwicklungen nur noch die CQL-Schnitstelle von Cassandra zu verwenden[3].

2.7.1. DataStax, Inc.

Die Firma *DataStax, Inc.* ist eine Softwarefirma mit Sitz in den USA, welche sich auf den kommerziellen Einsatz von Apache Cassandra spezialisiert hat [Inc14b]. Die Firma beschäftigt Entwickler, welche an der Weiterentwicklung und Dokumentation von Cassandra arbeiten. Die Dokumentation zu Cassandra ist auf den Seiten der Firma frei einsehbar [Inc14a].

DataStax vertreibt eine kommerzielle Version von Cassandra unter dem Namen »*Cassandra Enterprise Edition*«. Diese enthält neben Überwachungs- und Verwaltungssoftware auch eine Integration der Open Source Software *Apache Solr* [KW14]. Mit dieser können Volltextsuchen auf dem Datenbestand von Cassandra durchgeführt werden. Zusätzlich bietet DataStax Schulungen rund um das Thema Cassandra an [Dat14b].

CPP-Driver

Am 05.11.2013 hat DataStax unter dem Namen *cpp-driver* einen Datenbanktreiber für das Ansprechen von Cassandra aus C++ Anwendungen heraus veröffentlicht [Dat14a]. Dieser Treiber steht unter der *Apache License, Version 2.0*; er kommt mit einigen Modifikationen im Rahmen dieser Arbeit zum Einsatz. Diese Modifikationen sind im Abschnitt A auf Seite 217 beschrieben.

Zum Zeitpunkt des Schreibens dieser Arbeit war der cpp-driver der einzige Treiber für Cassandra und die Programmiersprache C++. Alternativ besteht die Möglichkeit mittels Thrift auf Cassandra zuzugreifen. Da diese Schnittstelle als veraltet gekennzeichnet ist, wurde dieser Weg in dieser Arbeit nicht weiter verfolgt.

2.7.2. Grundlagen der Cassandra Query Language

Die Syntax von CQL ist stark an SQL angelehnt. Dies ermöglicht es neuen Benutzern, sich schnell in der CQL zurechtzufinden. Die CQL ist in zwei Teile aufgeteilt: (*i*) Die *DDL* (*Data Definition Language*) enthält alle

[3] »*The Thrift interface is a legacy API for older clients.*« [CAS14b]

Befehle, welche sich auf die Struktur der Daten auswirken. (*ii*) Die *DML* (*Data Manipulation Language*) enthält alle Befehle, welche Daten lesen, schreiben, ändern oder löschen.

Neben einer Anmeldung am Cassandra-Server (siehe Abschnitt F.2.4 auf Seite 259) sind keine weiteren Mechanismen implementiert, Berechtigungen zu vergeben. Entsprechend kommen *DCL* Befehle (*Data Control Language*) nicht in der CQL vor. In den folgenden Abschnitten wird der für die Arbeit wichtige Teil von CQL vorgestellt. Eine vollständige Beschreibung der Sprache findet sich in [CAS14a].

DDL

Die DDL-Befehle der CQL dienen dazu, Keyspaces und Tabellen zu verwalten. In Cassandra werden mehrere Tabellen in einem Keyspace zusammengefasst. Für die Keyspaces werden Informationen wie der zu verwendende Partitionerer (siehe Abschnitt F.2.2 auf Seite 249) und der Replikationsfaktor festgelegt.

Als Datentypen können die aus SQL bekannten Typen *blob*, *boolean*, *double*, *float*, *text*, *varchar*, etc. verwendet werden. Eine vollständige Auflistung der Typen findet sich in [CAS14a, Abschnitt: Data Types].

Beispiel: In Listing 2.1 wird zunächst ein neuer Keyspace mit dem Namen *mykeyspace* angelegt. Alle in diesem Keyspace gespeicherten Datensätze werden dreifach gespeichert. Danach wird in der Zeile 5 eine Tabelle mit dem Namen *orte* angelegt und in Zeile 6 wieder gelöscht. In der Zeile 9 wird durch den Befehl `drop keyspace` der zuvor angelegte Keyspace wieder gelöscht.

Jede Tabelle muss mit einem Primärschlüssel versehen werden. Der Primärschlüssel dient als Attribut für den Partitionierer. Genau wie in relationalen Datenbanken wird für den Primärschlüssel automatisch ein Index angelegt.

DML

Mit den Befehlen `insert`, `select` und `delete` können in CQL Daten in bestehende Tabellen eingefügt, abgefragt und gelöscht werden. Die Syntax dieser Befehle ist mit SQL identisch. In Listing 2.2 finden sich zu diesen drei Befehlen jeweils ein Beispiel. Mittels `insert` wird ein Datensatz in die Tabelle *orte* eingefügt. Mittels `select` wird dieser ausgelesen. Anschließend wird mittels `delete` dieser Datensatz wieder entfernt.

Listing 2.1: CQL – Verwalten von Keyspaces und Tabellen

```
1 # Anlegen und eines Keyspaces
2 CREATE KEYSPACE mykeyspace WITH replication = { '
      replication_factor' : 3};
3
4 # Anlegen und löschen einer Tabelle
5 CREATE TABLE orte (plz int PRIMARY KEY, stadt varchar);
6 DROP TABLE orte;
7
8 # Löschen des Keyspaces mykeyspace
9 DROP KEYSPACE mykeyspace;
```

Listing 2.2: CQL – Verwalten von Daten

```
1 # Einfügen, abfragen und löschen von Daten in der Tabelle plz
2 INSERT INTO orte(10409, "Berlin");
3 SELECT * FROM orte WHERE plz=10409;
4 DELETE FROM orte WHERE plz=10409;
```

Das Datenmodell

Das Datenmodell von Cassandra ist in Abschnitt F.2 ab Seite 244 beschrieben. Diese Beschreibung stammt aus dem Jahr 2013. In den letzten 12 Monaten hat sich das Datenmodell von Cassandra verändert. Die dort bereits als veraltet vorgestellten *Superspalten* wurden durch *Collection columns* ersetzt [CQL14b]. Collection columns erlauben es, anstatt nur eines Wertes pro Attribut (Spaltenname), eine Menge (*set*), eine Liste (*list*) oder ein Wörterbuch (*map*) von Werten zu speichern.

Beispiel: In Listing 2.3 wird eine Tabelle mit dem Namen *orte2* angelegt. Im Gegensatz zu der bislang betrachteten Tabelle *orte*, kann in der Tabelle *orte2* eine Menge von Städten unter dem Attribut *stadt* gespeichert werden. Für das Attribut *stadt* wird in dieser Tabelle eine Menge vom Typ text verwendet. In Zeile 2 des Listings wird der Postleitzahl *99994* eine Menge von Städten mit den Werten *Mehrstedt* und *Marolterode* zugewiesen. In Zeile 3 wird der Menge zusätzlich der Wert *Hohenbergen* zugewiesen.

Listing 2.3: CQL – Collection columns

```
1 CREATE TABLE orte2 (plz int PRIMARY KEY, stadt set<text>);
2 INSERT INTO orte2 (99994, {'Mehrstedt', 'Marolterode'});
3 UPDATE orte2 SET stadt = stadt + {'Hohenbergen'} WHERE plz =
      99994;
```

Bereichsabfragen

Wie in SQL auch, können in CQL mit der Selektion (`select`) und einem Selektionsprädikat alle Datensätze aufgefunden werden, auf welche ein Selektionsprädikat zutrifft. Wird ein Intervall als Selektionsprädikat genutzt, so wird dies als *Bereichsabfrage* (*Range-Query*) bezeichnet. In CQL sind die Operatoren =, >, <, <=, >= und $IN(...)$ definiert. Zu beachten ist, dass die Selektion nur auf Attributen zulässig ist, auf denen ein Index definiert wurde.

Liegt kein Index vor, kann durch Angabe des Schlüsselwortes `allow filtering` trotzdem eine Abfrage durchgeführt werden. Durch Angabe dieses Schlüsselwortes werden alle Knoten im logischen Ring kontaktiert. Jeder Knoten durchsucht daraufhin seinen lokalen Datenbestand nach passenden Daten und sendet diese an den *koordinierenden Knoten* (siehe Abschnitt F.2.3 auf Seite 253) zurück. Derartige Abfragen weisen aufgrund der vielen kontaktierten Knoten eine hohe Laufzeit auf.

Mit dem Schlüsselwort `limit` kann die Anzahl der Ergebnisse eingeschränkt werden. Durch den Operator `token` kann der zu einem Primärschlüssel gehörende Token spezifiziert werden. Die Kombination der Operatoren `select` und `token` erlauben es, bestimmte Bereiche des logischen Ringes abzufragen.

Beispiel: Für die Operatoren finden sich in Listing 2.4 Beispiele. In Zeile 2 wird nach allen Postleitzahlen gefragt, welche zu Berlin oder Hagen gehören. Da kein Index auf dieser Spalte definiert wurde, muss mit dem Schlüsselwort `allow filtering` gearbeitet werden. In Zeile 5 werden mittels des Operators `limit` 10 Zeilen der Tabelle *orte* abgefragt. In Zeile 8 wird auf der Tabelle *orte* für die Spalte *plz* der Bereich des logischen Ringes zwischen dem Token für den Wert *-500* und dem Token für den Wert *30 000* abgefragt.

Listing 2.4: CQL – Bereichsabfragen

```
1 # Filtern nach einem Attribut ohne Index
2 SELECT * FROM orte WHERE stadt IN ('Berlin', 'Hagen') ALLOW
      FILTERING;
3
4 # Auslesen von maximal 10 Zeilen aus der Tabelle orte
5 SELECT * FROM orte LIMIT 10;
6
7 # Abfragen des Bereiches -500 bis 30000 des logischen Ringes
8 SELECT * FROM orte WHERE token(plz) > -500 AND token(plz) <
      30000;
```

2.7.3. Zusammengesetzte Primärschlüssel

In Cassandra können *zusammengesetzte Primärschlüssel* (*compound primary keys*), Primärschlüssel welche aus mehr als einem Attribut bestehen, verwendet werden. Cassandra unterscheidet dabei zwischen einem *Partition Key* (dem Token) und den *Clustering Coulumns.* Der Partition Key besteht bei zusammengesetzten Primärschlüsseln aus dem ersten Attribut. Dieses Attribut bestimmt alleine den Wert des Tokens. Alle anderen Attribute des zusammengesetzten Primärschlüssels stellen die Clustering Columns dar [CQL14c].

Beispiel: In Listing 2.5 wird die Tabelle *personen* mit einem zusammengesetzten Primärschlüssel aus den Attributen *nachname* und *vorname* angelegt. Das Attribut *nachname* nimmt dabei die Rolle des Partition Keys ein; das Attribut *vorname* die Rolle einer Clustering Column. In diese Tabelle werden drei Datensätze eingefügt. Die physikalische Organisation der Daten in ist Abbildung 2.7 dargestellt. In Zeile 5 wird der Primärschlüssel für eine Abfrage benutzt.

2.7.4. Sekundärindizes

Soll nach Zeilen gesucht werden, welche nicht durch den Primärschüssel indiziert sind, so lassen sich zusätzliche (sekundäre) Indizes anlegen. Die sekundären Indizes von Cassandra verhalten sich anders, als man dies von

Listing 2.5: CQL – Zusammengesetzte Primärschlüssel

```
1 CREATE TABLE personen (nachname varchar, vorname varchar,
      alter int, e-mail varchar, PRIMARY KEY(nachname, vorname))
      ;
2 INSERT INTO personen('Maier', 'Jens', 44, 'jens@domain');
3 INSERT INTO personen (nachname, vorname, alter) ('Maier', '
      Hannes', 27);
4 INSERT INTO personen('Knutzen', 'Jan', 19, 'mail@domain');
5 SELECT alter FROM personen WHERE nachname = 'Knutzen' and
      vorname = 'Jan';
```

Indizes in relationalen Datenbanken gewohnt ist[4]. Grund hierfür ist die Implementation von sekundären Indizes.

Jeder Cassandra-Knoten erstellt für den eigenen Datenbestand die notwendigen sekundären Indizes. Wird eine Abfrage über einen solchen Index durchgeführt, kontaktiert der koordinierende Knoten alle anderen Konten im logischen Ring. Jeder dieser Knoten durchsucht seinen Index nach passenden Zeilen und liefert diese zurück.

Aus Sicht des koordinierenden Knotens bestehen die Kosten K_{SIndex} für eine Abfrage, welche einen sekundären Index benutzt, aus drei Komponenten: (i) Den Kosten für den Verbindungsaufbau ($K_{Verbindungsaufbau}$) zu den n Knoten im logischen Ring, (ii) den Kosten für das Durchsuchen der Indizes ($K_{Indexabfage}$) sowie (iii) den Kosten um die e Ergebniszeilen zum koordinierenden Knoten zu übertragen.

$$\begin{aligned} K_{SIndex} = n \cdot K_{Verbindungsaufbau} + n \cdot K_{Indexabfage} \\ + e \cdot K_{Datenübertragung} \end{aligned} \tag{2.2}$$

Die Laufzeit für eine solche Abfrage hängt also nicht nur von der Größe des Indizes und der Antwort ab, sondern auch von der Anzahl der Knoten im logischen Ring. Jeder Knoten muss kontaktiert und befragt werden, egal ob dieser Knoten etwas zum Ergebnis der Abfrage beisteuern kann

[4] *„Cassandra's built-in indexes are best on a table having many rows that contain the indexed value. The more unique values that exist in a particular column, the more overhead you will have, on average, to query and maintain the index. For example, suppose you had a playlists table with a billion songs and wanted to look up songs by the artist. Many songs will share the same column value for artist. The artist column is a good candidate for an index.“* [CQL14a]

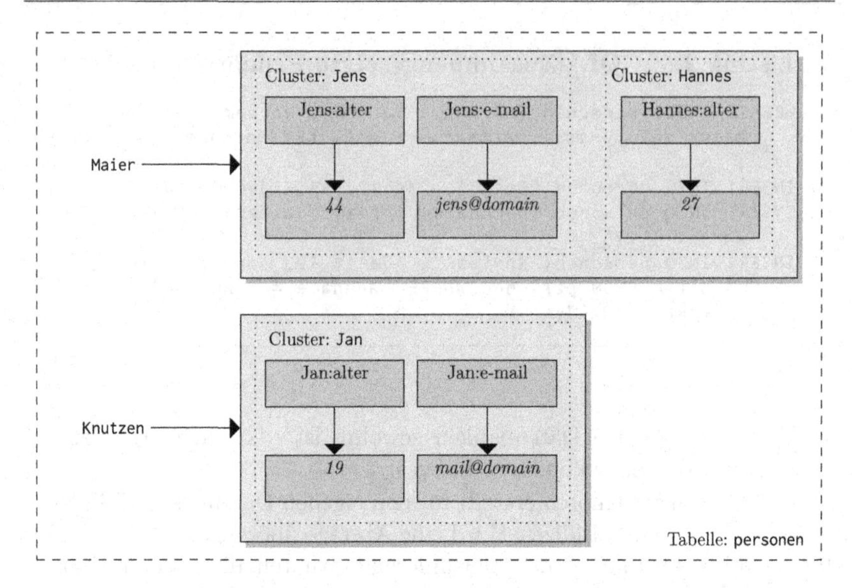

Abbildung 2.7.: Datenmodell bei der Verwendung zusammengesetzter Primärschlüssel. Es wurden durch das Ausführen der CQL-Anweisungen aus Listing 2.5 zwei Zeilen *Maier* und *Knutzen* in der Tabelle *personen* angelegt. Die Attribute wurden entsprechend des Vornamens in Clustern zusammengefasst. Um dafür zu sorgen, dass pro Zeile ein eindeutiges Attribut verwendet wird, erhalten die Attribute den Clusternamen als Präfix. Aus dem Attribut *alter* wird in dem Cluster *Jens* das Attribut *Jens:alter*.

oder nicht. Daher weisen diese Abfragen hohe Grundkosten auf. Die Dokumentation von Cassandra empfiehlt, Sekundärindizes nur zu nutzen, wenn Abfragen viele Ergebnisse zurück liefern. Weisen nur wenige Zeilen den gesuchten Attributwert auf, so wird empfohlen, eine invertierte Tabelle anzulegen und über diese einen Index zu simulieren.

Die Funktionsweise von Sekundärindizes ähnelt der Funktionsweise des Schlüsselwortes `allow filtering`. Der Unterschied besteht darin, dass beim Vorliegen eines Sekundärindizes nicht der komplette lokale Datenbestand eines Knotens durchsucht werden muss, sondern direkt über den Index auf die gewünschten Daten zugegriffen werden kann.

Beispiel: In Listing 2.6 wird in Zeile 1 eine Tabelle mit dem Namen *orte* angelegt. In Zeile 2 wird zusätzlich auf der Spalte *stadt* ein sekundärer Index angelegt. In Zeile 4 wird der Index für die Suche nach einer Stadt genutzt. Diese Abfrage wäre ohne den Index nicht, oder nur unter Angabe von `allow filtering` (siehe Abschnitt 2.7.2), erlaubt.

Listing 2.6: CQL – Anlegen von sekundären Indizes

```
1 CREATE TABLE orte (plz int PRIMARY KEY, stadt varchar);
2 CREATE INDEX orte_stadt ON orte(stadt);
3 SELECT plz FROM orte WHERE stadt = 'Kiel';
```

2.7.5. Virtuelle Knoten

Umso mehr Cassandra-Knoten im logischen Ring vorhanden sind, desto gleichmäßiger lassen sich die Daten auf die Knoten verteilen. Damit auch bei wenigen Knoten kein Ungleichgewicht entsteht, arbeitet das DBMS *Amazon Dynamo* mit *virtuellen Knoten* [DHJ+07, S. 210]. Jeder physikalische Knoten erzeugt mehrere Token und fügt diese in den logischen Ring ein. Ein physikalischer Knoten ist somit für mehrere Bereiche des logischen Rings zuständig.

Dieses Konzept wurde ab Version 1.2 auch in Cassandra eingeführt [Vir14]. Jeder Knoten erzeugt per Voreinstellung 256 Token und fügt sich an diese Stellen in den logischen Ring ein. Dies ist in Abbildung 2.8 dargestellt. In Abbildung 2.8(a) ist ein logischer Ring ohne virtuelle Knoten dargestellt. In Abbildung 2.8(b) hat jeder der physikalischen Knoten noch zwei weitere virtuelle Knoten erzeugt und in den Ring eingefügt.

Neben der ausgeglicheneren Verteilung der Daten, können durch die virtuellen Knoten unterschiedlich starke physikalische Knoten eingesetzt werden. Knoten mit höherer Rechenleistung stellen mehr virtuelle Knoten bereit, Knoten mit geringerer Rechenleistung entsprechend weniger.

2.7.6. Token-Bereiche

Ein Bereich auf dem logischen Ring wird im Folgenden als *Token-Bereich* (Token-Range) bezeichnet. Beschrieben wird ein Token-Bereich durch ein Intervall. In Cassandra ist jeder Knoten für den Bereich auf dem logischen Ring zuständig, welcher zwischen ihm und dem vorhergehenden Knoten

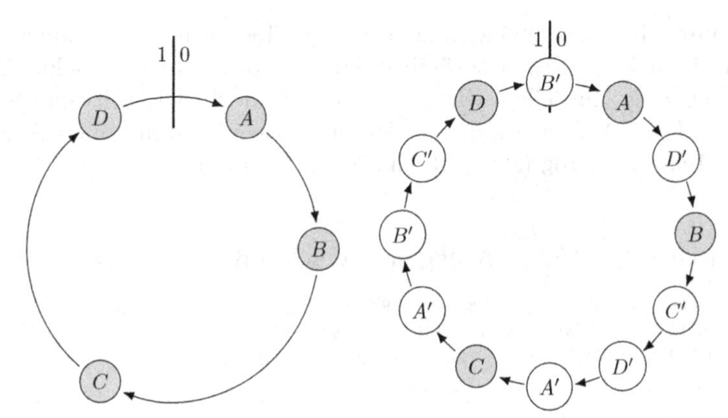

(a) Logischer Ring ohne virtuelle Knoten

(b) Logischer Ring mit virtuellen Knoten

Abbildung 2.8.: Virtuelle Knoten in Cassandra. In beiden logischen Ringen befinden sich vier physikalische Knoten (A,B,C,D). In der Abbildung (b) wurde jedem Knoten erlaubt, zwei zusätzliche virtuelle Knoten in den Ring einzufügen.

liegt. Als vorhergehender Knoten wird der nächste Knoten, entgegengesetzt des Uhrzeigersinnes, bezeichnet. In Abbildung 2.8(a) ist der Knoten D fast für die komplette linke Hälfte des logischen Ringes zuständig.

Ein Token-Bereich wird durch ein halboffenes Intervall beschrieben. Der Token-Bereich $(100, 200]$ enthält somit alle Tokens für die gilt: $100 < token \leq 200$.

2.8. Stromverarbeitung

In unserer Umwelt existieren Objekte, welche permanent ihren Zustand verändern. Hierbei handelt es sich beispielsweise um die Position eines fahrenden Autos oder um den Preis eines Wertpapieres, welches mehrfach in der Sekunde zu einem neuen Kurs gehandelt wird (siehe Tabelle 2.3). Wird wiederholt die Uhrzeit und der Zustand des Objektes bestimmt, erhält man einen Datenstrom bestehend aus der Zeit und den Zuständen, die das Objekt während der Beobachtung angenommen hat. Wird ein solcher Datenstrom abgespeichert, kann nachträglich das Verhalten eines Objektes untersucht werden.

Uhrzeit	Kurs	Uhrzeit	Kurs
08:00:00	67.21	08:00:07	67.22
08:00:01	67.25	08:00:10	67.25
08:00:03	67.27	08:00:11	67.21
08:00:05	67.23	08:00:15	67.28

Tabelle 2.3.: Uhrzeit und zugehöriger Kurs eines Wertpapiers.

Die Verarbeitung von solchen Informationen wird von Systemen übernommen, die auf *Stromverarbeitung* (*Stream processing*) spezialisiert sind. Hierzu zählt beispielsweise das von dem sozialen Netzwerk *LinkedIn* [Lin14] veröffentlichte *Stream Processing Framework Samza*. Dieses wird seit der Veröffentlichung von der *Apache Software Foundation* weitergeführt.

Apache Samza kann auf der Webseite des Projektes unter der *Apache 2.0 License* heruntergeladen werden [Sam14]. Auch ist kommerzielle Software für diesen Einsatzbereich verfügbar. Die Firma *IBM* hat mit dem Produkt *InfoSphere Streams* [Inf14] eine Software für die Stromverarbeitung in ihrem Produktportfolio.

Systeme zur Stromverarbeitung bestehen meist aus einer allgemeinen Komponente, die es ermöglicht, Ströme zu verarbeiten, Daten zu verteilen sowie Zwischenergebnisse festzuhalten und zu transportieren. Die eigentliche Arbeit wird durch Operatoren erledigt, welche für die Aufgabe entsprechend zusammengeschaltet werden [CBB+03] (siehe Abbildung 2.9). Auch in vielen DBMS ist das Konzept der Stromverarbeitung zu finden. Durch den Operatorbaum »*strömen*« Tupel und werden dabei von Operatoren verarbeitet.

Es existieren Systeme zur Stromverarbeitung, welche den Aufbau und die Verzahnung der Operatoren mit einer SQL ähnlichen Sprache beschreiben. Hierfür kann beispielsweise der SQL-Dialekt *StreamSQL* [ScZ05, S. 2] genutzt werden.

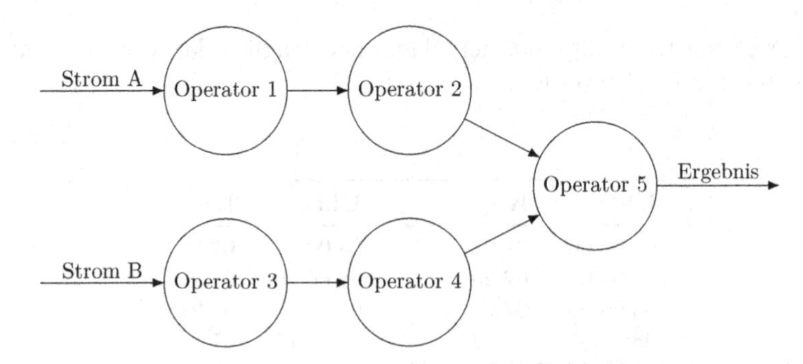

Abbildung 2.9.: Stromverarbeitung von zwei Datenströmen. Die Datenströme *Strom A* und *Strom B* werden von mehreren Operatoren verarbeitet. Der Operator *Operator 5* kombiniert beide Datenströme und stellt das Ergebnis zur weiteren Nutzung zur Verfügung.

2.9. Speedup und Scaleup

Im Rahmen dieser Arbeit wird die Parallelisierung von Algorithmen betrachtet. In diesem Zusammenhang wird mit den Begriffen *Speedup* und *Scaleup* gearbeitet; sie werden im Folgenden definiert.

2.9.1. Speedup

Speedup ist ein Maß, um die Beschleunigung eines Computerprogramms durch eine Optimierung oder eine parallele Ausführung zu beschreiben [Rah94, S. 311]. Hierbei wird die Antwortzeit eines Programms betrachtet. Definiert ist der Speedup wie folgt:

$$\text{Speedup} = \frac{\text{Antwortzeit des ursprünglichen Programms}}{\text{Antwortzeit des geänderten Programms}} \tag{2.3}$$

Bearbeitet ein Programm nach einer Änderung die *gleiche* Arbeit in der *Hälfte* der Zeit, ergibt sich ein Speedup Wert von 2. Anstatt eines geänderten Programms kann auch das ursprüngliche Programm auf einer schnelleren Hardware ausgeführt werden. In Abbildung 2.10 ist dieser Sachverhalt dargestellt.

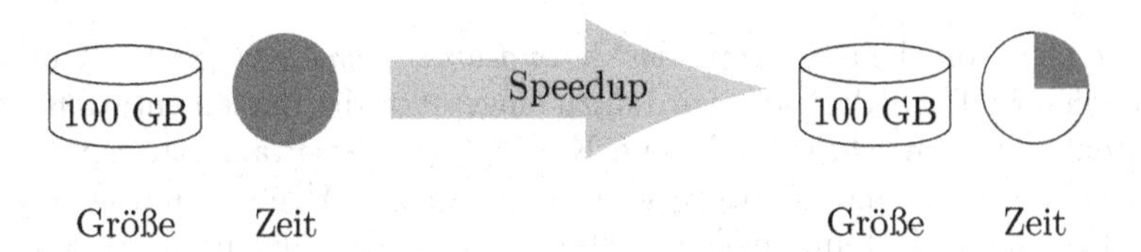

Abbildung 2.10.: Speedup: Lösen der gleichen Problemgröße in weniger Zeit (nach [DG92, S. 88]).

2.9.2. Scaleup

Mit dem Begriff Scaleup (*Skalierbarkeit*) wird beschrieben, wie sich ein System bei der gleichmäßigen Erhöhung der Ressourcen und Problemgröße verhält [DG92, S. 87]. Definiert ist dieser Wert wie folgt:

$$\text{Scaleup} = \frac{\text{Antwortzeit 1} \cdot \text{Problemgröße und 1} \cdot \text{Resssourcen}}{\text{Antwortzeit N} \cdot \text{Problemgröße und N} \cdot \text{Resssourcen}} \tag{2.4}$$

Ein Scaleup Wert von 1 bedeutet, dass ein System mit der N fachen Menge an Ressourcen ein N mal größeres Problem in der gleichen Zeit berechnen kann. Werte kleiner als 1 bedeuten, dass die Berechnung des größeren Problems mehr Zeit beansprucht hat. In Abbildung 2.11 ist dieser Sachverhalt dargestellt.

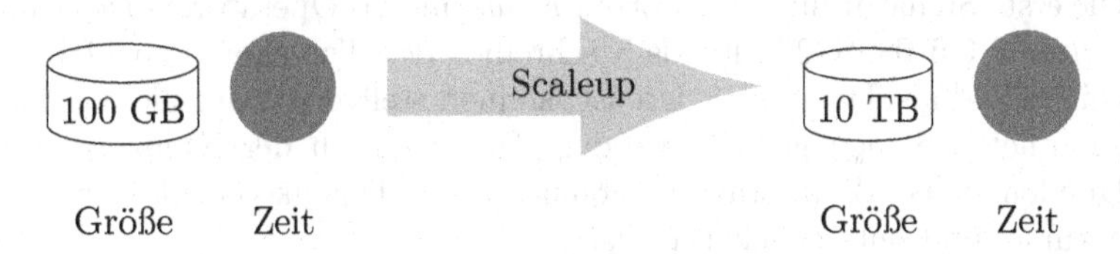

Abbildung 2.11.: Scaleup: Lösen eines größeren Problems in der gleichen Zeit (nach [DG92, S. 88]).

2.10. SECONDO

Seit Mitte der 1990er-Jahre wird am Lehrgebiet *Datenbanksysteme für neue Anwendungen* der FernUniversität in Hagen ein *DBMS*-Prototyp mit dem Namen SECONDO entwickelt [SEC14]. Der Name des Systems leitet sich von dem Konzept der *second-order signature* (SOS) [Güt93] ab. Dieser DBMS-Prototyp wird dazu eingesetzt, die Implementation von Datenbanken zu lehren und neue Konzepte in der Praxis zu erproben. Secondo ist ein modulares System. Es kann mit Algebren um neue Algorithmen und Datenmodelle erweitert werden. Aktuell sind in Secondo Datenmodelle für Relationale-, Objekt-Orientierte-, Moving Objects- und XML-Daten enthalten.

Seit einiger Zeit existiert zudem eine Version von Secondo die für die parallele Verarbeitung von Daten geeignet ist [PSE14]. Diese greift auf Hadoop zurück und trägt den Namen Parallel Secondo [LG13c] [LG13a].

Secondo ist in den Programmiersprachen Java, C++ und Prolog geschrieben. Die Oberfläche des Systems besteht aus einer Java/Swing GUI. Der Kern des Systems ist in C++ geschrieben. Der Optimierer von Secondo ist in Prolog implementiert. Secondo ist unter der *GNU General Public License 2* lizenziert und kann von den Seiten des Lehrgebietes kostenfrei heruntergeladen werden [SEC14].

2.10.1. Second-Order Signature

Die *second-order signature* besteht aus zwei gekoppelten Signaturen. Die erste Signatur dient dazu, ein Typensystem zu spezifizieren. Die zweite Signatur definiert eine Algebra über den Typen der ersten Signatur.

Die erste Signatur nutzt als Sorten *Kinds* und als Operatoren *Typenkonstruktoren* [Güt08, S. 27]. Kinds beschreiben den Typ eines Typs. Überall wo eine Kind als Typ spezifiziert ist, können stellvertretend die der Kind zugeordneten Typen genutzt werden. Die Notation der Kinds wird im Folgenden in Großbuchstaben vorgenommen. Typenkonstruktoren werden kursiv und unterstrichen notiert.

Das Typensystem der Relationenalgebra von Secondo kann wie folgt beschrieben werden [GBD10, S. 3]:

kinds DATA, TUPLE, REL, IDENT
type constructors

	→ DATA	*int*, *real*, *bool*, *string*
(IDENT × DATA)$^+$	→ TUPLE	*tuple*
TUPLE	→ REL	*rel*

In der Signatur sind die Typenkonstruktoren *int*, *real*, *bool*, *string*, *tuple* und *rel* definiert. Bei den ersten vier handelt es sich um konstante Typenkonstruktoren: Typenkonstruktoren ohne Argumente.

Der Typenkonstruktor *tuple* akzeptiert eine nicht leere Liste von Paaren, die jeweils aus einem Identifier und einem Typ der Kind DATA bestehen. Der Typenkonstruktor *rel* akzeptiert einen Typ der Kind TUPLE. Die konstanten Typenkonstruktoren gehören der Kind DATA an. Die Kind IDENT ist in SECONDO vordefiniert. Sie dient dazu, Identifikatoren als Typsymbole zur Verfügung zu stellen. Mögliche Terme der bislang definierten Signatur sind:

int
tuple(<(Vorname, *string*), (Nachname, *string*), (Alter, *int*) >)
rel(*tuple*(<(Vorname, *string*), (Nachname, *string*), (Alter, *int*) >))

Die zweite Signatur definiert nun auf der Relationenalgebra eine Abfragesprache. Sie definiert Vergleichsoperatoren sowie die Operatoren *select* und *attr*:

operators
∀ *data* in DATA.

data × *data*	→ *bool*	=, ≠, <, ≤, ≥, >	_#_

∀ *rel*: *rel*(*tuple*) in REL.

rel × (*tuple* → *bool*)	→ rel	**select**	_#[_]

∀ *tuple*: *tuple*(*list*) in TUPLE, *attrname* in IDENT. *member*(*attrname*, *attrtype*, *list*).

tuple × *attrname*	→ *attrtype*	**attr**	#(_,_)

Der erste Operator beschreibt die Vergleichsoperationen auf der Kind DATA. Durch die Quantifizierung wird die Variable *data* als Typvariable an diese Kind gebunden. Am Ende der Spezifikation steht das Syntaxmuster zum Einsatz dieser Operation. Das Zeichen »#« steht für den Operator, »_« bezeichnen jeweils Argumente. Klammern und Kommata werden unverändert übernommen.

Als zweiter Operator wird der Selektionsoperator *select* definiert. In diesem wird die Variable *rel* an die Kind REL gebunden. Die Variable *tuple* wird an den zugehörigen Tupeltyp gebunden. Als zweites Argument (*tuple* → *bool*) wird eine Funktion erwartet, welche jedem Tupel einen Warheitswert zuordnet. Die Funktion beschreibt somit das Selektionsprädikat.

Der letzte Operator *attr* wird dazu genutzt auf die Attribute eines Tupels zuzugreifen. Als Argumente erwartet dieser Operator ein Tupel und den Namen eines Attributs. Die Bedingungen in der Quantifizierung sorgen dafür, dass der angegebene Attributname im Tupeltyp vorkommt.

2.10.2. Architektur von SECONDO

Bei der Architektur von SECONDO wurde darauf geachtet, ein möglichst modulares System zu entwickeln. SECONDO besteht im Wesentlichen aus drei Programmen: einem Systemkern, einem Optimierer und einer grafischen Oberfläche (siehe Abbildung 2.12). Der Systemkern selber ist ebenfalls modular aufgebaut und er kann durch Algebren erweitert werden (siehe Abbildung 2.13).

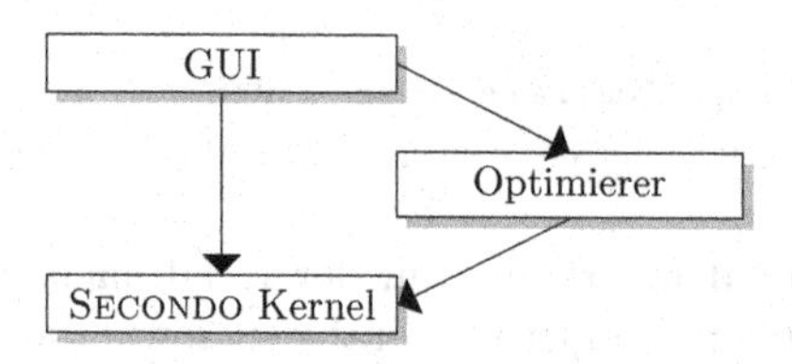

Abbildung 2.12.: Architektur von SECONDO (nach [GAB+14, S. 2]).

Die Hauptaufgabe des Systemkerns besteht im Verarbeiten von Abfragen. Der *Query-Processor* von SECONDO greift hierbei auf die unterschiedlichen Algebren zurück. In diesen sind die eigentlichen Datenmodelle und Operatoren implementiert. Der Systemkern von SECONDO besitzt eine Schnittstelle, über die Ausführungspläne angegeben und direkt zur Ausführung gebracht werden können. Der Optimierer erlaubt die Optimierung konjunktiver Abfragen (*conjunctive query optimiazion*) und kann in einem SQL-Dialekt gestellte Abfragen in Ausführungspläne übersetzen [GdAA+14, S. 68]. Die Oberfläche von SECONDO erlaubt das Auswerten von räumlich-zeitlichen Daten.

2.10.3. Fortschrittschätzung

Eine besondere Fähigkeit von SECONDO ist die Fortschrittschätzung für Abfragen. Diese erlaubt es, während der Ausführung einer Abfrage zu schätzen, wie lange diese voraussichtlich noch laufen wird. Die Fortschrittschätzung wird von vielen Operatoren in SECONDO unterstützt. Die Operatoren im Operatorbaum tauschen dazu Informationen untereinander aus (*Operator-Based Query Progress Estimation*) [Güt08]. Aus diesen Informationen und dem eigenen Fortschritt geben die Operatoren eine Schätzung über den Gesamtfortschritt der Berechnung ab. Eine detaillierte Vorstellung des Konzeptes findet sich in [Nid12, S. 25ff.].

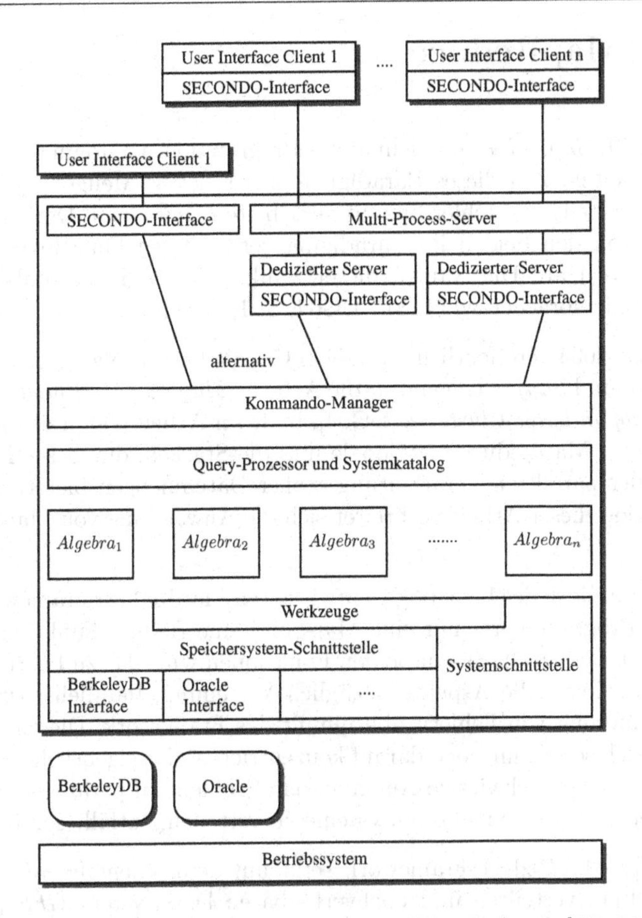

Abbildung 2.13.: Architektur des SECONDO-Kernels (nach [Güt08, S. 33])

2.11. MapReduce

Der Begriff *MapReduce* bezeichnet ein Programmierparadigma um Daten zu verarbeiten. Ziel dieses Paradigmas ist es, große Mengen von Daten parallel, verteilt und fehlertolerant verarbeiten zu können. Der Name leitet sich von den beiden im Paradigma verwendeten Funktionen *Map*() und *Reduce*() ab. Die Namen dieser Funktionen sind aus funktionalen Programmiersprachen wie LISP [DG04, S. 1] entlehnt.

Im Jahr 2004 veröffentlichten die bei Google beschäftigen Forscher *Jeffrey Dean* und *Sanjay Ghemawat* die Arbeit »*MapReduce: Simplified Data Processing on Large Clusters*« [DG04]. In dieser Arbeit beschreiben sie den Einsatz von MapReduce bei Google und die Stärken, die dieses Paradigma bei der parallelen Verarbeitung großer Datenmengen bietet. Seit der Publikation dieser Arbeit verbreitet sich die Anwendung von MapReduce rasant.

Die Grundidee des bei Google entwickelten MapReduce-Frameworks ist es, dass Programmierer nur eine Map- und eine Reduce-Funktion implementieren müssen. In diesen beiden Funktionen wird das zu bearbeitende Problem gelöst. Alle Aspekte bezüglich Verteilung, Parallelisierung und die Behandlung von Fehlern übernimmt das Framework. Die Entwickler müssen sich somit nur noch darauf konzentrieren, das eigentliche Problem zu lösen. Die oft schwierige Aufgabe, das Problem zu parallelisieren und die Berechnung über mehrere Systeme zu verteilen, entfällt somit.

Googles MapReduce-Framework setzt auf dem, ebenfalls von Google entwickelten, verteilten und hochverfügbaren Dateisystem *GFS* (*Google File System*) [GGL03] auf. Dieses Dateisystem wurde ursprünglich dazu entwickelt, große Dateien, wie z. B. den Suchindex, über mehre Systeme zu verteilen. Replikation und Hochverfügbarkeit werden von diesem Dateisystem ebenfalls angeboten.

In Abbildung 2.14 ist dargestellt, wie mittels MapReduce das Vorkommen von Wörtern in einem Eingabetext ermittelt werden kann (*WordCount*). Die dazugehörige Map-Funktion ist in Listing 2.7 dargestellt. Die Reduce-Funktion findet sich in Listing 2.8. Es ist zu erkennen, dass in den beiden Funktionen nur Funktionalität zum Lösen des Problems vorhanden ist. Das Verteilen der Daten und das Erstellen von Arbeitspaketen wird von dem MapReduce-Framework übernommen.

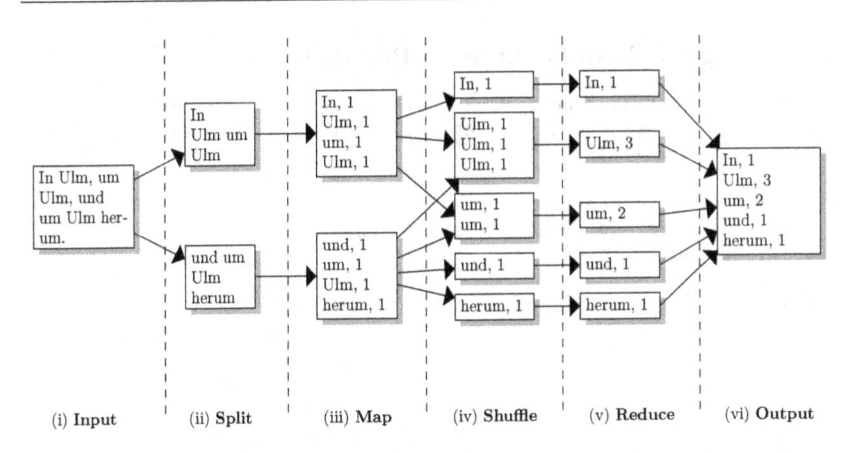

Abbildung 2.14.: Schematischer Ablauf von MapReduce. Die Häufigkeit der Wörter im Eingabetext soll per MapReduce ermittelt werden. Dazu wird der Eingabetext im Schritt (ii) in einzelne Wörter zerlegt und in Arbeitspakete aufgeteilt. Jedes Arbeitspaket wird von einem Mapper verarbeitet. Die Mapper berechnen in Schritt (iii) aus der Eingabe eine Map. In dieser Map ist für jedes Wort ein Eintrag enthalten. Kommt ein Wort mehrfach vor, so werden mehrere Einträge in der Map erzeugt. Die Maps werden im Schritt (iv) nach gleichen Wörtern sortiert in Arbeitspaketen zusammengefasst. Jedes Arbeitspaket wird in Schritt (v) durch einen Reducer verarbeitet. Der Reducer ermittelt, wie oft ein Wort im Arbeitspaket vorkommt. Im Schritt (vi) werden die Ausgaben der Mapper zusammengeführt.

Listing 2.7: Map-Funktion in Pseudo-Code

```
1 void map(String input, MapResult<String, Int> output) {
2   List<String> woerter = zerlege input in Wörter und entferne
        Satzzeichen;
3
4   for wort in woerter {
5      // Füge jedes wort in die Ausgabe ein.
6      output.put(wort, 1);
7   }
8 }
```

Listing 2.8: Reduce-Funktion in Pseudo-Code

```
1 void reduce(MapResult<String, Int> input, Map<String, int>
      output) {
2    for wort in input {
3       Ist Wort bereits in output enthalten?
4          // Vorkommen des Wortes um 1 erhöhen
5          output.put(wort, output.get(wort) + 1);
6       Falls nicht
7          // Erstes Vorkommen einfügen
8          output.put(wort, 1);
9    }
10 }
```

2.11.1. Hadoop

Das von Google verwendete MapReduce-Framework ist genau wie das GFS nicht frei verfügbar. Das Projekt *Apache Hadoop* [Had14] entwickelt eine unter der *Apache License 2.0* stehende Alternative zu den von Google vorgestellten Systemen. Die Software Hadoop ist in der Programmiersprache Java geschrieben und kann auf den Seiten des Projektes heruntergeladen werden [Whi09]. Neben dem MapReduce-Framework ist mit HDFS (*Hadoop File System*) ein dem GFS nachempfundenes hochverfügbares und verteiltes Dateisystem in dem Projekt beheimatet.

2.12. Parallel SECONDO

Mit der Software PARALLEL SECONDO [PSE14] [LG13a] steht eine Version von SECONDO zur Verfügung, welche auf verteilte und parallele Datenverarbeitung ausgelegt ist. Dazu wird SECONDO mit Hadoop kombiniert. Hadoop übernimmt die Verteilung von Aufgaben, sowie die Ausführungskontrolle. Die Berechnung der Ergebnisse wird mittels mehrerer SECONDO-Instanzen (*Slave Nodes*) durchgeführt. Die Steuerung des gesamten Systems erfolgt von einem *Master Node* aus. Der Datenaustausch zwischen den Systemen wird mittels *Parallel Secondo File System* (*PSFS*) vorgenommen. Die vollständige Architektur von PARALLEL SECONDO ist in Abbildung 2.15 zu finden.

2.12.1. Ausführungspläne in Parallel SECONDO

In Abbildung 2.16 ist ein Operatorbaum eines *Partition based spatial merge joins* [PD96] von PARALLEL SECONDO dem eines parallelen Datenbanksystems gegenübergestellt. Dieser Algorithmus wird später in Abschnitt 6.3 auf Seite 139 genauer vorgestellt.

Es ist in der Abbildung zu sehen, dass der Operatorbaum von PARALLEL SECONDO aus drei Teilen besteht. Der Operatorbaum wird auf die Map- und Reduce-Phase von Hadoop aufgeteilt. Im unteren Teil des Operatorbaums (*Map Stage*) werden die Eingabedaten gelesen und so vorbereitet, dass Hadoop (mittlerer Teil des Operatorbaums) diese passend sortieren und zusammengehörige Daten auf die Reducer aufteilen kann. Im letzten Teil des Operatorbaums (*Reduce Stage*) berechnen die Reducer dann den eigentlichen Join.

2.13. Verwandte Arbeiten

Datenbanken für die Verarbeitung von großen Datenmengen zu parallelisieren und Hochverfügbarkeit zu bieten, ist ein aktuelles Thema in der Forschung. Dieser Abschnitt bietet eine kurze Übersicht über die aktuell existierenden Lösungen in diesem Bereich.

Google F1 und Google Spanner

Google hat in den letzten Jahren das DBMS *F1* [SVS+13] entwickelt. Diese Software unterstützt die Replikation von Daten auf mehrere Systeme

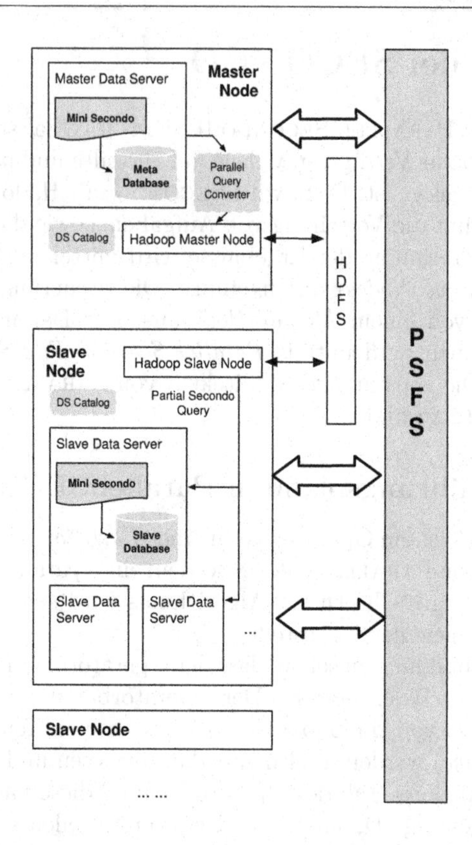

Abbildung 2.15.: Architektur von PARALLEL SECONDO (entnommen aus [LG13a, S. 8]).

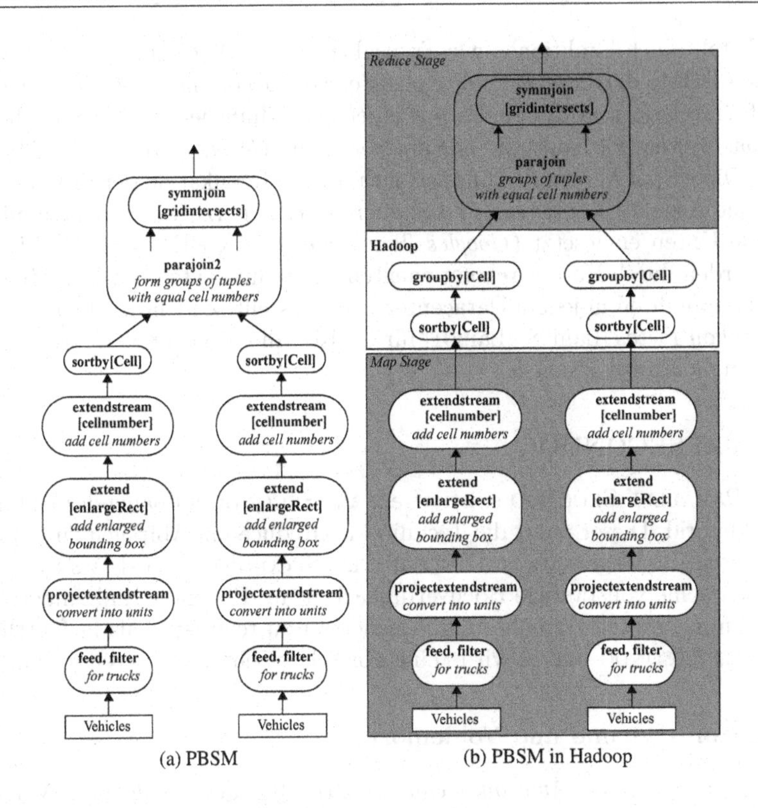

Abbildung 2.16.: Vergleich eines Operatorbaums eines *Partition based spatial merge join* (*PBSM-Join*) in einem (*a*) parallelen DBMS und in (*b*) PARALLEL SECONDO (entnommen aus [LG13a, S. 9]).

und stellt auch Funktionen wie Transaktionen zur Verfügung. Auch stellt dieses DBMS die durchgehende Konsistenz der gespeicherten Daten sicher. Abfragen lässt sich Google F1 mit einer SQL ähnlichen Abfragesprache.

Das System F1 baut auf der Speicherengine *Google Spanner* [CDE+12] auf. Diese Speicherengine kümmert sich um die Replikation der Daten und um die Aspekte Konsistenz und Skalierbarkeit. Hierzu werden hochauflösende Uhren eingesetzt (*Googles TrueTime API* [CDE+12, S. 5f]). Diese werden durch Hardwarekomponenten wie redundante GPS-Empfänger und Atomuhren in jedem Datacenter bereitgestellt. Zudem wird vom dem Protokoll *Paxos* [Lam98] [Lam01] für die Koordination von verteilten Systemen Gebrauch gemacht.

Parallel SECONDO

Mit PARALLEL SECONDO existiert ein auf SECONDO aufbauender Datenbankhybrid. Dieser nutzt die Technik MapReduce um Abfragen zu parallelisieren. Im Gegensatz zu DISTRIBUTED SECONDO bietet dieses System jedoch keine vollständige Hochverfügbarkeit an. Ebenfalls sind Änderungen am genutzten Datenbestand schwieriger zu realisieren als in DISTRIBUTED SECONDO und es wird keine Fortschrittschätzung bereitgestellt.

Amazon Dynamo und Voldemort

Mit den Systemen *Amazon Dynamo* [DHJ+07] und *Voldemort* [Vol14] existieren unterschiedliche Implementationen von skalierbaren Key-Value-Stores. Diese bieten jedoch keine mit SQL vergleichbare Abfragesprache oder vordefinierte Operatoren zur Auswertung von Daten an.

Google BigTable und HBase

Die Systeme *Google BigTable* [CDG+08] und *HBase* [Geo11] stellen hochverfügbare und verteilte Datenspeicher dar. Sie setzen auf dem GFS / HDFS auf und erlauben die Modifikation von gespeicherten Daten. Jedoch sind Funktionen wie Joins in beiden Systemen nicht enthalten.

Pig und Hive

Pig [ORS+08] und *Hive* [TSJ+09] stellen Sprachen für die Auswertung von großen Datenbeständen zur Verfügung. Beide Systeme nutzen, wie auch

Parallel Secondo, Hadoop für die Verteilung und Ausführung von Abfragen. Im Gegensatz zu Distributed Secondo wird hierbei auf einem unveränderlichen Datenbestand gearbeitet. Auch stellen die Sprachen nur Elemente zum Auswerten von Daten zur Verfügung, das Modifizieren von Daten wird von diesen Systemen nicht abgedeckt.

RJoin und DHTJoin

Die beiden Arbeiten »*DHTJoin: processing continuous join queries using DHT networks*« [PAPV09] und »*Continuous multi-way joins over distributed hash tables*« [ILK08] kombinieren einen Join-Algorithmus mit einer Distributed Hash Table um Datenströme auszuwerten. Ein ähnlicher Anwendungsfall lässt sich auch mit der vorliegenden Arbeit abdecken. In der vorliegenden Arbeit werden jedoch keine speziellen Join-Algorithmen verwendet, sondern es werden bestehende Join-Operatoren eines relationalen DBMS mit den Möglichkeiten einer DHT kombiniert.

Der Algorithmus DHTJoin fordert, dass alle Abfragen bekannt sind, bevor die Datenströme verarbeitet werden. Dies ermöglicht es, die Tupel aus den Datenströmen nach den benötigten Attributen in der DHT zu verteilen. RJoin hingegen legt generell Tupel mehrfach in der DHT ab. Die Tupel werden nach jedem Attribut partitioniert gespeichert [ILK08, S. 4].

3. Datenströme

Im Rahmen dieser Arbeit wurde der in SECONDO enthaltene Operator `csvimport` so erweitert, dass dieser auch Datenströme verarbeiten kann. Dieses Kapitel beschäftigt sich zunächst mit einigen grundlegenden Betrachtungen zur Verarbeitung von Datenströmen. Anschließend wird auf das Verteilen von Datenströmen über mehrere Systeme und auf die Benutzung des Operators `csvimport` eingegangen.

3.1. Aufzeichnungs- und Analysekomponente

In der Regel bestehen Anwendungen, welche mit Datenströmen arbeiten, aus zwei unabhängigen Komponenten. Die eine Komponente ist für das Abspeichern von Daten zuständig (*Aufzeichnungskomponente*), die andere erstellt Auswertungen auf den abgespeicherten Daten (*Auswertungskomponente*). Die Kommunikation der beiden Komponenten erfolgt über einen Datenspeicher; im Rahmen dieser Arbeit wird hierfür Cassandra genutzt.

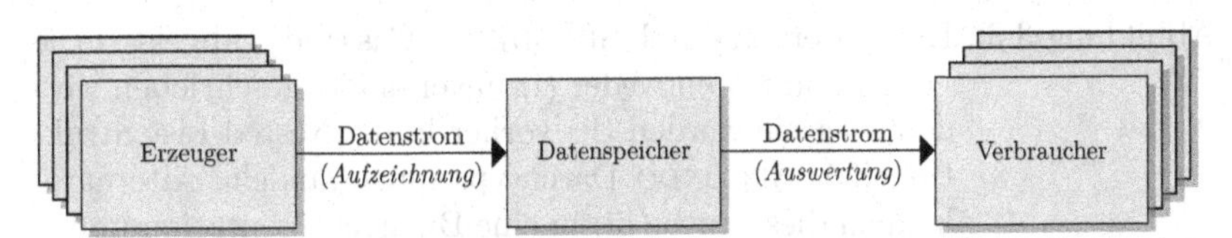

Abbildung 3.1.: Entkopplung der Aufzeichnungs- und Auswertungskomponente. Daten werden von der Aufzeichnungskomponente in einem Datenspeicher abgelegt. Anschließend werden diese von der Auswertungskomponente aus dem Datenspeicher gelesen und einem Verbraucher zugeführt.

Auch während noch Daten aufgezeichnet werden, kann durch die Entkopplung der Aufzeichnungs- und Auswertungskomponente, auf die bislang gespeicherten Daten zugegriffen werden. Ebenso können mehrere Analysen parallel auf dem gleichen Datenbestand durchgeführt werden. Diese Analysen können auf unterschiedlichen Computern ablaufen.

3.2. Aufzeichnung eines Datenstroms

Es bestehen zwei verschiedene Möglichkeiten einen Datenstrom aufzuzeichnen. Die beiden Möglichkeiten unterscheiden sich darin, ob (i) entweder die Daten von einem für den Anwendungsfall geschriebenen Programm in ein für Cassandra verständliches Format konvertiert werden (siehe Abbildung 3.2) oder ob (ii) die Daten durch SECONDO konvertiert werden (siehe Abbildung 3.3).

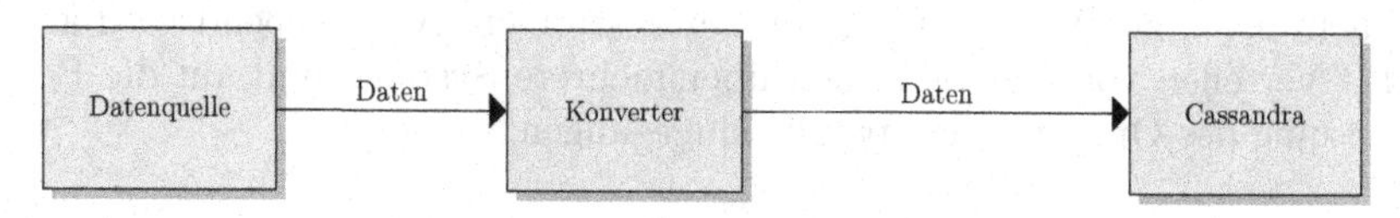

Abbildung 3.2.: Daten werden direkt in Cassandra geschrieben. Der Konverter übersetzt die gelesenen Daten in CQL-Abfragen und übergibt diese Cassandra.

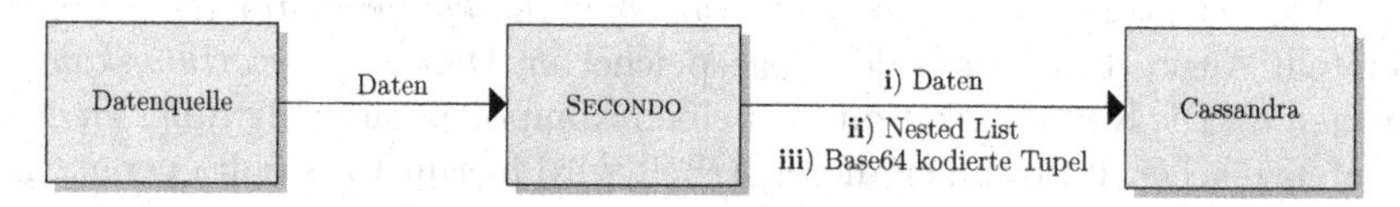

Abbildung 3.3.: Daten werden durch SECONDO in Cassandra abgelegt. Die Daten können entweder (i) unverändert geschrieben werden oder sie werden (ii) vorher in die Nested-List Struktur eines SECONDO Datentyps umgewandelt. Alternativ können diese auch (iii) in eine Binärrepräsentation umgewandelt werden.

In Rahmen dieser Arbeit werden die von SECONDO gelesenen Daten umgehend vom Operator `csvimport` in einen Tupel mit passendem Datentyp umgewandelt und im Base64-Format in Cassandra abgelegt. Es wäre alternativ möglich, diese Tupel in eine Nested List umzuwandeln und diese in Cassandra zu speichern. Tupel, konvertiert in das Nested List Format, sind jedoch größer als in Base64 konvertierte Tupel. Zudem ist das Einlesen und Parsen von Nested Lists eine relativ teure Operation. Aufgrund der größeren Datenmenge und der aufwendigeren Umwandlung der Tupel, wurde dieser Weg nicht weiter verfolgt.

Konverter, welche die Daten einer bestimmten Datenquelle einlesen und in Cassandra ablegen, müssen für den jeweiligen Anwendungsfall konzipiert werden. Sie müssen Details über die Datenquelle und die gelesenen Daten kennen. Da die entwickelten Lösungen möglichst universell einsetzbar bleiben sollen, wird diese Möglichkeit in dieser Arbeit nicht weiter betrachtet.

In Kapitel 6 *Fallstudien* wird ein weiterer Weg vorgestellt: Es werden zwei Konverter beschrieben, welche die von einer Datenquelle gelieferten Daten in das CSV-Format konvertieren. Die Konverter sind dafür zuständig, von den Eigenheiten einer Datenquelle zu abstrahieren. Sämtliches Wissen über die Datenquelle ist in diesen Konvertern enthalten. Die von den Konvertern gelieferten Daten werden durch den Operator `csvimport` in SECONDO eingelesen und danach mit den generischen Operatoren von SECONDO verarbeitet.

3.3. Erweiterung der ImEx-Algebra

Die *ImEx-Algebra* ist in SECONDO dafür zuständig, Daten zu **im**portieren und zu **ex**portieren. In dieser Algebra existiert der Operator `csvimport`. Dieser Operator kann CSV-Dateien[1] einlesen und daraus einen Tupelstrom erzeugen. Der Operator wurde um die Fähigkeit erweitert, Daten von einem Netzwerksocket zu lesen. Dazu wurde der CSV-Parser des Operators neu implementiert und so modular aufgebaut, dass dieser von verschiedenen Datenquellen Daten lesen kann. Neue Datenquellen können durch Implementation einer Klasse dem Operator hinzugefügt werden. Ein UML-Diagramm des Operators ist in Abbildung D.1 auf Seite 227 zu finden.

3.3.1. Operator csvimport

In Tabelle 3.1 finden sich die Parameter, die der Operator `csvimport` erwartet. Der Operator kann bis zu sechs Parameter annehmen: (*i*) Den Namen einer Datenquelle. Je nach seinem Aufbau bezeichnet dieser Parameter eine Datei oder einen Netzwerkport. (*ii*) Anzahl der Kopfzeilen,

[1] CSV steht für »*Comma-separated values*« und bezeichnet den strukturierten Aufbau einer Textdatei. Jede Zeile der Datei repräsentiert einen Datensatz. Jeder Datensatz besteht aus mehreren Werten, welche durch ein *Trennzeichen* (*Delimiter*) voneinander getrennt sind. Der Name geht auf das häufig als Trennzeichen verwendete Komma (*Comma*) zurück. Bsp: `wert1,wert2,wert3,wert4`

welche übersprungen werden sollen. (*iii*) Erkennungsmerkmal von Kommentarzeilen. (*iv*) Ein vom Komma abweichendes Trennzeichen. (*v*) Legt fest, ob Trennzeichen, welche in Anführungszeichen enthalten sind, ignoriert werden oder nicht. (*vi*) Spezifiziert, ob sich Felder über mehrere Zeilen erstrecken können.

Die ersten drei Parameter sind obligatorisch anzugeben, die letzten drei Parameter sind optional.

Pos.	Name	Wert	Bedeutung
1	Datenquelle	Text	Bezeichner, welcher die Datenquelle des Operators angibt. Der Aufbau des Bezeichners wird in Abschnitt 3.3.1 beschrieben.
2	Kopfzeilen	Integer	Zeilen die Übersprungen werden sollen.
3	Kommentar	Text	Zeilen die mit diesem Zeichen beginnen sind Kommentare und werden übersprungen.
4	Trennzeichen	String	*Optional*: Ein von »,« abweichendes Trennzeichen.
5	Quoting	Bool	*Optional*: Trennzeichen innerhalb von Anführungszeichen werden ignoriert.
6	Multiline	Bool	*Optional*: Werte können sich über mehrere Zeilen erstrecken.

Tabelle 3.1.: Parameter des Operators csvimport.

Vom Operator csvimport unterstützte Datenquellen

Der Operator `csvimport` kann Eingabedaten aus Dateien und von Netzwerksockets lesen. Ob es sich bei der Datenquelle um eine Datei oder um einen Netzwerksocket handelt, wird durch einen Präfix festgelegt.

- Fängt der Bezeichner der Datenquelle mit *tcp://* an, wird ein Netzwerksocket für den angegebenen Port geöffnet. Der Operator liest alle verfügbaren Daten von dem Netzwerksocket. Mit dem Zeichen *EOT* (*End of transmission* – ASCII-Code 4) wird das Ende der Daten gekennzeichnet.

Die Syntax des Bezeichners lautet: *tcp://portnummer.*

Beispiel: Import von Daten vom TCP-Port 10 025

```
let Import = [ const rel(tuple([Plz: int,
    Ort: string])) value() ]
    csvimport['tcp://10025', 1, ""] consume;
```
(3.1)

- Fängt der Bezeichner mit *tcplb://* an, werden ebenfalls Daten von dem angegeben Port eingelesen. Zusätzlich wird alle n gelesenen Zeilen eine Bestätigung auf diesem Netzwerksocket zurückgesendet. Bei der Bestätigung handelt es sich um das Zeichen *ACK* (*Acknowledge character* – ASCII-Code 6). Im Bezeichner ist ebenfalls die Häufigkeit für die Bestätigungen enthalten. Diese wird im Folgenden als *Fenstergröße* oder *Größe des Bestätigungsfensters* (*windowsize*) bezeichnet.

  Die Syntax des Bezeichners lautet: *tcplb://portnummer/windowsize.*

Beispiel: Import von Daten vom TCP-Port 10 025. Alle 10 Zeilen wird eine Bestätigung an den Sender übermittelt

```
let Import = [ const rel(tuple([Plz: int,
   Ort: string])) value() ]
   csvimport['tcplb://10025/10', 1, ""] consume;
```
(3.2)

- Beginnt der Bezeichner mit keinem der beschriebenen Präfixe, wird dieser als Dateiname behandelt. Dies entspricht der ursprünglichen Semantik des Operators.

Beispiel: Import von Daten aus der Datei `/tmp/plz.csv`

```
let Import = [ const rel(tuple([Plz: int,
   Ort: string])) value() ]
   csvimport['/tmp/plz.csv', 1, ""] consume;
```
(3.3)

3.4. Loadbalancer

Der Loadbalancer ist dafür zuständig, die Daten einer Datenquelle auf verschiedene SECONDO-Instanzen aufzuteilen (siehe Abbildung 3.4). Es wird im Rahmen dieser Arbeit davon ausgegangen, dass sich diese Daten im CSV-Format befinden. Jeweils eine Zeile stellt dabei einen Datensatz dar. Der Loadbalancer kann jeweils nach einem Zeilenende neu entscheiden, welche SECONDO-Instanz den folgenden Datensatz erhalten soll. Die Entscheidung, welcher Server den Datensatz erhalten soll, wird von einem *Scheduler* getroffen. Zu finden ist der Loadbalancer in dem Verzeichnis `Algebras/Cassandra/tools` unter dem Namen `loadbalancer`.

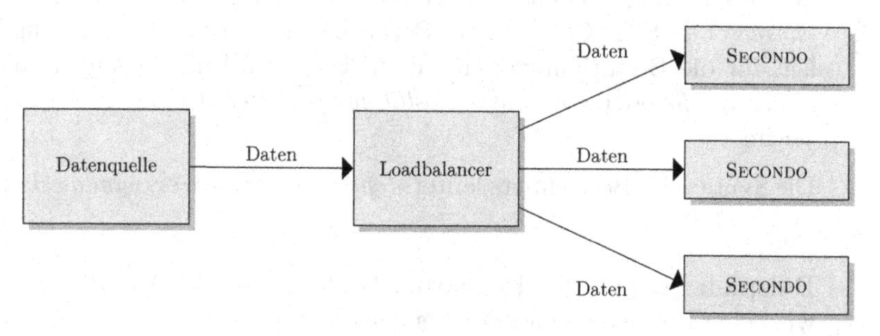

Abbildung 3.4.: Der Loadbalancer teilt die von der Datenquelle erzeugten Daten auf mehrere SECONDO-Instanzen auf. Jede SECONDO-Instanz muss somit nur einen Teil der Daten verarbeiten.

Der Loadbalancer wurde als eigenständige Komponente entwickelt. Der Aufbau der Software ist als UML-Diagramm in Abbildung D.2 auf Seite 228 zu finden. Bis auf die Tatsache, dass ein Zeilenende jeweils einen Datensatz markiert, weiß dieser nicht, auf welchen Daten er operiert. Dem Loadbalancer ist ebenfalls nicht bekannt, dass auf den Zielservern SECONDO zum Einsatz kommt. Dies ermöglicht es, den Loadbalancer für unterschiedliche Aufgaben zu verwenden. Der Loadbalancer liest Daten eines *Quellservers* und leitet diese Daten an verschiedene *Zielserver* weiter. Jeweils beim Erreichen eines Zeilenendes kann der Zielserver gewechselt werden.

3.4.1. Scheduling

Der entwickelte Loadbalancer unterstützt mehrere Scheduling-Strategien: *RR*, *TRR*, *LBTRR* und *QBTS*. Diese Scheduling-Stategien legen fest, wie der Loadbalancer arbeitet. Zum einen beeinflussen sie, ob er seine Arbeit auf mehrere Threads aufteilt. Zum anderen regeln sie, welcher Server den nächsten Datensatz erhalten soll.

RR: Hierbei werden die Daten reihum auf die Zielserver verteilt (**R**ound **R**obin). Der erste Datensatz wird an den ersten Zielserver gesendet, der zweite Datensatz an den zweiten Zielserver. Haben alle Zielserver einen Datensatz erhalten, wird der nächste Datensatz wieder an den ersten Zielserver versendet. Sämtliche Arbeit wird in einem Prozess erledigt.

TRR: Diese Stategie ähnelt der Stategie RR. Der Unterschied liegt darin, dass die Arbeit auf unterschiedliche Threads aufgeteilt wird (**T**hreaded **R**ound **R**obin). Das Lesen und Schreiben auf Netzwerksockets ist eine relativ teure Operation. In der Zeit, in welcher in der RR-Strategie auf das Betriebssystem gewartet wird, können aufgrund der verschiedenen Threads weitere Aufgaben parallel erledigt werden.

Das Lesen von der Datenquelle und das Schreiben auf die Zielserver wird in unterschiedlichen Threads vorgenommen (siehe Abbildung 3.5). Realisiert sind die Threads durch die *POSIX Thread Bibliothek - PThread* [But97].

LBTRR: Diese Strategie baut auf der TRR-Strategie auf. Nach dem Verschicken von n Datensätzen wird jedoch von dem Zielserver eine Bestätigung über den erfolgreichen Empfang der Daten erwartet. Diese Bestätigung wird über den Versand des ASCII-Zeichens *ACK* (*Acknowledge*) an den Loadbalancer gegeben (siehe Abbildung 3.6).

Im Gegensatz zur Round-Robin-Verteilung, bei der jeder Server die gleiche Anzahl an Daten erhält, wird bei dieser Strategie die tatsächliche Verarbeitungsgeschwindigkeit der Zielserver berücksichtigt. Zielserver, welche noch mit dem Verarbeiten der Daten beschäftigt sind und keine Bestätigung über den Erhalt gesendet haben, erhalten vorerst keine weiteren Daten.

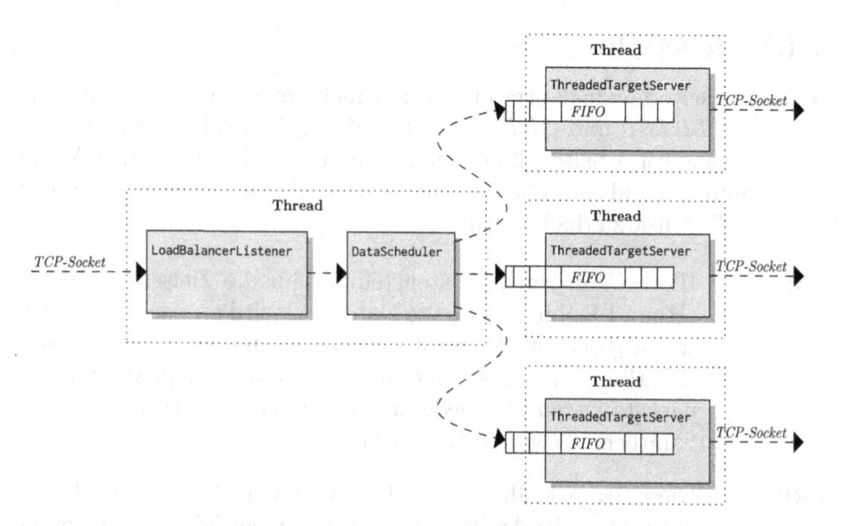

Abbildung 3.5.: Schematischer Aufbau des Loadbalancers bei Einsatz von Threading. Die Komponente *LoadBalancerListener* öffnet einen TCP-Socket und liest von diesem Daten. Die gelesenen Daten werden an einen *DataScheduler* übergeben. Der *DataScheduler* legt fest, welcher *ThreadedTargetServer* die Daten erhalten soll. Jeder *ThreadedTargetServer* besitzt eine Warteschlange (FIFO), in welche zu sendende Daten eingestellt werden können. Pro Warteschlange existiert ein Thread, welcher die Daten aus dieser entnimmt und auf einen TCP-Socket schreibt.

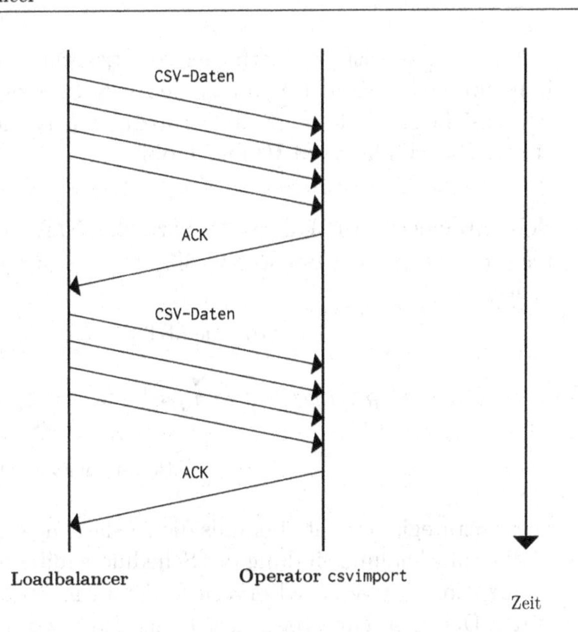

Abbildung 3.6.: Zusammenspiel zwischen Datenübergabe und der zu sendenden Bestätigung der Verteilungsstrategie *LBTRR* nach n Zeilen. In diesem Beispiel ($n = 4$) wartet der Loadbalancer nach vier Zeilen darauf, dass der Operator csvimport den Erhalt der Zeilen bestätigt. Erst danach werden vom Loadbalancer erneut vier Zeilen übertragen.

Auch bei dieser Strategie erfolgt die Netzwerkkommunikation in mehreren Threads. Da zudem die Auslastung der Zielserver berücksichtigt wird, trägt die Strategie den Namen *LBTRR* (**L**oad **B**ased **T**hreaded **R**ound **R**obin).

Schreibweise: Im Folgenden wird der Name dieser Strategie oft zusammen mit der Größe des Bestätigungsfensters angegeben:

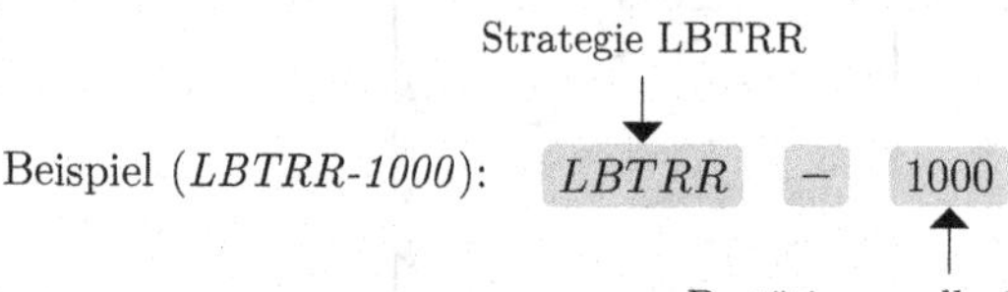

QBTS: Diese Strategie bezieht ebenfalls die Auslastung der Zielserver in die Entscheidungsfindung des Schedulers mit ein. Die Kommunikation mit den Zielservern findet in mehreren Threads statt. Der Loadbalancer führt beim Einsatz von mehreren Threads für jeden Zielserver eine Warteschlange (siehe Abbildung 3.5).

Neue Daten werden bei dieser Strategie stets an den Zielserver mit der kürzesten Warteschlange gesendet (**Q**ueue **B**ased **T**hreaded **S**heduling). Hierdurch werden Unterschiede in der Verarbeitungsgeschwindigkeit der Zielsysteme ausgeglichen; es werden alle Systeme bestmöglich ausgelastet. Zielsysteme, welche ihre Warteschlange schneller als andere abarbeiten, erhalten entsprechend mehr Daten zugeteilt.

Ein experimenteller Vergleich dieser Strategien findet sich in den Abschnitten 7.3 und 7.4 ab Seite 154.

3.4.2. Umgang mit Ausfällen

Der Loadbalancer kann mit dem Ausfall von Zielservern umgehen. Wie in Abschnitt 2.3 auf Seite 14 beschrieben, lässt sich ein ausgefallenes System nicht von einem überlasteten System unterscheiden. Für den Loadbalancer stellen sich beide Fälle gleich dar: Der Zielserver liest die auf den Netzwerksocket geschriebenen Daten nicht und der zugehörige Netzwerkpuffer auf Seiten des Loadbalancers läuft voll.

RR: Fällt beim Einsatz dieser Strategie ein Zielserver aus, so pausiert der Loadbalancer seine Arbeit, sobald der zugehörige Netzwerkpuffer voll ist. Das Betriebssystem blockiert vorübergehend den Prozess des Loadbalancers, wenn dieser versucht in den Netzwerkpuffer weitere Daten einzustellen. Nach einiger Zeit führt das Betriebssystem den blockierten Prozess wieder aus und signalisiert ihm, dass die Daten nicht in den Netzwerkpuffer eingestellt werden konnten, da die TCP-Verbindung zwischenzeitlich geschlossen wurde. Der Loadbalancer arbeitet nun weiter, teilt jedoch diesem Zielserver keine Daten mehr zu. Durch die Blockierung des kompletten Prozesses werden in dieser Zeit keine weiteren Daten von der Datenquelle gelesen. Wie lang diese Zeit ist, hängt vom Betriebssystem ab.

TRR: Der Loadbalancer erstellt bei der Verwendung von Threads für jeden Zielserver eine Warteschlange. Können keine Daten mehr in den Netzwerkpuffer eines Zielserver eingestellt werden, blockiert der für die Kommunikation mit dem Zielserver zuständige Thread und die zugehörige Warteschlange wächst an. Diese Warteschlange besitzt eine maximale Größe. Erreicht die Warteschlange diese Größe, teilt der Loadbalancer dem Zielserver keine weiteren Daten mehr zu. Im Gegensatz zur RR-Stategie blockiert beim Ausfall eines Zielservers nur ein Thread, alle anderen Threads arbeiten unverändert weiter.

LBTRR: Die Strategie LBTRR besitzt ein Bestätigungsfenster, welches in der Größe konfiguriert werden kann. Bestätigt ein Zielserver den Erhalt von Daten nicht, so teilt der Loadbalancer diesem keine weiteren Daten zu. Bei dieser Strategie kann mit einem kleinen Bestätigungsfenster dafür gesorgt werden, das ein Ausfall erkannt wird. Zudem wird bei dieser Strategie die unter TRR beschriebene maximale Größe der Warteschlange berücksichtigt.

QBTS: Bei der Strategie QBTS teilt der Loadbalancer immer dem Zielserver mit der kürzesten Warteschlange neue Daten zu. Fällt ein Zielserver aus, so fängt seine Warteschlange an zu wachsen. Hierdurch wird es immer unwahrscheinlicher, dass diese Warteschlange die kürzeste ist. Auch bei dieser Strategie wird die unter TRR beschriebene maximale Größe der Warteschlange berücksichtigt.

Die Strategie RR kann nur schlecht mit Ausfällen von Zielservern umgehen. Die anderen drei Strategien haben damit kein Problem und behandeln den Ausfall entsprechend.

3.4.3. Anwendung

Der Loadbalancer erwartet beim Start mindestens vier Parameter (siehe Tabelle 3.2): (`-p`) Spezifiziert, auf welchem Port die zu verteilenden Daten eingehen. (`-m`) Legt den Scheduling-Algorihmus fest. (`-s`) Gibt an, an welche Zielserver die Daten verteilt werden. (`-r`) Besagt ob Daten verworfen werden dürfen. Ruft man den Loadbalancer ohne Parameter auf, so wird eine Hilfe zu diesem Programm ausgegeben.

Neben dem Scheduling-Verfahren und der Angabe des Quellports sowie der Zielserver, kann auch festgelegt werden, wie sich der Loadbalancer bei einer Überlastung verhalten soll. Dieser Fall tritt ein, wenn ein Datensatz gelesen wurde und kein Zielserver bereit ist, diesen anzunehmen, beispielsweise aufgrund einer vollen Warteschlange oder aufgrund einer noch ausstehenden Bestätigung über den Erhalt von Daten.

In diesem Fall kann der Loadbalancer entweder warten, bis wieder ein Zielserver bereit zur Annahme von Daten ist oder er kann diesen Datensatz verwerfen und den nächsten Datensatz der Datenquelle lesen. Welche der beiden Strategien eingesetzt werden soll, hängt von dem Aufbau der Datenquelle sowie von der Anwendung ab, ob diese mit verworfenen Datensätzen umgehen kann.

Warten auf einen freien Zielserver: In diesem Fall läuft der Netzwerkpuffer der Datenquelle mit der Zeit voll. Die Datenquelle produziert Daten und schreibt diese auf den Netzwerksocket. Da der Loadbalancer auf einen freien Zielserver wartet, kann er diese Daten nicht annehmen und es füllt sich der Netzwerkpuffer der Datenquelle zunehmend. Diese muss Strategien besitzen, mit diesem Problem umzugehen.

Verwerfen von Datensätzen: In diesem Fall verwirft der Loadbalancer gelesene Datensätze, wenn kein Zielserver bereit zur Annahme ist. Dies sorgt dafür, dass der Loadbalancer umgehend den nächsten

Parameter	Name	Wert	Bedeutung
`-p`	Listenport	Integer	Der Netzwerkport (tcp) auf welchem die zu verteilenden Daten empfangen werden.
`-m`	Mode	String	Der Scheduling-Algorithmus welcher verwendet wird.
`-s`	Server	String	Die Zielserver, an welche die Daten verteilt werden. Als Wert wird die IP-Adresse des Zielservers sowie der Zielport (tcp) im Format *ip:port* (z. B. *192.168.1.1:10000*) erwartet. Dieser Parameter kann mehrfach in der Paramterliste angegeben werden.
`-r`	Reliable	Boolean	Dieser Parameter bestimmt, ob eingehende Daten verworfen werden dürfen, wenn alle Zielserver ausgelastet sind. Dürfen Daten nicht verworfen werden, so wartet der Loadbalancer mit dem Einlesen neuer Daten bis wieder Zielserver frei sind.

Tabelle 3.2.: Parameter des Loadbalancers.

Datensatz von der Datenquelle lesen kann und der Netzwerkpuffer abgearbeitet wird. Es gehen jedoch Datensätze verloren.

Beispiel: In dem Listing 3.1 wird der Start des Loadbalancers gezeigt. Dieser wird mit dem LBTRR Scheduler ausgeführt. Alle zehn Zeilen erwartet der Loadbalancer vom Zielserver eine Bestätigung über den Empfang der Daten (Strategie: *lbtrr-10*).

Der Loadbalancer liest Daten vom TCP-Port `10000` und verteilt diese Daten auf die Server mit den IPs `192.168.1.1` und `192.168.1.2`. Auf beiden Servern werden die Daten auf den Port `10011` geschrieben. Zudem wird der Parameter *Reliable* auf `true` gesetzt. Es dürfen somit keine Daten beim Weiterleiten verloren gehen.

Listing 3.1: Start des Loadbalancers

```
1 root@node1:~# ./loadbalancer -p 10000 -m lbtrr-10 -s
     192.168.1.1:10011 -s 192.168.1.2:10011 -r true
2
3 Opening TCP connection to server: 192.168.1.1 Port 10011
4 Opening TCP connection to server: 192.168.1.2 Port 10011
5
6 Starting load balancer on port: 10000
7 Mode is load based threaded round robin
8 Acknowledge after 10 lines
9 Opening server socket
```

Empfang der Daten: Um die Daten auf den Zielservern entgegenzunehmen, sollte auf beiden Systemen SECONDO gestartet sein. Folgende Abfrage in SECONDO nimmt Daten auf dem Port 10 011 entgegen und sendet alle 10 Zeilen eine Bestätigung an den Loadbalancer:

```
let Import = [ const rel(tuple([Plz: int, Ort: string]))
    value()] csvimport['tcplb://10011/10', 1, ""]          (3.4)
    consume;
```

3.5. Lastgenerator

Um die Funktionsweise des Loadbalancers und der erweiterten ImEx-Algebra testen zu können, wurde ein Lastgenerator entwickelt. Dieser erlaubt es, Zeilen im CSV-Format zu erzeugen und auf einen Netzwerksocket zu schreiben. Durch die Angabe von Parametern können die Anzahl der erzeugten Zeilen und ihr Format beeinflusst werden. Zudem kann eine Wartezeit zwischen dem Versenden von zwei Zeilen gesetzt werden. Startet man den Lastgenerator ohne Parameter, gibt er eine kurze Hilfe aus. Zu finden ist der Lastgenerator im Verzeichnis `Algebras/Cassandra/tools` unter dem Namen `load`.

Der Lastgenerator erwartet sieben Parameter, welche alle zwingend anzugeben sind (siehe Tabelle 3.3): (`-h`) Legt fest, an welchen Hostnamen die Daten gesendet werden. (`-p`) Spezifiziert den Zielport für die erzeugten Daten. (`-l`) Besagt, wie viele Zeilen erzeugt werden sollen. (`-d`) Legt fest, ob eine Wartezeit zwischen dem Erzeugen von zwei Zeilen eingehalten werden soll. (-c) Legt die Anzahl der Spalten pro Zeile fest. (-s) Legt die Anzahl der Bytes pro Spalte fest. (-a) Legt fest, ob alle n Zeilen auf eine Bestätigung vom Empfänger gewartet werden soll.

Parameter	Name	Wert	Bedeutung
-h	Hostname	String	Hostname an den die Daten gesendet werden sollen.
-p	Zielport	Integer	Zielport (tcp) an den die Daten übermittelt werden.
-l	Zeilenanzahl	Integer	Die Anzahl von Zeilen, welche erzeugt werden.
-d	Wartezeit	Integer	Die Wartezeit in Millisekunden, die zwischen dem Erzeugen von zwei Zeilen gewartet wird.
-c	Spaltenzahl	Integer	Die Anzahl von Spalten (Werten), die jede Zeile beinhalten soll.
-s	Bytes pro Spalte	Integer	Die Anzahl der Bytes pro Spalte.
-a	Bestätigungen	Integer	Nach n gesendeten Zeilen soll auf eine Bestätigung vom Server gewartet werden. Diese Option kann in Verbindung mit dem Operator csvimport und einer Datenquelle im Format tcplb://port/windowsize eingesetzt werden (siehe Abschnitt 3.3.1 auf Seite 50).

Tabelle 3.3.: Parameter des Lastgenerators.

Beispiel: In Listing 3.2 wird die Anwendung des Lastgenerators gezeigt. Dieser sendet an das System mit der IP 127.0.0.1 seine Daten. Diese werden auf den Port 10 000 geschrieben. Es werden 10 Zeilen erzeugt. Nach dem Versand einer Zeile wird 4 ms gewartet. Pro Zeile sollen 10 Spalten mit jeweils 10 Byte langen Werten erzeugt werden. Auf eine Bestätigung vom Server, nach dem Versand einer bestimmten Anzahl von Zeilen, wird nicht gewartet.

Nach dem Start meldet das Programm, dass pro Zeile 110 Bytes[2] versendet werden. Danach wird der Inhalt der ersten zu übertragenden Zeile ausgegeben. Dies dient der Kontrolle, ob die Zeilen den gewünschten Vorgaben entsprechen. Nach dem Versenden der Daten überträgt der Lastgenerator abschließend das Zeichen *EOT* (*End of Transmission*) um das Ende der Übertragung anzuzeigen.

Listing 3.2: Start des Lastgenerators

```
1 root@node1:~# ./load -h 127.0.0.1 -p 10000 -l 10 -d 4 -c 10 -s
     10 -a 0
2 The size of the buffer is: 110 bytes
3 Example Line: nAO4tVnEFE,xBmrlcTLY9,QP2WamhhQ3,XBDuF6P0Jc,
     EGoz5WZWp8,eFVgl5QPlo,TGzgACkXA4,7OItLMQvsD,1UTWABbYaJ,
     K3ZHihTTEb
4
5 Writing: ..........
```

[2]Die 110 Bytes ergeben sich aus den 10 x 10 Bytes für die Spalten, 9 Bytes für die Trennzeichen »,« sowie 1 Byte für den Zeilenumbruch am Zeilenende.

4. Kopplung von SECONDO mit Cassandra

In diesem Kapitel wird die Kopplung von SECONDO mit Cassandra beschrieben. Hierzu wurde eine Algebra mit 13 Operatoren entwickelt. Zunächst werden diese Operatoren vorgestellt, anschließend werden Details der Implementierung erläutert.

4.1. Cassandra-Algebra

Für die Kommunikation von SECONDO mit Cassandra wurde eine eigene Algebra entwickelt. Diese erlaubt es, Daten aus SECONDO in Cassandra zu exportieren und wieder zu importieren. Ziel der Algebra ist es, möglichst viele Details von Cassandra vor dem Benutzer von SECONDO zu verstecken. Die Operatoren der Cassandra Algebra können mit allen in SECONDO genutzten Datentypen umgehen.

In der Tabelle 4.1 findet sich eine Übersicht der in der Algebra enthaltenen Operatoren zusammen mit ihrer Signatur und ihrer Syntax. Die Operatoren lassen sich in drei Kategorien einteilen: (i) Operatoren welche dem Management von Tupeln dienen. (ii) Operatoren welche für die verteilte Abfrageauswertung (siehe Abschnitt 5.2 ab Seite 94) benötigt werden. (iii) Operatoren welche Hilfsmittel für die durchgeführten Experimente darstellen.

Zugriff auf Cassandra

Die Operatoren aus den ersten beiden Kategorien nehmen alle Zugriff auf Cassandra. All diesen Operatoren muss mitgeteilt werden, unter welcher IP sie Kontakt zu Cassandra aufnehmen können. Ebenfalls muss der Name eines Keyspaces, auf welchem die Operation durchgeführt werden soll, angegeben werden. Ein Keyspace ist mit einer Datenbank in einem RDBMS zu vergleichen (siehe Abschnitt F.2.1 auf Seite 244). Häufig wird zusätzlich noch der Name einer Cassandra-Relation sowie ein Konsistenz-Level

Operator	Signatur	Syntax
Management von Tupeln:		
`cspread`	stream(tuple(...)) × text × text × text × text × text × attr → int	_ # [_,_,_,_,_,_]
`ccollect`	text × text × text × text → stream(tuple(...))	# (_,_,_,_)
`ccollectlocal`	text × text × text × text → stream(tuple(...))	# (_,_,_,_)
`ccollectrange`	text × text × text × text × text × text → stream(tuple(...))	# (_,_,_,_,_,_)
`ccollectquery`	text × text × text × text × int → stream(tuple(...))	# (_,_,_,_,_)
`clist`	text × text → stream(text)	# (_,_)
`cdelete`	text × text × text → bool	# (_,_,_)
Verteilte Abfrageauswertung:		
`cqueryexecute`	text × text × int × text → bool	# (_,_,_,_)
`cquerylist`	text × text → stream(tuple(...))	# (_,_)
`cqueryreset`	text × text → bool	# (_,_)
`cquerywait`	text × text × int → bool	# (_,_,_)
Hilfsmittel:		
`sleep`	stream(T) × int → stream(T)	_ # [_]
`statistics`	stream(T) × text × int → stream(T)	_ # [_,_]

Tabelle 4.1.: Von der Cassandra-Algebra bereitgestellte Operatoren.

angegeben. Den Operatoren werden diese Informationen über die ersten vier Parameter mitgeteilt:

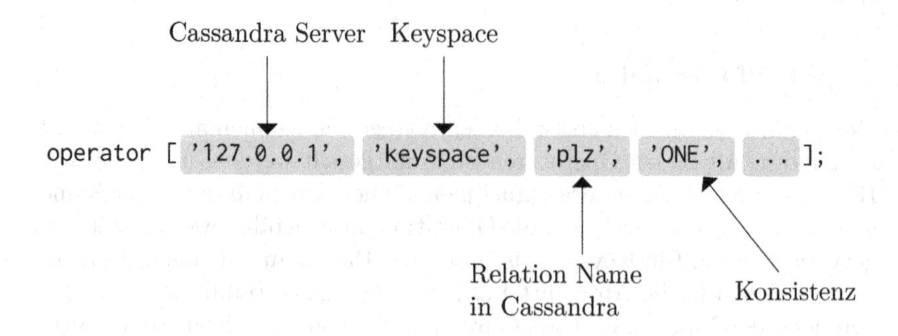

Konsistenz

Viele der Operatoren führen lesende oder schreibende Operationen auf in Cassandra gespeicherten Daten aus. Cassandra implementiert das Konzept der *Tunable Consistency* (siehe Abschnitt F.2.3 auf Seite 254). Für jede Lese- oder Schreiboperation lässt sich angeben, wie viele Knoten von Cassandra diese bestätigen müssen.

Die Operatoren dieser Algebra erlauben es dem Benutzer, den benötigten Konsitenz-Level für seine Operation selbst festzulegen. Hierzu erwarten die entsprechenden Operatoren die Angabe der gewünschten Konsistenz. In Tabelle 4.2 sind die von der Cassandra-Algebra unterstützten Konsistenz-Level angegeben.

Konsistenz	**Bedeutung**
`ANY`	Dieser Konsistenz-Level wird nur bei Schreibopreationen unterstützt. Die Annahme der Daten kann von einem beliebigen Cassandra-Knoten bestätigt werden. *Hinted-Handoffs* sind erlaubt.
`ONE`	Mindestens ein für die Daten zuständiger Knoten muss die Operation bestätigen.
`QUORUM`	Es müssen mindestens $(\frac{Replikationsfaktor}{2} + 1)$ für die Daten zuständige Knoten die Operation bestätigen.
`ALL`	Alle für die Daten zuständigen Knoten müssen die Operation bestätigen.

Tabelle 4.2.: Von den Operatoren der Cassandra-Algebra unterstützte Konsistenz-Level.

4.1.1. Operator cspread

Mittels des Operators `cspread` können aus SECONDO heraus Tupel in Cassandra exportiert werden. Der Operator erwartet sechs Parameter: (i) Der Cassandra-Knoten der kontaktiert werden soll. (ii) Der Keyspace auf den sich die Operation bezieht. (iii) Ein frei wählbarer Bezeichner. Dieser gibt den Namen der Tabelle an, in welchem die Daten in Cassandra abgelegt werden. (iv) Die Konsistenz, mit der die Daten geschrieben werden sollen.

(v) Den Namen des lokalen Knotens. Dieser wird benötigt, damit kollisionsfrei auf mehreren Instanzen Schlüssel für die Daten gebildet werden können (siehe Abschnitt 4.2.1 auf Seite 79). (vi) Das Attribut, nachdem die Daten in Cassandra *partitioniert* (verteilt) werden sollen (siehe Abschnitt 4.2.4 auf Seite 81).

Pos.	Name	Wert	Bedeutung
1	Cassandra Server	Text	IP eines Cassandra Servers zu dem die Verbindung aufgebaut wird.
2	Keyspace	Text	Keyspace in dem die Tabelle liegt.
3	Tabelle	Text	Name der Tabelle in Cassandra.
4	Konsistenz	Text	Gewünschte Konsistenz.
5	Knotenname	Text	Name des lokalen Knotens.
6	Partition Attribut	Attributname	Name des Attributes, nachdem die Daten in Cassandra verteilt werden sollen.

Tabelle 4.3.: Parameter des Operators cspread.

Beispiel: Export der Tabelle *plz* nach Cassandra in den Keyspace *keyspace*. Partitioniert werden die Daten nach dem Attribut *PLZ*.

```
query plz feed cspread['127.0.0.1', 'keyspace', 'plz',
    'ONE', 'node1', PLZ];
```
(4.1)

Fortschrittschätzung

Für diesen Operator wurde eine Fortschrittschätzung implementiert. In der Regel muss bei der Implementation für einen Operator ein Kostenmodell aufgestellt werden. In diesem Kostenmodell werden vom Rechner abhängige Konstanten für bestimmte Operationen verwendet (siehe [Nid12, S.25ff]). Diese Konstanten werden experimentell für die jeweilige Hardware ermittelt.

Die Laufzeit von diesem Operator wird größtenteils von Cassandra bestimmt. Maßgeblich für die Gesamtlaufzeit des Operators ist die Zeit, die Cassandra benötigt, das entsprechende CQL-Statement zu verarbeiten.

Diese Laufzeit ist nicht vorhersagbar, da diese vom gewählten Konsistenzmodell, der Leistungsfähigkeit und der Auslastung der Cassandra-Konten abhängig ist. Der Operator nimmt daher keine eigene Kosten- und Fortschrittschätzung vor; es wird die Schätzung des vorgeschalteten Operators im Operatorbaum unverändert weitergereicht.

4.1.2. Operator ccollect

Mit dem Operator `ccollect` können in Cassandra gespeicherte Daten wieder in SECONDO importiert werden. Der Operator erwartet vier Parameter: (i) Der Cassandra-Knoten der kontaktiert werden soll. (ii) Der Keyspace auf den sich die Operation bezieht. (iii) Die Tabelle die importiert werden soll. (iv) Die Konsistenz mit der die Operation durchgeführt werden soll.

Pos.	Name	Wert	Bedeutung
1	Cassandra Server	Text	IP eines Cassandra Servers zu dem die Verbindung aufgebaut wird.
2	Keyspace	Text	Keyspace in dem die Tabelle liegt.
3	Tabelle	Text	Name der Tabelle in Cassandra.
4	Konsistenz	Text	Konsistenz mit welcher die Daten aus Cassandra gelesen werden sollen.

Tabelle 4.4.: Parameter des Operators ccollect.

Beispiel: Lesen der Tabelle *plz* aus dem Cassandra-Keyspace *keyspace*.

```
query ccollect('127.0.0.1', 'keyspace', 'plz', 'ONE')
    consume;
```
(4.2)

Fortschrittschätzung

Für diesen Operator wurde keine Fortschrittschätzung implementiert. Der Grund hierfür ist, dass für eine Fortschrittschätzung vorab bekannt sein müsste, wie viele Tupel von `ccollect` geliefert werden. Diese Information ist jedoch erst nach Abschluss bekannt, wenn alle Tupel aus Cassandra ausgelesen wurden. Cassandra bietet keine Funktionen an, vorab zu ermitteln, wie groß das Ergebnis einer CQL-Abfrage sein wird.

4.1.3. Operator ccollectlocal

Der Operator `ccollectlocal` ist dem Operator `ccollect` sehr ähnlich. Der einzige Unterschied in beiden Operatoren besteht darin, dass `ccollectlocal` nur die Daten des Cassandra-Knotens zurückliefert, welcher im ersten Parameter angegeben worden ist.

Beispiel: Lesen der lokalen gespeicherten Teile der Tabelle *plz* aus dem Keyspace *keyspace*.

```
query ccollectlocal('127.0.0.1', 'keyspace', 'plz',
    'ONE') consume;
```
(4.3)

4.1.4. Operator ccollectrange

Der Operator `ccollectrange` ist ebenfalls dem Operator `ccollect` sehr ähnlich. Der Unterschied besteht darin, dass der Token-Bereich aus welchem die Daten gelesen werden sollen, angegeben werden muss.

Der Operator erwartet sechs Parameter: (i) Der Cassandra-Knoten der kontaktiert werden soll. (ii) Der Keyspace auf den sich die Operation bezieht. (iii) Die Tabelle die importiert werden soll. (iv) Die Konsistenz mit der die Operation durchgeführt werden soll. (v) Das Token, bei dem angefangen werden soll die Daten zu lesen. (vi) Das Token, bei dem mit dem Lesen der Daten aufgehört werden soll.

Pos.	Name	Wert	Bedeutung
1	Cassandra Server	Text	IP eines Cassandra Servers zu dem die Verbindung aufgebaut wird.
2	Keyspace	Text	Keyspace in dem die Tabelle liegt.
3	Tabelle	Text	Name der Tabelle in Cassandra.
4	Konsistenz	Text	Konsistenz mit welcher die Daten aus Cassandra gelesen werden sollen.
5	Beginn-Token	Text	Beginn des Token-Bereiches für welchen die Daten gelesen werden sollen.
6	Ende-Token	Text	Ende des Token-Bereiches für welchen die Daten gelesen werden sollen.

Tabelle 4.5.: Parameter des Operators ccollectrange.

Analog zur Definition der Token-Bereiche (siehe Abschnitt 2.7.6 auf Seite 29) gilt auch hier, dass das Beginn-Token nicht im Abfragebereich liegt, das Ende-Token jedoch schon.

Beispiel: Lesen der Tabelle *plz* im Token-Bereich $(-500, 10000]$ aus dem logischen Ring von Cassandra.

```
query ccollectrange('127.0.0.1',
    'keyspace', 'plz', 'ONE', '-500', '10000') consume;
```
(4.4)

4.1.5. Operator ccollectquery

Der Operator `ccollectquery` nimmt eine ähnliche Aufgabe war, wie der Operator `ccollect`. Der Unterschied besteht darin, dass dieser Operator sicherstellt, dass nur Daten von Knoten eingelesen werden, welche eine Abfrage vollständig abgearbeitet haben. Siehe hierzu auch Abschnitt 5.2.10 ab Seite 123.

Der Operator erwartet fünf Parameter: (i) Der Cassandra-Knoten der kontaktiert werden soll. (ii) Der Keyspace auf den sich die Operation bezieht. (iii) Die Tabelle die importiert werden soll. (iv) Die Konsistenz mit der die Operation durchgeführt werden soll. (v) Die ID der DISTRIBUTED SECONDO-Abfrage, welche die zu lesenden Daten erzeugt hat.

Pos.	**Name**	**Wert**	**Bedeutung**
1	Cassandra Server	Text	IP eines Cassandra Servers zu dem die Verbindung aufgebaut wird.
2	Keyspace	Text	Keyspace in dem die Tabelle liegt.
3	Tabelle	Text	Name der Tabelle in Cassandra.
4	Konsistenz	Text	Konsistenz mit welcher die Daten aus Cassandra gelesen werden sollen.
5	Query-ID	Int	ID der Abfrage, durch welche die Relation erzeugt wurde.

Tabelle 4.6.: Parameter des Operators ccollectquery

Beispiel: Auslesen der Relation *plz* welche durch die DISTRIBUTED SECONDO-Abfrage mit der ID 4 erzeugt worden ist.

```
query ccollectquery('127.0.0.1', 'keyspace', 'plz',
    'ONE', 4) consume;
```
(4.5)

4.1.6. Operator clist

Mittels des Operators `clist` lassen sich die in einem Cassandra Keyspace angelegten Tabellen anzeigen. Der Operator erwartet zwei Parameter: (i) Der Cassandra-Knoten der kontaktiert werden soll. (ii) Der Keyspace auf den sich die Operation bezieht.

Der Operator liefert einen Strom vom Typ *text* zurück. Jedes Element in diesem Strom ist der Name einer Tabelle.

Pos.	Name	Wert	Bedeutung
1	Cassandra Server	Text	IP eines Cassandra Servers zu dem die Verbindung aufgebaut wird.
2	Keyspace	Text	Keyspace welcher abgefragt wird.

Tabelle 4.7.: Parameter des Operators clist.

Beispiel: In Listing 4.1 wird die Anwendung des Operators demonstriert. Es wird der Cassandra-Knoten mit der IP `127.0.0.1` kontaktiert. Dieser Knoten wird nach den Tabellen im Keyspace *keyspace* befragt. In der Ausgabe ist zu sehen, dass in dem Keyspace aktuell zwei Tabellen mit den Namen *plz* und *table1* angelegt sind.

4.1.7. Operator cdelete

Der Operator `cdelete` gestattet es, eine Tabelle in einem Cassandra-Keyspace zu löschen. Der Operator erwartet drei Parameter: (i) Der Cassandra-Knoten der kontaktiert werden soll. (ii) Der Keyspace auf den sich die Operation bezieht. (*iii*) Den Namen der Tabelle die gelöscht werden soll.

Der Operator gibt die Werte `true` oder `false` zurück, je nachdem ob die Tabelle erfolgreich gelöscht werden konnte oder nicht. Existiert die Tabelle nicht, wird ebenfalls `false` vom Operator zurückgegeben.

Listing 4.1: Der Operator clist

```
1 Secondo => query clist('127.0.0.1', 'keyspace')
      transformstream consume;
2 [...]
3 Total runtime ...   Times (elapsed / cpu): 0.251096sec / 0.02
      sec = 12.5548
4
5 Elem : plz
6
7 Elem : table1
```

Pos.	Name	Wert	Bedeutung
1	Cassandra Server	Text	IP eines Cassandra Servers zu dem die Verbindung aufgebaut wird.
2	Keyspace	Text	Keyspace in dem die Tabelle liegt.
3	Tabelle	Text	Tabelle die gelöscht werden soll.

Tabelle 4.8.: Parameter des Operators cdelete.

Beispiel: Löschen der Tabelle *plz* in dem Keyspace *keyspace*. Der Cassandra-Cluster wird über das System mit der IP *127.0.0.1* kontaktiert.

```
query cdelete ('127.0.0.1', 'keyspace', 'plz');          (4.6)
```

Fortschrittschätzung

Es war geplant, für diesen Operator eine Fortschrittschätzung zu implementieren. Auf diese wurde verzichtet. Diese Entscheidung hatte zwei Gründe: (*i*) Das Löschen der Tabelle wird von Cassandra innerhalb weniger Millisekunden erledigt. Diese Zeitspanne ist zu kurz für die Fortschrittschätzung in SECONDO. Ursprünglich wurde davon ausgegangen, dass alle zu löschenden Zeilen von SECONDO ermittelt und einzeln gelöscht werden müssen. Durch das Löschen einer kompletten Tabelle entfällt dies. (*ii*) Da nach dem Absetzen des Löschbefehls keine weitere Interaktion zwischen Cassandra und SECONDO stattfindet, lassen sich keine Statusinformationen über den Fortschritt ableiten.

4.1.8. Operator cquerylist

Der Operator `cquerylist` liefert eine Übersicht, welche Abfragen für DISTRIBUTED SECONDO in einem Keyspace hinterlegt sind. Die genaue Anwendung dieses Operators wird im Abschnitt 5.2.2 ab Seite 97 beschrieben. Der Operator erwartet zwei Parameter: (i) Der Cassandra-Knoten der kontaktiert werden soll. (ii) Der Keyspace auf den sich die Operation bezieht.

Pos.	Name	Wert	Bedeutung
1	Cassandra Server	Text	IP eines Cassandra Servers zu dem die Verbindung aufgebaut wird.
2	Keyspace	Text	Keyspace in welchem die Abfragen gespeichert sind.

Tabelle 4.9.: Parameter des Operators cquerylist.

Beispiel: In Listing 4.2 wird ermittelt, welche Abfragen im Keyspace *keyspace* hinterlegt sind. Es ist zu sehen, dass in diesem Keyspace zwei Abfragen hinterlegt worden sind.

Listing 4.2: Der Operator cquerylist

```
1 Secondo => query cquerylist('127.0.0.1', 'keyspace') consume;
2 [...]
3 Total runtime ...   Times (elapsed / cpu): 1.37542sec / 0.03
      sec = 45.8473
4
5 Query-ID : 1
6    Query : open database opt;
7
8 Query-ID : 2
9    Query : query ccollectrange('__CASSANDRAIP__', '
        __KEYSPACE__', 'relation2', 'ONE',__TOKENRANGE__) count
        ;
```

4.1.9. Operator cqueryexecute

Der Operator `cqueryexecute` erlaubt es, auszuführende Abfragen für DISTRIBUTED SECONDO in einem Keyspace zu hinterlegen. Alle in einem Keyspace hinterlegten Abfragen werden im Folgenden als *globaler Ausführungsplan* bezeichnet. In Kapitel 5 ist beschrieben, wie diese Abfragen von mehreren Knoten parallel verarbeitet werden.

Der Operator erwartet drei Parameter: (i) Der Cassandra-Knoten der kontaktiert werden soll. (ii) Der Keyspace auf den sich die Operation bezieht. (iii) Eine ID welche die Ausführungsreihenfolge festlegt. DISTRIBUTED SECONDO beginnt die Ausführung bei der Abfrage mit der ID 1. Danach wird jeweils die Abfrage mit der nächstgrößeren ID ausgeführt. (iv) Die auszuführende Abfrage.

Pos.	Name	Wert	Bedeutung
1	Cassandra Server	Text	IP eines Cassandra Servers zu dem die Verbindung aufgebaut wird.
2	Keyspace	Text	Keyspace in welchem die Abfragen gespeichert sind.
3	Query-ID	Integer	ID der Abfrage.
4	Abfrage	Text	Abfrage welche ausgeführt werden soll.

Tabelle 4.10.: Parameter des Operators cqueryexecute.

Beispiel: Hinterlegen einer Abfrage mit der ID 2 im globalen Ausführungsplan. Da in dieser Abfrage selbst einfache Anführungszeichen vorkommen, wird die Abfrage in die Tags `<text>` und `</text--->` eingeschlossen; hierdurch wird der Parser von SECONDO davon abgehalten, die Anführungszeichen auszuwerten. In der Abfrage werden Platzhalter, wie beispielsweise `__TOKENRANGE__`, verwendet. Eine Beschreibung dieser Platzhalter findet sich in Abschnitt 5.2.3 ab Seite 98.

```
query cqueryexecute('127.0.0.1', 'keyspace', 2, <text>
    query ccollectrange('__CASSANDRAIP__',
    '__KEYSPACE__', 'relation2', 'ONE', __TOKENRANGE__)      (4.7)
    count;</text--->);
```

4.1.10. Operator cqueryreset

Mit dem Operator `cqueryreset` können die in einem Keyspace für DISTRIBUTED SECONDO hinterlegten Abfragen, sowie deren Ausführungsstatus, gelöscht werden. Der Operator erwartet zwei Parameter: (i) Der Cassandra-Knoten der kontaktiert werden soll. (ii) Der Keyspace auf den sich die Operation bezieht.

Nach dem Löschen der gespeicherten Abfragen können beispielsweise durch den Operator `cqueryexecute` neue Abfragen für DISTRIBUTED SECONDO hinterlegt werden.

Pos.	Name	Wert	Bedeutung
1	Cassandra Server	Text	IP eines Cassandra Servers zu dem die Verbindung aufgebaut wird.
2	Keyspace	Text	Keyspace in welchem die Abfragen gespeichert sind.

Tabelle 4.11.: Parameter des Operators cqueryreset.

Beispiel: Löschen der im Keyspace *keyspace* hinterlegten Abfragen.

```
query cqueryreset('127.0.0.1', 'keyspace');
```
(4.8)

4.1.11. Operator cquerywait

Durch den Operator `cquerywait` kann auf die vollständige Ausführung einer Abfrage durch DISTRIBUTED SECONDO gewartet werden. Dies kann erforderlich sein, wenn beispielsweise im nächsten Schritt ein von DISTRIBUTED SECONDO bereitgestelltes Ergebnis eingelesen werden soll. Durch diesen Operator wird sichergestellt, dass die Berechnung des Ergebnisses zuvor abgeschlossen wurde.

Der Operator erwartet drei Parameter: (i) Der Cassandra-Knoten der kontaktiert werden soll. (ii) Der Keyspace auf den sich die Operation bezieht. (iii) Die ID der Abfrage, auf welche gewartet werden soll.

Beispiel: Warten auf den Abschluss der Abfrage mit der ID 2 durch DISTRIBUTED SECONDO.

```
query cquerywait('127.0.0.1', 'keyspace', 2);
```
(4.9)

Pos.	Name	Wert	Bedeutung
1	Cassandra Server	Text	IP eines Cassandra Servers zu dem die Verbindung aufgebaut wird.
2	Keyspace	Text	Keyspace in welchem die Abfragen gespeichert sind.
3	Query-ID	Integer	ID der Abfrage auf deren Abschluss gewartet wird.

Tabelle 4.12.: Parameter des Operators cquerywait.

Fortschrittschätzung

Für den Operator `cquerywait` wurde eine Fortschrittschätzung implementiert. Diese erlaubt es dem Anwender abzuschätzen, wie lange er noch auf das Ergebnis seiner Abfrage warten muss. Für die Fortschrittschätzung wird aus Informationen aus der Systemtabelle `system_progress` zurückgegriffen (siehe Abschnitt 5.2.5 auf Seite 107).

Die Fortschrittschätzung besitzt zu den bislang in SECONDO implementierten Fortschrittschätzungen zwei Einschränkungen:

(*i*) Sie funktioniert nur bei Abfragen, welche den Operator `ccollectrange` einsetzen. Im Gegensatz zu den Operatoren `ccollect` und `ccollectlocal` stellt nur dieser Operator die für die Fortschrittschätzung notwendigen Informationen bereit (siehe Abschnitt 5.2.7 ab Seite 110).

(*ii*) Die Fortschrittschätzung bezieht sich nur auf die Abfrage, auf welche `cquerywait` wartet. Vorab im globalen Ausführungsplan eingeplante Abfragen werden nicht betrachtet.

Das Kostenmodell für die Fortschrittschätzung zu diesem Operator stellt zwei Informationen bereit:

Blockierender Fortschritt: Der Fortschritt der Abfrage ergibt sich aus den vom Operator `ccollectrange` verarbeiteten Token des logischen Ringes im Verhältnis zu allen Token des logischen Ringes:

$$BP_{cquerywait} = \frac{\texttt{Bearbeitete Token}}{\texttt{Gesamtzahl Token}} \tag{4.10}$$

Blockierende Laufzeit: Die Laufzeit des Operators wird aus der bislang vergangenen Zeit, sowie dem bislang erzielten Fortschritt berechnet:

$$BT_{cquerywait} = \frac{\texttt{Bislang benötigte Zeit der Abfrage}}{BP_{cquerywait}} \quad (4.11)$$

Beispiel: Im Listing 4.3 ist das Zusammenspiel zwischen den Operatoren `cqueryexecute` und `cquerywait` sowie der Fortschrittschätzung aufgezeigt. Es werden drei Abfragen geplant. Anschließend wird der Operator `cquerywait` für die Abfrage mit der ID 3 aufgerufen.

Die Fortschrittschätzung beginnt erst Daten zu liefern, wenn die Abfrage mit der ID 3 von DISTRIBUTED SECONDO verarbeitet wird. Während der Ausführung der Abfragen 1 und 2 liefert die Fortschrittschätzung keine Daten.

Listing 4.3: Fortschrittschätzung des Operstors cquerywait

```
1 Secondo => query cqueryexecute('127.0.0.1', 'keyspace', 1, '
      open database opt;');
2 [...]
3 Total runtime ...   Times (elapsed / cpu): 0.352731sec / 0.03
      sec = 11.7577
4 TRUE
5
6 Secondo => query cqueryexecute('127.0.0.1', 'keyspace', 2, <
      text>query ccollectrange('__CASSANDRAIP__', '__KEYSPACE__
      ', 'relation1', 'ONE',__TOKENRANGE__) count;</text--->);
7 [...]
8 Total runtime ...   Times (elapsed / cpu): 0.395019sec / 0.03
      sec = 13.1673
9 TRUE
10
11 Secondo => query cqueryexecute('127.0.0.1', 'keyspace', 3, <
      text>query ccollectrange('__CASSANDRAIP__', '__KEYSPACE__
      ', 'relation2', 'ONE',__TOKENRANGE__) count;</text--->);
12 [...]
13 Total runtime ...   Times (elapsed / cpu): 0.404335sec / 0.03
      sec = 13.4778
14 TRUE
15
16 Secondo => query cquerywait('127.0.0.1', 'keyspace', 3);
```

4.1.12. Operator sleep

Mit dem Operator `sleep` lässt sich die Ausführung von Abfragen in SECONDO künstlich verzögern. Dieser Operator reicht die Daten seines Vorgängers im Operatorbaum unverändert weiter. Als Parameter erwartet der Operator die Zeit (in Millisekunden) die vor dem Weiterleiten eines Tupels gewartet wird. Als Rückgabe liefert der Operator den gelesenen Strom unverändert zurück.

Pos.	Name	Wert	Bedeutung
1	Wartezeit	Integer	Wartezeit zwischen zwei Tupeln in Millisekunden.

Tabelle 4.13.: Parameter des Operators sleep.

Beispiel: Zählen der Tupel der Relation *plz*. Jedes Tupel wird mit einer Verzögerung von 20 ms weitergeleitet.

```
query plz feed sleep[20] count;
```
(4.12)

Fortschrittschätzung

Der Operator `sleep` wurde mit einer Fortschrittschätzung ausgestattet. Bis auf die geschätzte Laufzeit für das Ausführen des Operators (T_{sleep}) werden die Werte des im Operatorbaums vorgeschalteten Operators unverändert übernommen. Die Laufzeit von `sleep` wird wie folgt abgeschätzt:

$$T_{sleep} = T_1 + C_1 \cdot delay \tag{4.13}$$

Die Variable *delay* bezeichnet die vom Operator durchgeführte Verzögerung.

4.1.13. Operator statistics

Der Operator `statistics` erstellt Statistiken darüber, wie viele Tupel in einer bestimmten Zeiteinheit weitergeleitet werden. Genau wie der Operator `sleep` leitet dieser Operator die Daten seines Vorgängers im Operatorbaum unverändert weiter. Dieser Operator erwartet zwei Parameter: (i) Den Namen einer Datei, in welche die Statistiken ausgegeben werden sollen. (ii) Ein Zeitfenster (in Millisekunden), für welches jeweils ermittelt wird, wie viele Tupel in diesem weitergeleitet worden sind. Als Rückgabe liefert der Operator den gelesenen Strom unverändert zurück.

Pos.	Name	Wert	Bedeutung
1	Ausgabedatei	Text	Datei in welche die Statistiken ausgegeben werden.
2	Zeitfenster	Integer	Zeitfenster in Millisekunden.

Tabelle 4.14.: Parameter des Operators statistics.

Beispiel: Erstellen von Statistiken über die weitergeleiteten Tupel. Es wird in der Datei »`/tmp/statistics.csv`« protokolliert, wie viele Tupel in Zeitfenstern von jeweils 2 Sekunden weitergeleitet werden.

```
query intstream(1,2000) transformstream sleep[10]
  statistics['/tmp/statistics.csv', 2000] count;
```
(4.14)

Nach dem Ausführen der Abfrage 4.14 befinden sich in der Datei `/tmp/statistics.csv` die vom Operator ermittelten Statistiken. Der Inhalt der Datei ist in dem Listing 4.4 abgedruckt. Neben der Zeit in ms werden die in dem aktuellen Zeitfenster und die insgesamt weitergeleiteten Tupel ausgegeben.

Die Abfrage erstellt 2 000 Tupel, welche jeweils mit einer Verzögerung von 10 Millisekunden weitergeleitet werden. Der Operator `statistics` wurde mit einem Zeitfenster von 2 Sekunden konfiguriert. Rechnerisch sollten somit 200 Tupel pro Zeitfenster weitergeleitet werden. In der Praxis ist dieser Wert etwas geringer, da neben dem Weiterleiten der Tupel diese auch noch erzeugt und durch SECONDO verarbeitet werden müssen. Im Listing 4.4 ist zu erkennen, dass im Schnitt $\approx$ 199 Tupel pro Zeitfenster durch den Operator geflossen sind.

Fortschrittschätzung

Der Operator `statistics` wurde mit einer Fortschrittschätzung ausgestattet. Eigene Kosten besitzt dieser Operator nicht. Es werden daher lediglich die Werte des im Operatorbaums vorgeschalteten Operators weitergeleitet.

Listing 4.4: Eine vom Operator statistics erstellte Statistik

```
1 Time,Current Tuples,Total Tuples
2 0,198,198
3 2000,199,397
4 4000,199,596
5 6000,199,795
6 8000,199,994
7 10000,199,1193
8 12000,199,1392
9 14000,199,1591
10 16000,199,1790
11 18000,199,1989
12 20000,11,2000
```

4.2. Implementation der Cassandra-Algebra

In diesem Abschnitt wird die Implementation der Cassandra-Algebra genauer betrachtet. Es werden die von den Operatoren genutzten Algorithmen, Datenstrukturen und Implementierungsdetails vorgestellt.

4.2.1. Export von SECONDO-Tupeln

Die primäre Aufgabe der Cassandra-Algebra ist es, die Kommunikation zwischen Cassandra und SECONDO zu realisieren. Die Algebra ermöglicht es, Relationen aus SECONDO heraus nach Cassandra zu exportieren. Auch der umgekehrte Weg, der Import von Daten aus Cassandra, ist mit der Algebra möglich.

SECONDO ermöglicht es, Tupel in *Base64*[1] kodierte Strings umzuwandeln. Ebenfalls können die auf diese Art kodierte Strings wieder in Tupel umgewandelt werden. Hierzu stehen die Methoden `WriteToBinStr()` und `ReadFromBinStr()` der Klasse `Tuple` zur Verfügung.

Die Tupel von SECONDO werden so beim Export in Cassandra in einen Base64-String umgewandelt. Beim Import der Daten zurück nach SECON-

[1] Bei der Kodierung eines Strings mittels *Base64* [Jos06, S. 4ff] werden nur die Zeichen `A-Z`, `a-z`, `0-9`, `+`, `/` und `=` verwendet. Diese Zeichen sind auf den meisten Systemen darstellbar. Die Kodierung ist daher robust gegenüber Systemen mit abweichenden Zeichensätzen. Der Text `Hallo Welt!` wird durch die Base64-Zeichenfolge `SGFsbG8gV2VsdCE=` kodiert. Eingesetzt wird diese Kodierung beispielsweise beim Versand von Binärdateien per E-Mail.

DO werden aus diesen Base64-Strings wieder Tupel erzeugt. Zusätzlich wird der Typ der Tupel gespeichert. Dieser liegt in SECONDO in Form einer Nested-List vor und wird unverändert in Cassandra abgelegt.

4.2.2. Partitionierung von Tupeln

Wünschenswert ist es, dass vorgegeben werden kann, wie von SECONDO exportierte Tupel im logischen Ring von Cassandra verteilt werden. Dies wird im Folgenden als *Partitionierung* von Tupeln bezeichnet. Cassandra ordnet Daten gemäß des Hashwertes ihres Partition-Keys im logischen Ring an (siehe Abschnitt 2.7.3 auf Seite 26). Der Operator `cspread` erwartet als letzten Parameter den Namen eines Attributes der zu exportierenden Tabelle. Für dieses Attributes führt der Operator die Partitionierung der Tupel durch.

Partitionierung: Sei $T(A_1, A_2, A_3, ..., A_n)$ ein in SECONDO gespeichertes Tupel mit n Attributen. Sei $\Pi_i(T)$ die Projektion, welche aus dem Tupel T das Attribut A_i extrahiert. Um das Tupel T nach dem Attribut A_i partitioniert in Cassandra zu speichern, wird der Wert für den Partition-Key der Cassandra-Relation wie folgt berechnet: $h(\Pi_i(T))$. Wobei h die in SECONDO implementierte Hashfunktion für Attribute bezeichnet.

Beispiel: Sollen zwei Relationen $A(a, b, c, d, e)$ und $B(e, f, g, h)$ durch einen *Join* über das Attribut e vereinigt werden, so bietet es sich an, die Relationen nach dem Attribut e partitioniert in Cassandra zu speichern. Die Tupel der Relationen A und B mit identischen Attributwerten werden somit an der gleichen Stelle im logischen Ring von Cassandra abgelegt. Dies sorgt ebenfalls dafür, dass zusammengehörende Tupel auf den gleichen Cassandra-Knoten liegen. Der Verbund kann nun, durch Verarbeitung der lokal auf den Knoten gespeicherten Tupeln, berechnet werden.

4.2.3. Adressierung von Tupeln

Um Werte in einem KV-Store zu adressieren, muss zu jedem Wert ein Schlüssel existieren. Die Cassandra-Algebra stellt zwei Anforderungen an diese Schlüssel: (*i*) Es sollen die Tupel mehrerer Relationen gespeichert werden. Aus den Schlüsseln muss daher hervorgehen, zu welcher Relation ein Tupel gehört. (*ii*) Da Schlüssel in einem KV-Store eindeutig sein müssen, muss für jedes Tupel ein eindeutiger Schlüssel vergeben werden.

Eindeutigkeit der Schlüssel

Werden zwei Tupel unter dem gleichen Schlüssel in einem KV-Store abgespeichert, überschreibt das zuletzt gespeicherte Tupel ersteres. Sollen mehrere SECONDO-Instanzen parallel Tupel in Cassandra ablegen, muss dafür gesorgt werden, dass diese eindeutige Schlüssel erzeugen. Hierzu bieten sich zwei Möglichkeiten an:

- Es könnte jeder SECONDO-Instanz ein eigener Wertebereich zugewiesen werden. Schlüssel werden mit Elementen aus diesem Wertebereich gebildet. Problematisch ist jedoch, dass die Vergabe der Wertebereiche koordiniert werden muss und vorab feststehen muss, wie groß dieser dimensioniert werden soll.
- Eine einfachere Möglichkeit ist es, dass jede SECONDO-Instanz die Tupel durchnummeriert und ein weiteres eindeutiges Merkmal dem Schlüssel hinzufügt. Dabei kann es sich um den Hostnamen des Servers handeln, auf dem die SECONDO-Instanz ausgeführt wird. Dies führt zu eindeutigen Schlüsseln welche aus drei Komponenten bestehen.

Beispiel: Ein Schüssel, bestehend aus drei Komponenten, im Format `Relation-Knotenname-Tupelnummer`.

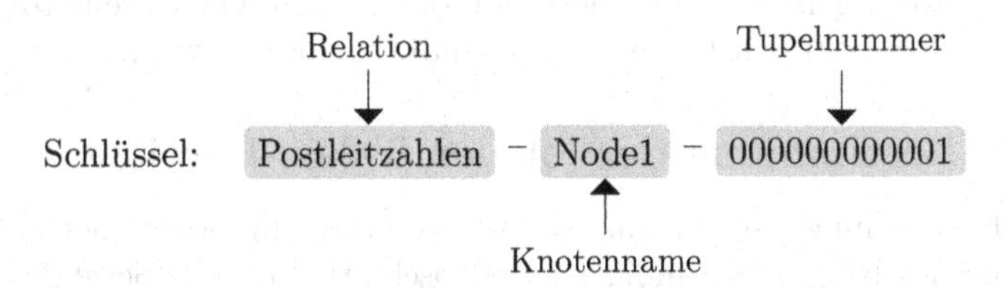

4.2.4. Ablage von SECONDO-Relationen in Cassandra

Das von Cassandra bereitgestellte Datenmodell geht über die Möglichkeiten eines einfachen KV-Stores hinaus. So lassen sich mittels CQL Tabellen (Relationen) anlegen, welche denen von relationalen Datenbanken recht ähnlich sind (siehe Abschnitt 2.7.2 auf Seite 22). Für jede von SECONDO in Cassandra abgelegte Relation wird eine eigene Tabelle in Cassandra angelegt.

Um die im letzten Abschnitt aufgestellten Anforderungen zu erfüllen, werden Tabellen mit vier Attributen angelegt: (*i*) Das Attribut *partition* stellt den Partition Key dar und wird mit dem Hashwert des Attributes belegt, nach welchem die SECONDO-Relation partitioniert werden soll. (*ii*) Das Attribut *node* enthält den Hostnamen des Systems, welches dieses Tupel erzeugt hat. (*iii*) Das Attribut *key* enthält eine fortlaufende Nummer, welche durch das erzeugende System vergeben wird. (*iv*) Das Attribut *value* enthält das Base64 kodierte SECONDO-Tupel. In Abbildung 4.1 ist eine solche Tabelle schematisch dargestellt.

Anlegen von Tabellen in Cassandra: Mit dem folgendem CQL-Statement werden die Tabellen in Cassandra angelegt:

```
CREATE TABLE IF NOT EXISTS tablename
  (partition text, node text, key text,                    (4.15)
  value text, (PRIMARY KEY(partition, node, key));
```

Das Attribut *partition* stellt somit den Partition-Key dar, die Attribute *node* und *key* entsprechend die Clustering Columns (siehe Abschnitt 2.7.3 auf Seite 26). Der Zusatz `IF NOT EXISTS` sorgt dafür, dass die Tabelle nur angelegt wird, wenn diese bislang nicht existiert. Hierdurch können mehrere SECONDO-Instanzen parallel dieses Statement ausführen. Es muss nicht dafür gesorgt werden, dass dieses Statement nur einmal ausgeführt wird. Notwendig ist dies beispielsweise dann, wenn ein Datenstrom von mehreren SECONDO-Instanzen in Cassandra exportiert wird.

4.2.5. Bestimmung der lokalen Token-Bereiche

Jeder Knoten im logischen Ring von Cassandra ist für einen oder mehrere Bereiche des Ringes zuständig (siehe Abschnitt 2.7.5 auf Seite 29). Alle Daten, deren Hashwerte des Partition-Keys in diesem Bereich liegen, werden auf diesem Knoten gespeichert. Diese Daten werden fortan als *lokale Daten* bezeichnet; die Token-Bereiche für die der Knoten zuständig ist, als lokale Token-Bereiche. In Abbildung 4.2 sind die Bereiche für den Knoten A hervorgehoben.

Der Operator `ccollectlocal` liefert die lokalen Daten des Knotens zurück, mit welchem er verbunden ist. Dies erfordert, dass die Cassandra-Algebra bestimmen kann, welche Daten lokal auf einem Knoten liegen.

Cassandra besitzt einen speziellen System-Keyspace. In diesem sind Meta-Informationen über den logischen Ring abgelegt. In der Tabelle *local*

Postleitzahlen			
partition	**node**	**key**	**value**
65611	node1	17	GAAAABIASwABADELAAAABzFCcmVjaGVu
27415	node3	91	GgAAABQAF2sAADELAAAACTFTaXR0ZW5zZW4
44517	node1	513	FwAAABEA5a0AADELAAAABjFMdWVuZW4
20222	node4	832	FQAAAA8Ab88AADELAAAABDFCb25u
.....	.....	.....	......
_TUPLETYPE	_TUPLETYPE	_TUPLETYPE	(stream (tuple ((PLZ int) (Ort string))))
.....	.....	.....	......

Abbildung 4.1.: Eine in Cassandra abgespeicherte SECONDO-Relation mit dem Namen `Postleitzahlen`. Die Tupel der SECONDO-Relation werden in einer Tabelle mit vier Attributen abgelegt. Das Attribut *partition* stellt den Partition Key von Cassandra dar. Unter diesem Attribut wird der Hashwert des Attributes abgelegt, nachdem die Daten partitioniert werden. Im Attribut *node* ist der Name des erzeugenden Knotens abgelegt. Unter dem Attribut *key* wird für jedes Tupel von SECONDO ein fortlaufender Wert abgelegt. In dem Attribut *value* wird das SECONDO-Tupel in einer Base64 Kodierung abgelegt. Zudem wird unter dem Bezeichner `_TUPLETYPE` der SECONDO-Typ der gespeicherten Tupel abgelegt.

sind unter anderem die Token des lokalen Knotens zu finden. In der Tabelle *peers* sind alle anderen Knoten im logischen Ring, zusammen mit ihren Token, aufgeführt. Aus diesen beiden Informationen lässt sich die Struktur des logischen Ringes ableiten und die Token-Bereiche bestimmen, für die ein Knoten zuständig ist.

Mittels der CQL-Funktion *token* (siehe Abschnitt 2.7.2 auf Seite 25) kann eine Bereichsabfrage für entsprechende Token-Bereiche durchgeführt werden. Der Algorithmus zum Auslesen der lokalen Daten ist in Listing 4.5 dargestellt.

4.2.6. Loadbalancing des cpp-Treibers

Der cpp-Treiber für Cassandra führt ein Loadbalancing durch. Dies bedeutet, dass nach dem Aufbau der Verbindung zu einem Cassandra-Knoten zunächst ermittelt wird, aus welchen Cassandra-Knoten der logische Ring

Listing 4.5: Algorithmus zum Lesen der lokalen Daten

```
1 # Struktur des logischen Ringes ermitteln
2 localTokens := Ermittele lokale Tokens;
3 peerTokens  := Ermittele Tokens der anderen Knoten;
4 allTokens   := localTokens ∪ peerTokens;
5
6 sortiere allTokens aufsteigend;
7
8 # Im logischen Ring liegen der höchste und niedrigste Hashwert
      direkt nebeneinander. Da gleich die Variable "allTokens"
      durchlaufen wird, ist das Token vor dem ersten Eintrag das
      Token an letzter Position.
9
10 letztesToken := allTokens[allTokens.size() - 1];
11
12 for(i := 0; i < allTokens.size(); i++) {
13    aktuellesToken := allTokens[i];
14
15    # Wenn dies ein lokales Token ist, frage den zugehörigen
         Token-Bereich ab.
16    wenn (aktuellesToken ∈ localTokens) {
17       erzeuge CQL-Abfrage für den Bereich "token(partition) >
            letztesToken and token(partition) <= aktuellesToken"
18
19       # Falls der Token-Bereich über den oberen
            Zusammenschluss des logischen Ringes geht (Start des
             Token-Bereiches ist größer als sein Ende), erzeuge
            alternativ zwei CQL-Abfragen:
20       # 1) für den Bereich "token(partition) > letztesToken
            and token(partition) <= Ring.MAX"
21       # 2) für den Bereich "token(partition) >= Ring.MIN and
            token(partition) <= aktuellesToken"
22    }
23
24    letztesToken := aktuellesToken;
25 }
```

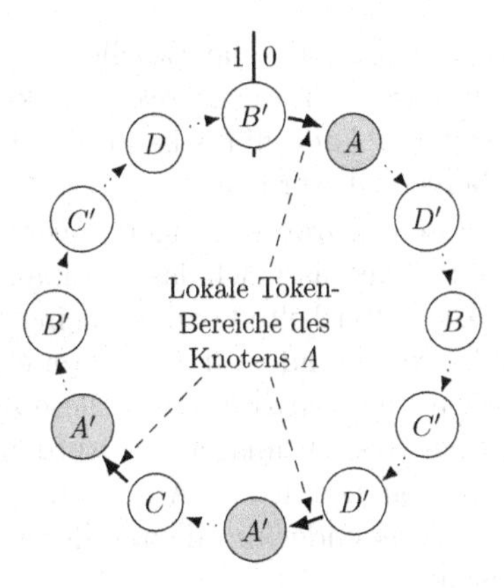

Abbildung 4.2.: Die im logischen Ring durchgängig eingezeichneten Bereiche sind die lokalen Token-Bereiche des Knotens A.

besteht. Anschließend werden die einzelnen CQL-Statements per *Round-Robin Verteilung* an unterschiedliche Cassandra-Knoten zur Ausführung übergeben. Die Verteilung der Abfragen wird aus zwei verschiedenen Gründen vom cpp-driver vorgenommen:

(i) Dadurch, dass der cpp-Treiber weiß, aus welchen Knoten der logische Ring besteht, kann bei Ausfall eines Knotens ein anderer Knoten kontaktiert werden. Nach dem ersten Kontakt zu einem Cassandra-Knoten ist der Treiber gegenüber Ausfällen von Knoten robust. Der Ausfall eines Knoten bleibt vor dem Anwender verborgen.

(ii) Der Knoten auf dem das CQL-Statement ausgeführt wird, wird zum koordinierenden Knoten für dieses Statement (siehe Abschnitt F.2.3 auf Seite 253). Diese Tätigkeit nimmt Ressourcen des entsprechenden Knotens in Anspruch. Durch das Loadbalancing werden alle zur Verfügung stehenden Knoten gleichmäßig belastet.

Für den Operator `ccollectlocal` und den Algorithmus zum Lesen der lokalen Daten (siehe Abschnitt 4.2.5 auf Seite 82) ist dieses Vorgehen jedoch problematisch. Der Algorithmus fordert, dass die Verbindung zu einem gewünschten Knoten bestehen bleibt. Es muss sichergestellt sein, dass alle CQL-Statements auf dem vorgegebene Knoten ausgeführt werden.

Der Algorithmus liest als Eingabe die Tabellen *local* und *peers* ein. Die Inhalte beider Tabellen müssen für die korrekte Funktion des Algorithmus von einem System stammen. Andernfalls kann die Struktur des logischen Ringes nicht korrekt berechnet werden.

Um das Problem zu lösen, wurde eine eigene *Loadbalancing-Policy* entwickelt. Über derartige Policies lässt sich das Loadbalancing-Verhalten des Treibers beeinflussen. Die entwickelte Loadbalancing-Policy trägt den Namen *SingleNodeLoadBalancing* und ist in der Datei `Algebras/Cassandra/CqlSingleNodeLoadbalancing.cpp` zu finden. Diese sorgt dafür, dass alle CQL-Abfragen auf einem System ausgeführt werden. Soll der Algorithmus zum Lesen der lokalen Daten zur Anwendung kommen, wird diese Loadbalancing-Policy verwendet, in allen anderen Fällen das normale Loadbalancing des Treibers.

4.2.7. Parallelisierung von CQL-Abfragen

Das Programmiermodell des cpp-Treibers ist für eine asynchrone Benutzung ausgelegt. Es baut auf dem Software-Entwurfsmuster des *Futures* auf [BH77]. Als Ergebnis vieler Operationen, wie z. B. dem Ausführen eines CQL-Statements, liefert der cpp-Treiber ein Future zurück. Das Future ist ein Stellvertreter für ein *zukünftiges* und aktuell noch nicht berechnetes Ergebnis. Die Berechnung des Ergebnisses erfolgt parallel in einem separaten Thread.

Futures stellen drei Operationen zur Verfügung: (*i*) Das Future kann mittels `is_ready()` gefragt werden, ob das Ergebnis der Operation vorliegt. (*ii*) Der Aufrufer kann durch Aufruf von `wait()` pausiert werden, bis die Berechnung abgeschlossen ist. (*iii*) Mit `get()` kann das Ergebnis der Berechnung abgefragt werden, sobald dieses vorliegt.

Die Futures erlauben es, CQL-Abfragen einfach zu parallelisieren. Dies ist wünschenswert, da einerseits die Netzwerkverbindung zwischen SECONDO und dem Cassandra-Knoten eine gewisse Latenz aufweist und nicht auf das Netzwerk gewartet werden soll. Andererseits kann durch das Loadbalancing des Treibers parallel auf einem anderen Cassandra-Knoten ein weiteres CQL-Statement zur Ausführung gebracht werden.

Der Operator `cspread` erstellt für jedes einzufügende Tupel ein CQL-Statement und bringt es zur Ausführung. Auf das Ergebnis dieses Statements wird nicht gewartet. Es wird umgehend das nächste CQL-Statement zur Ausführung gebracht. Somit werden parallel mehrere CQL-Statements ausgeführt. Die erhaltenen Futures werden in einem *Vector* abgelegt. Gelegentlich wird dieser Vector durchlaufen und die dort abgelegten Futures auf den Abschluss ihrer Berechnung geprüft. Ist die Berechnung abgeschlossen, wird das Future aus dem Vector entfernt. Ist es bei der Verarbeitung des CQL-Statement zu einem Fehler gekommen, wird dieser ausgegeben.

4.2.8. Connection Pool

Damit nicht jedes mal beim Ausführen eines Operators eine neue Verbindung zu Cassandra aufgebaut werden muss, wurde ein *Connection Pool* implementiert. Dieser ist für den Auf- und Abbau von Verbindungen zu Cassandra-Knoten zuständig und befindet sich in der Datei `Algebras/Cassandra/CassandraConnectionPool.cpp`.

Operatoren erzeugen selbst keine Verbindungen zu Cassandra; sie fragen diese beim Connection Pool an. Als Parameter übergeben sie den Knoten, zu welchem sie eine Verbindung aufbauen wollen, den Keyspace in welchen sie wechseln möchten sowie ob das Loadbalancing des cpp-Treibers aktiv sein soll oder nicht. Wenn dem Connection Pool eine solche Verbindung bekannt ist, wird diese dem Operator zugewiesen. Ist keine solche Verbindung bekannt, so wird eine neue Verbindung erzeugt, gespeichert und dem Operator zugewiesen.

4.2.9. Bekannte Probleme

Der cpp-driver befindet sich derzeit noch in der Entwicklung. Nicht alle von Cassandra bereitgestellten Funktionen sind durch den Treiber abgedeckt. Zudem enthält dieser einige Fehler (siehe auch Abschnitt A auf Seite 217). Dies ist der Grund dafür, dass die Cassandra-Algebra aktuell noch drei Probleme aufweist:

(i) Das Auslesen von großen Tabellen mittels des Operators `ccollect` kann fehlschlagen. Grund hierfür ist der Aufbau von Cassandra. Cassandra geht davon aus, dass alle per CQL gesendeten Abfragen innerhalb einer kurzen Zeitspanne beantwortet werden können. Abfragen, welche zur Beantwortung länger als diese Zeitspanne benötigen, werden abgebrochen.

    Verhindert werden kann dies, indem die Zeitspanne für die Beantwortung von CQL-Abfragen in der Konfiguration von Cassandra (`cassandra.yaml`) erhöht wird. Hierfür stehen die Parameter `read_request_timeout_in_ms`, `range_request_timeout_in_ms`, `cas_contention_timeout_in_ms` und `request_timeout_in_ms` zur Verfügung.

Die nächste Version des cpp-drivers für Cassandra sorgt ebenfalls für Abhilfe. Größere Tabellen sollen vom Treiber mittels *Paging* eingelesen werden[2]. Hierbei wird wiederholt immer nur ein Teil der Tabelle gelesen und so die Laufzeit jeder einzelnen Abfrage kurz gehalten.

Alternativ können größere Tabellen auch mit dem Operator `ccollectquery` gelesen werden. Dieser liest eine Tabelle ebenfalls in mehreren Schritten ein (siehe Abschnitt 5.2.10 auf Seite 123).

(ii) Der Operator `cspread` parallelisiert Schreibzugriffe auf Cassandra. Zusätzlich verteilt er diese über mehrere Cassandra-Knoten. Es muss dabei sichergestellt werden, dass von diesem Operator nicht mehr Schreibzugriffe ausgeführt werden, als Cassandra verarbeiten kann. Die Anzahl der von Cassandra parallel handhabbaren Schreibzugriffe ist schwer vorherzusehen. Diese hängen von der Anzahl der Cassandra-Knoten und ihrer Auslastung ab.

Die Cassandra-Algebra möchte möglichst nah an diesen Wert herankommen. Werden weniger Schreibzugriffe ausgeführt, als Cassandra verarbeiten kann, erhöht sich die Laufzeit von `cspread` unnötig. Werden mehr Schreibzugriffe gestartet als Cassandra handhaben kann, werden einige Schreibzugriffe fehlschlagen.

Die Algebra besitzt zwei Parameter, welche die Anzahl der parallel ausgeführten Schreibzugriffe steuern: (i) Die Anzahl der maximal parallel laufenden Futures. (ii) Eine Wartezeit zwischen dem Start von zwei Schreibzugriffen.

Diese Parameter sind so eingestellt, dass sie möglichst nahe an die Leistungsfähigkeit des für die Experimente eingesetzten Clusters kommen (siehe Abschnitt 7.1 auf Seite 145).

Sollte es beim Ausführen des Operators `cspread` zu Fehlermeldungen kommen, müssen diese Parameter angepasst werden. Diese befinden sich in der Funktion `executeCQLASync()` in der Datei `Algebras/Cassandra/CassandraAdapter.cpp`.

[2] Siehe Beschreibung des Features »*CPP-80 Support automatic paging*« [CPP14d] im Bug Tracker des Projektes.

Der Umgang mit fehlgeschlagenen CQL-Statements soll in den nächsten Versionen des cpp-drivers verbessert werden. Viele vom Treiber ausgeführte Aktionen werden bei einem Fehlschlag wiederholt, bevor ein Fehler an den Aufrufer der Operation vermeldet wird. CQL-Statements werden aktuell noch nicht automatisch wiederholt. Dies soll in den kommenden Versionen des Treibers geändert werden[3].

Ebenfalls sollen in den kommenden Versionen des cpp-drivers *Batch-Operationen* unterstützt werden[4]. Mit Hilfe dieser Operationen lassen sich mehrere Tupel durch einen einzelnen CQL-Befehl in Cassandra einfügen. Aktuell erzeugt der Operator `cspread` für jedes in Cassandra zu exportierende Tupel ein eigenes CQL-Statement und bringt dies zur Ausführung. Durch die Batch-Statements könnten mehrere zu exportierende Tupel in einem einzelnen CQL-Statement zusammengefasst werden.

(iii) Änderungen am Schema von Cassandra-Tabellen benötigen einige Zeit bis diese auf allen Cassandra-Knoten verfügbar sind. Die Operatoren `cspread` und `cdelete` warten eine bestimmte Zeit, nachdem diese eine Relation angelegt oder gelöscht haben. Diese Wartezeiten erhöhen die Laufzeit dieser Operatoren. Ebenfalls ist nicht garantiert, dass die Änderung des Schemas nach einer Wartezeit auf allen Cassandra-Knoten verfügbar ist.

In einer der nächsten Versionen des Treibers soll dieser selbstständig darauf warten, bis Schema-Änderungen auf allen Knoten verfügbar sind[5]. Die Operatoren können nach Implementation dieser Funktion auf das Warten verzichten.

[3] Siehe Beschreibung des Features »*CPP-22 Retry policies*« [CPP14c] im Bug Tracker des Projektes.

[4] Siehe Beschreibung des Features »*CPP-116 Add batch type*« [CPP14a] im Bug Tracker des Projektes.

[5] Siehe Beschreibung des Features »*CPP-144 Wait on schema agreement after schema change*« [CPP14b] im Bug Tracker des Projektes.

5. Verteilte Abfrageauswertung

Durch Cassandra werden die im logischen Ring gespeicherten Daten über mehrere Systeme verteilt. In diesem Kapitel werden Möglichkeiten vorgestellt, diese verteilten Daten parallel von mehreren SECONDO-Instanzen auswerten zu lassen. Als SECONDO-Instanz oder auch SECONDO-Knoten wird im Folgenden ein System bezeichnet, auf welchem SECONDO installiert ist.

Das Berechnen eines *Verbundes* (*Joins*) zweier Relationen ist eine häufig benötigte Funktion in RDBMS [KE06, S. 88ff]. Der Join ist eine aufwändige Operation; es müssen die Tupel zweiter Relationen durchlaufen und gegebenenfalls vereinigt werden. Das Vereinigen von größeren Relationen ist, trotz aller Fortschritte im Bereich der Hardware, auch heute noch eine Herausforderung. Von besonderem Interesse ist es daher, die Arbeit des Joins über mehrere Systeme zu verteilten und den Join somit zu parallelisieren [CP84, S. 78ff].

In Abschnitt 5.1 wird zunächst eine einfache Möglichkeit aufgezeigt, Daten parallel von mehreren SECONDO-Instanzen verarbeiten zu lassen. Dies geschieht auf Basis des Operators `ccollectlocal`. Anschließend werden die Schwächen dieses Ansatzes diskutiert.

Aufbauend darauf wird ein System mit dem Namen DISTRIBUTED SECONDO vorgestellt. Dieses System behebt viele der beschrieben Schwächen und bietet eine einfachere Bedienung.

5.1. Grundlagen

Die grundlegende Idee der parallelen Verarbeitung von Daten besteht darin, sich die von Cassandra durchgeführte Verteilung der Daten zunutze zu machen. Jeder Cassandra-Knoten ist für einen bestimmten Bereich des logischen Ringes zuständig. Um die auf dem Knoten gespeicherten Daten auszuwerten, wird auf jedem Cassandra-Knoten SECONDO installiert. Dies ist in Abbildung 5.1 dargestellt.

Jede SECONDO-Instanz bearbeitet die auf dem Knoten lokal gespeicherten Daten. Die lokal gespeicherten Daten lassen sich durch den Operator `ccollectlocal` in SECONDO von Cassandra anfordern.

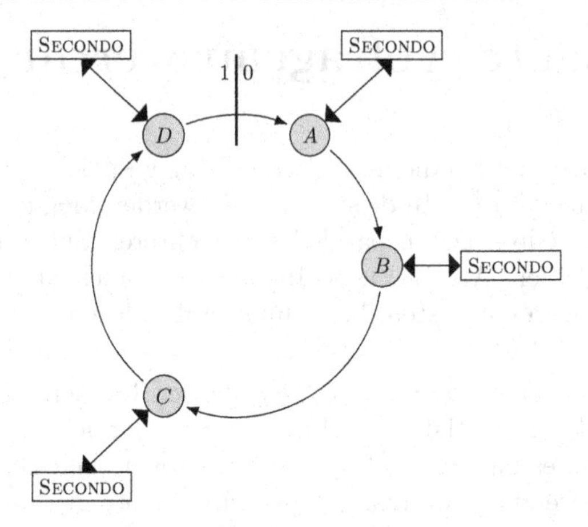

Abbildung 5.1.: Verteilte und parallele Datenverarbeitung mit Cassandra und SECONDO: Auf jedem Cassandra-Knoten wird SECONDO ausgeführt. SECONDO verarbeitet die auf dem Knoten gespeicherten Daten. Ergebnisse können ebenfalls wieder in Cassandra abgelegt werden.

5.1.1. Partitionierung von Daten

Für die Operationen Selektion und Projektion ist die Verteilung von Tupeln im logischen Ring irrelevant. Beide Operationen können auf beliebigen disjunkten Teilmengen von Tupeln durchgeführt werden. Es muss lediglich sichergestellt werden, dass jedes Tupel in einer Teilmenge enthalten ist.

Beispiel: Die Relation R wird in die disjunkten Teilmengen R_1, R_2 und R_3 zerlegt. Auf jeder dieser Teilmengen kann nun eine Selektion mit dem Prädikat $R.a > 10$ durchgeführt werden. Werden die Teilergebnisse der drei Selektionen vereinigt, entsteht das gleiche Ergebnis als wäre die Selektion auf der ursprünglichen Relation R durchgeführt worden.

$$\sigma_{a>10}(R) = \sigma_{a>10}(R_1) \cup \sigma_{a>10}(R_2) \cup \sigma_{a>10}(R_3) \tag{5.1}$$

Operationen wie das Berechnen eins Verbundes setzen hingegen eine passende Partitionierung der Daten voraus (siehe Abschnitt 4.2.2 auf Seite 80). Da im Folgenden nur die auf einem Knoten abgelegten Daten betrachtet werden, muss sichergestellt sein, dass zusammengehörende Tupel auch auf einem Cassandra-Knoten liegen. Die Ablage von zwei Relationen, partitioniert nach dem Attribut *Kundennr*, ist in Abbildung 5.2 dargestellt.

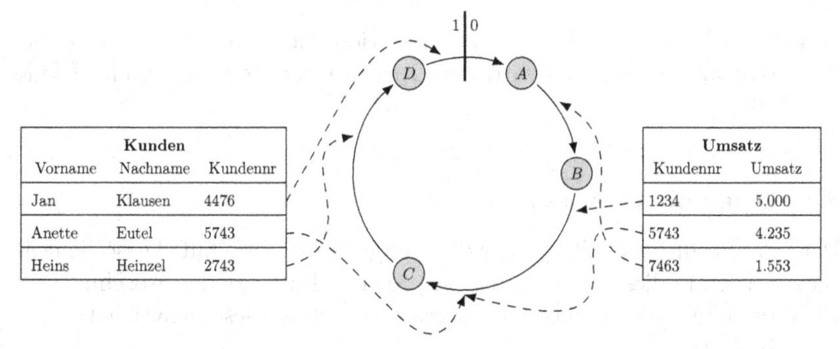

Abbildung 5.2.: Zwei Relationen, partitioniert nach dem Attribut Kundennr, in Cassandra. Die Tupel werden gemäß des Hashwertes der SECONDO-Hashfunktion $h(Kundennr)$ im logischen Ring angeordnet.

5.1.2. Verteilter Join – Ein erster Ansatz

Der Operator `ccollectlocal` ermöglicht es, die in SECONDO enthaltenen Join-Operatoren unverändert zu parallelisieren. Als Beispiel wird die nachstehende Join-Abfrage parallelisiert. Diese vereinigt die Relationen `relation1` und `relation2` über dem Attribut `N`.

```
query relation1 feed {r1} relation2 feed {r2}
    itHashJoin[N_r1, N_r2] count;
```
(5.2)

Der verteilte Join mit Cassandra und dem Operator `ccollectlocal` besteht aus drei Schritten, die im Folgenden beschrieben werden. Der vollständige Ablauf des verteilten Joins ist in Listing 5.1 dargestellt.

Schritt 1: Zunächst müssen die beiden am Join beteiligten Relationen nach Cassandra exportiert werden. Dies lässt sich mit dem Operator `cspread` durchführen. Dabei müssen beide Relationen nach dem

Attribut partitioniert werden, über welches später der Join erfolgen soll (Zeilen 8 und 9).

Schritt 2: Nachdem die Relation nach Cassandra exportiert worden ist (Zeilen 16 und 17), kann jede SECONDO-Instanz einen Join über die jeweils lokal vorliegenden Daten durchführen (Zeile 23). Die Ergebnisse werden ebenfalls wieder in Cassandra gespeichert. Der Join wird von jeder SECONDO-Instanz parallel durchgeführt.

Schritt 3: Abschließend kann diese Relation wieder in SECONDO importiert werden. Hierzu wird der Operator `ccollect` verwendet (Zeile 26).

Schwächen dieses Ansatzes

Der vorgestellte verteilte Join weist einige Schwächen auf. Diese Schwächen werden in diesem Abschnitt besprochen. Im folgenden Abschnitt 5.2 wird anschließend eine Lösung vorgestellt, welche diese Schwächen nicht mehr besitzt.

- Die Anzahl der SECONDO-Instanzen und die Anzahl der Cassandra-Knoten muss identisch sein. Es könnte jedoch eine SECONDO-Instanz auch die Daten von mehreren Cassandra-Knoten verarbeiten. Eine 1:1 Zuordnung zwischen Cassandra-Knoten und SECONDO-Instanzen ist daher nicht sinnvoll.
- Es ist nicht sichergestellt, dass alle Cassandra-Knoten die gleichen Informationen über den logischen Ring vorliegen haben. Der Operator `ccollectlocal` kann daher zu große oder zu kleine Bereiche abfragen. Hierdurch werden entweder Daten doppelt oder gar nicht verarbeitet.
- Es erweist sich als aufwändig, die gleiche Abfrage auf allen SECONDO-Instanzen einzugeben und die erfolgreiche Ausführung zu überwachen.

5.2. Distributed SECONDO

Dieser Abschnitt beschäftigt sich mit einem System Namens DISTRIBUTED SECONDO. Viele der im letzten Abschnitt beschrieben Schwächen

Listing 5.1: Ein verteilter Join mit ccollectlocal

```
1 # Anlegen von zwei Relationen mit 1.000.000 Tupeln
2 # Die Relationen weisen unter einem Join eine Selektivität von
      0.001 auf
3 # 1.000.000 * 1.000.000 * 0.001 = 1.000.000.000 Tupel
4 let relation1 = intstream(1, 1000000) transformstream extend[N
      : randint(1000)] project[N] consume;
5 let relation2 = intstream(1, 1000000) transformstream extend[N
      : randint(1000)] project[N] consume;
6
7 # Verteilen der Relationen
8 query relation1 feed cspread['127.0.0.1', 'keyspace_r1', '
      relation1', 'ONE', 'node1', N];
9 query relation2 feed cspread['127.0.0.1', 'keyspace_r1', '
      relation2', 'ONE', 'node1', N];
10
11 # Ausführen des verteilten Joins
12 # Diese Abfrage wird parallel auf allen SECONDO-Instanzen
      ausgeführt
13 # Der Platzhalter __NODEID__ muss durch den Namen der
14 # jeweiligen SECONDO-Instanz ersetzt werden
15 query ccollectlocal('127.0.0.1', 'keyspace_r1', 'relation1', '
      ONE') {r1} ccollectlocal('127.0.0.1', 'keyspace_r1', '
      relation2', 'ONE') {r2} itHashJoin[N_r1, N_r2] cspread
      ['127.0.0.1', 'keyspace_r1', 'relationj12', 'ONE', '
      __NODEID__', N_r1];
16
17 # Einsammeln der Ergebnisrelation
18 query ccollect('127.0.0.1', 'keyspace_r1', 'relationj12', 'ONE
      ');
```

werden durch DISTRIBUTED SECONDO behoben. Dieses System besteht aus drei Komponenten: (*i*) Einem oder mehreren Cassandra-Knoten. (*ii*) Einem oder mehren SECONDO-Installationen. Diese werden im Folgenden als DISTRIBUTED SECONDO-Knoten bezeichnet. (*iii*) Einer Software zur Verteilung von Abfragen. Diese Softwarekomponente trägt den Namen *QueryExecutor* und wird in Abschnitt 5.2.2 vorgestellt. Der Datenfluss von DISTRIBUTED SECONDO ist in Abbildung 5.3 dargestellt.

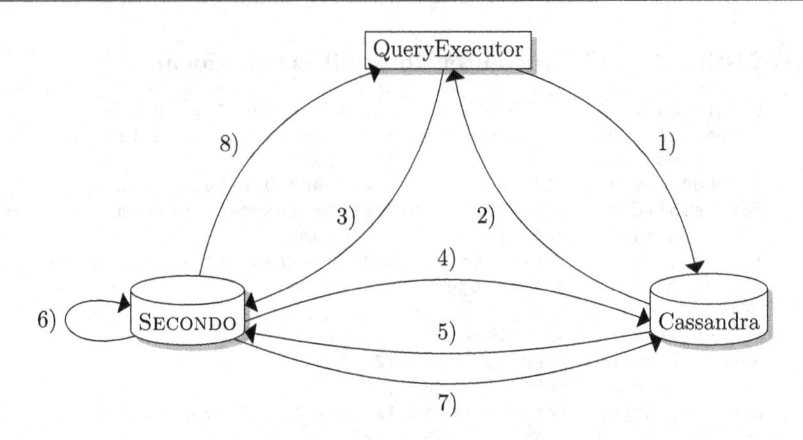

Abbildung 5.3.: Datenfluss in DISTRIBUTED SECONDO: Als erstes (1) fragt der QueryExecutor Cassandra nach auszuführenden Abfragen. Die Abfragen werden (2) an den QueryExecutor übergeben. Anschließend wird (3) die erste Abfrage an SECONDO zur Ausführung übergeben. SECONDO kontaktiert Cassandra (4) und importiert die notwendigen Daten (5). Nun verarbeitet SECONDO diese (6) und schreibt das Ergebnis (7) wieder in Cassandra. Zuletzt (8) meldet SECONDO die erfolgreiche Ausführung der Abfrage an den QueryExecutor. Dieser kann daraufhin die nächste Abfrage an SECONDO übergeben.

5.2.1. Management-System

DISTRIBUTED SECONDO wird von einem oder mehreren Management-System(en) aus gesteuert. Bei einem Management-System handelt es sich um eine normale Installation von SECONDO. Der Benutzer kann unter anderem von diesem System aus neue Abfragen an DISTRIBUTED SECONDO übermitteln (Operator `cqueryexecute`), auf die Beendigung von Abfragen warten (Operator `cquerywait`), sowie Daten aus und nach Cassandra Im- und Exportieren (Operatoren `cspread` und `ccollect`). Die Sicht des Benutzers auf DISTRIBUTED SECONDO ist in Abbildung 5.4 dargestellt.

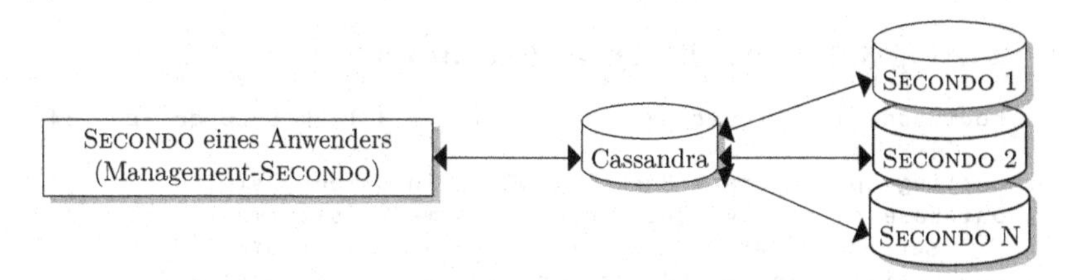

Abbildung 5.4.: Sicht des Anwenders auf DISTRIBUTED SECONDO. Der Anwender kopiert von seinem *Management*-SECONDO Daten nach Cassandra. Zudem hinterlegt er in Cassandra Abfragen, welche von den SECONDO-Instanzen (1,2...N) auf diesen Daten ausgeführt werden.

5.2.2. QueryExecutor – Verteilung von Abfragen

Die SECONDO-Instanzen müssen alle parallel die gleiche Abfrage ausführen. Um dies zu erreichen, wurde ein Hilfsprogramm mit dem Namen *QueryExecutor* entwickelt. Diese Software findet sich im Verzeichnis `Algebras/Cassandra/tools/queryexecutor`. Beim Start erwartet die Software drei Parameter: (`-i`) Spezifiziert die IP-Adresse unter welcher Cassandra angesprochen werden kann. (`-k`) Gibt den Namen des Keyspaces an, in welchem nach Abfragen gesucht werden soll. (`-p`) Legt fest auf welchem Port das lokale SECONDO-System ansprechbar ist. Die Parameter sind in Tabelle 5.1 aufgeführt. Im Listing 5.2 ist der Start des QueryExecutors gezeigt.

Parameter	**Name**	**Wert**	**Bedeutung**
`-i`	Cassandra-IP	String	Die IP-Adresse des Cassandra-Knotens mit welchem sich der QueryExecutor verbinden soll.
`-k`	Keyspace	String	Der Keyspace in welchem nach Abfragen gesucht werden soll.
`-p`	SECONDO-Port	Integer	Port (tcp) auf welchem der SECONDO-Server lauscht.

Tabelle 5.1.: Parameter des QueryExecutor.

Listing 5.2: Start des QueryExecutors

```
1 root@node1:~# ./Queryexecutor -i 127.0.0.1 -k secondo -p 1234
2 [...]
3 Setting up temporary Berkeley-DB envinronment [sic]
4 Database directory: SecondoHome='/home/kristof/masterarbeit/
      secondo/Algebras/Cassandra/tools/queryexecutor/nltemp'.
5 Connecting with Secondo server '127.0.0.1' on port 1234 ...
6 You are connected with a Secondo server.
7 SecondoInterface successfully initialized
8
9 Executing Queries
10 [...]
```

Der QueryExecutor baut zwei Verbindungen auf: (*i*) Eine Verbindung wird zu einem Cassandra-Knoten aufgebaut. Dort wird nach auszuführenden Abfragen gesucht. (*ii*) Zudem wird eine Verbindung zu einem SECONDO-Server hergestellt. Für die Kommunikation mit SECONDO wird die C-API `api_cpp` von SECONDO genutzt. Findet der QueryExecutor eine in Cassandra hinterlegte Abfrage, wird diese SECONDO zur Ausführung übergeben. Der schematische Ablauf ist in Abbildung 5.5 dargestellt.

Solange der QueryExecutor ausgeführt wird, aktualisiert dieser periodisch einen Heartbeat-Wert in der Systemtabelle `system_state` (siehe Abschnitt 5.2.5 auf Seite 106). Durch diesen Heartbeat-Wert können andere Systeme feststellen, dass dieses System am Leben ist und darauf wartet, Abfragen auszuführen.

5.2.3. Platzhalter in Abfragen

Die Software QueryExecutor erlaubt den Einsatz von Platzhaltern in Abfragen. Diese Platzhalter werden gegen einen konkreten Wert ersetzt, bevor die Abfrage an SECONDO übergeben wird. Die vom QueryExecutor unterstützten Platzhalter finden sich in Tabelle 5.2.

Der Platzhalter CassandraIp

Beim Start bekommt der QueryExecutor die IP-Adresse eines Cassandra-Knotens übergeben. Der Platzhalter `__CASSANDRAIP__` wird durch die IP-Adresse ersetzt. Dies kann beispielsweise dazu genutzt werden, um mit

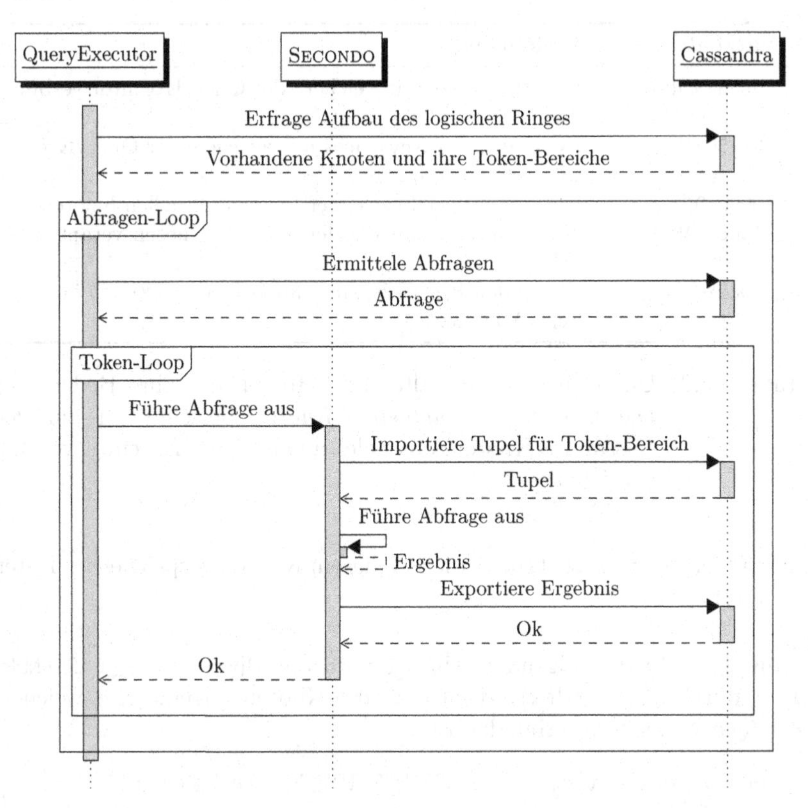

Abbildung 5.5.: Ablauf einer Abfrage in DISTRIBUTED SECONDO: (*i*) Durch den QueryExecutor wird ermittelt, wie der logische Ring von Cassandra aufgebaut ist. (*ii*) Es wird ermittelt, welche Abfragen ausgeführt werden sollen. (*iii*) Für jede Abfrage und jeden zu verarbeitenden Token-Bereich wird die Abfrage SECONDO zur Ausführung übergeben. (*iv*) Die in dem Token-Bereich liegenden Tupel werden in SECONDO importiert. (*v*) Die Abfrage wird ausgeführt. (*vi*) Das Ergebnis wird nach Cassandra exportiert. Der Token-Loop wird nur durchlaufen, wenn der Operator `ccollectrange` zum Einsatz kommt. Andernfalls wird die Abfrage nur einmal an SECONDO übergeben.

Platzhalter	Bedeutung
__CASSANDRAIP__	Die IP-Adresse mit welchem der QueryExecutor verbunden ist.
__KEYSPACE__	Der Name des Keyspaces mit welchem der QueryExecutor verbunden ist.
__NODEID__	Ein eindeutiger Bezeichner für den aktuellen Knoten.
__TOKENRANGE__	Token-Bereiche für die der aktuelle Knoten verantwortlich ist.
__QUERYUUID__	Ein eindeutiger Bezeichner für jede an SECONDO übergebene Abfrage.

Tabelle 5.2.: Unterstützte Platzhalter in Abfragen und ihre Bedeutung. Die Bezeichnung *aktueller Knoten* bezieht sich auf den Cassandra-Knoten, mit welchem der QueryExecutor verbunden ist.

dem Operator `ccollectlocal` die auf diesem Knoten gespeicherten Daten zu verarbeiten.

Beispiel: In der folgenden Abfrage wird der Platzhalter `__CASSANDRAIP__` durch die IP-Adresse des Cassandra-Knotens ersetzt, mit welchem der QueryExecutor verbunden ist.

```
query ccollectlocal('__CASSANDRAIP__', 'keyspace_r1',
    'relation1', 'ONE') count;
```
(5.3)

Wenn der QueryExecutor Cassandra unter der IP `127.0.0.1` kontaktiert hat, wird folgende Abfrage ausgeführt:

```
query ccollectlocal('127.0.0.1', 'keyspace_r1',
    'relation1', 'ONE') count;
```
(5.4)

Der Platzhalter Keyspace

Der QueryExecutor bekommt als Parameter den Namen eines Keyspaces übergeben. In diesem Keyspace sucht er nach Abfragen, welche ausgeführt werden sollen. Sollen Abfragen relativ zu diesem Keyspace geschrieben werden, so kann der Platzhalter `__KEYSPACE__` verwendet werden. Dieser Platzhalter wird durch den entsprechenden Keyspace ersetzt.

Beispiel: In der folgenden Abfrage wird der Platzhalter __KEYSPACE__ durch den Namen des Keyspaces ersetzt, mit welchem der QueryExecutor verbunden ist.

```
query ccollectlocal('127.0.0.1', '__KEYSPACE__',
    'relation1', 'ONE') count;                          (5.5)
```

Wenn der QueryExecutor mit dem Keyspace keyspace_r1 verbunden ist, wird folgende Abfrage ausgeführt:

```
query ccollectlocal('127.0.0.1', 'keyspace_r1',
    'relation1', 'ONE') count;                          (5.6)
```

Der Platzhalter NodeId

Der Operator cspread verlangt einen eindeutigen Namen als Parameter. Dieser Name sorgt bei parallel laufenden Abfragen dafür, dass den exportierten Tupeln ein eindeutiger Schlüssel zugewiesen werden kann (siehe Abschnitt 4.2.3 auf Seite 80).

Der QueryExecutor erlaubt es, einen Wert für diesen Platzhalter automatisch zu erzeugen. Der Platzhalter __NODEID__ wird automatisch durch eine *UUID*[1] ersetzt. Diese UUID wird beim Start des Programms QueryExecutor erzeugt und ist in allen, durch diese Instanz des Programms an SECONDO weitergeleiteten, Abfragen identisch.

Beispiel: Eine Abfrage mit dem Platzhalter __NODEID__:

```
query relation1 feed cspread['127.0.0.1', 'keyspace_r1',
    'relation1', 'ONE', '__NODEID__', N];               (5.7)
```

wird vor der Ausführung umgewandelt in:

```
query relation1 feed cspread['127.0.0.1', 'keyspace_r1',
    'relation1', 'ONE', '37b3e25d-350f-4886-9110-       (5.8)
    6d8fd059b2e5', N];
```

[1]Als UUID (*Universally unique identifier*) bezeichnet man eine 16-Byte-Zahl, welche durch einen UUID-Generator erzeugt wird. Jede durch einen UUID-Generator erzeugte Zahl ist weltweit einmalig (unique) [LMS05]. Der Wert 37b3e25d-350f-4886-9110-6d8fd059b2e5 stellt eine solche UUID dar.

Der Platzhalter Tokenrange

Die Behandlung des Platzhalters `__TOKENRANGE__` unterscheidet sich in zwei Punkten von der der vorherigen Platzhalter: (*i*) Zum einen wird dieser Platzhalter durch zwei Werte ersetzt. (*ii*) Zum anderen kann die Ersetzung mehrfach erfolgen. Die Abfrage wird in diesem Fall mehrfach ausgeführt. Ersetzt wird dieser Platzhalter durch die Token-Bereiche des logischen Ringes von Cassandra, für welche der lokale Knoten *verantwortlich* ist (siehe Abschnitt 5.2.7 auf Seite 110).

Mit diesem Platzhalter und dem Operator `ccollectrange` lassen sich somit Daten für Bereiche des logischen Ringes abfragen.

Beispiel: Der Operator `ccollectrange` zusammen mit dem Platzhalter `__TOKENRANGE__`

```
query ccollectrange('__CASSANDRAIP__', '__KEYSPACE__',
    'relation1', 'ONE', __TOKENRANGE__)];
```
(5.9)

Wenn der QueryExecutor mit dem Cassandra-Knoten mit der IP-Adresse `127.0.0.1` und dem Keyspace *keyspace_r1* verbunden ist und dieser Knoten für die Token-Bereiche $(10 - 25]$ und $(60 - 100]$ verantwortlich ist, so werden vom QueryExecutor die folgenden Abfragen an SECONDO übergeben:

Abfrage 1:

```
query ccollectrange('127.0.0.1', 'keyspace_r1',
    'relation1','ONE', '10', '25');
```
(5.10)

Abfrage 2:

```
query ccollectrange('127.0.0.1', 'keyspace_r1',
    'relation1','ONE', '60', '100');
```
(5.11)

Der Platzhalter QueryUUID

Der Platzhalter `__QUERYUUID__` kennzeichnet eine ausgeführte Abfrage in SECONDO eindeutig. Wird eine Abfrage mit dem Platzhalter `__TOKEN RANGE__` mehrfach ausgeführt, so wird bei jeder Ausführung der Abfrage durch den QueryExecutor eine neue UUID generiert und der Platzhalter `__QUERYUUID__` damit belegt.

Beispiel: Die Platzhalter __QUERYUUID__ und __TOKENRANGE__ kombiniert in einer Abfrage. Es wird davon ausgegangen, dass die folgende Abfrage jeweils für die Token-Bereiche (10 – 25] und (60 – 100] ausgeführt wird. Die Tupel in der Cassandra-Relation *relation1* für diese Token-Bereiche werden durch ccollect ausgelesen und mittels cspread unverändert in die Casasndra-Relation *result* kopiert.

```
query ccollectrange('__CASSANDRAIP__', '__KEYSPACE__',
   'relation1', 'ONE', __TOKENRANGE__) cspread(
   '__CASSANDRAIP__', __KEYSPACE__',
   'result', 'ONE', '__QUERYUUID__', N];
```
(5.12)

Der QueryExecutor ersetzt die in der Abfrage enthaltenen Platzhalter und führt die Abfrage für jeden Token-Range einmal aus. Der Platzhalter __QUERYUUID__ wird bei jeder Ausführung mit einem neuen eindeutigen Wert belegt.

Abfrage 1:

```
query ccollectrange('127.0.0.1', 'keyspace_r1',
   'relation1', 'ONE', '10', '25') cspread(
   '192.168.1.13', 'keyspace_r1', 'result', 'ONE',
   'cf4dd301-7c6c-4cd6-b094-72347e51c45a', N];
```
(5.13)

Abfrage 2:

```
query ccollectrange('127.0.0.1', 'keyspace_r1',
   'relation1', 'ONE', '60', '100') cspread(
   '192.168.1.13', 'keyspace_r1, 'result', 'ONE',
   '5f1e2e98-6585-421a-bbad-15a31b7abde5', N];
```
(5.14)

Der Platzhalter __QUERYUUID__ wird für einen Parameter des Operators cspread verwendet. Er steht an der Stelle, die den Namen des Systems angibt, welche die Tupel erzeugt. Die Abfrage in diesem Beispiel wird mehrfach für verschiedene Token-Bereiche ausgeführt. Wäre der Systemname bei jeder Ausführung der Abfrage identisch, so würden die Tupel aus der vorhergehenden Ausführung überschrieben.

Grund hierfür ist, dass der Operator `cspread` die zu exportierenden Tupel bei jeder Ausführung durchnummeriert. Diese Nummer bildet zusammen mit dem Systemnamen und dem Namen der Relation einen eindeutigen Schlüssel um die Tupel in Cassandra zu adressieren. Diese Werte wären bei jeder Ausführung der Abfrage identisch, was zu einem Überschreiben der Tupel aus der vorhergehenden Ausführung führen würde.

Dadurch, dass der Platzhalter `__QUERYUUID__` bei jeder Ausführung einen anderen Wert aufweist, werden die Tupel in Cassandra unter unterschiedlichen Schlüsseln abgelegt.

5.2.4. Beispielumgebung

In den folgenden Beispielen wird die Arbeitsweise von DISTRIBUTED SECONDO erläutert. Diese beziehen sich alle auf einen Cassandra-Cluster mit fünf Knoten. Zur besseren Übersichtlichkeit wird die Größe des logischen Ringes auf den Bereich $[-16, 16]$ eingeschränkt. Die Cassandra-Knoten besitzen keine virtuellen Knoten. Eine Übersicht über die Knoten und ihre Token-Ranges findet sich in Abbildung 5.6.

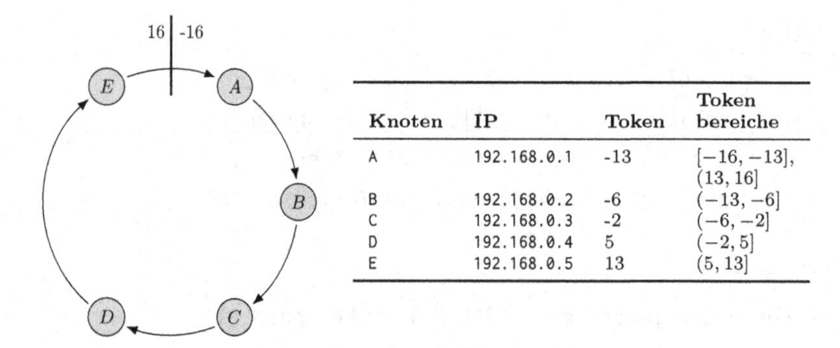

Knoten	IP	Token	Token bereiche
A	192.168.0.1	-13	$[-16, -13]$, $(13, 16]$
B	192.168.0.2	-6	$(-13, -6]$
C	192.168.0.3	-2	$(-6, -2]$
D	192.168.0.4	5	$(-2, 5]$
E	192.168.0.5	13	$(5, 13]$

Abbildung 5.6.: Die in den folgenden Beispielen verwendeten fünf Cassandra-Knoten und ihre Namen, IP-Adressen und Token-Bereiche.

5.2.5. Systemtabellen von Distributed SECONDO

DISTRIBUTED SECONDO nutzt vier in Cassandra gespeicherte Tabelle um Abfragen zu verteilen und um den Status der beteiligten Knoten zu überwachen. Diese Systemtabellen werden in den folgenden Abschnitten vorgestellt.

Die Tabelle system_queries

In der Tabelle `system_queries` werden die von DISTRIBUTED SECONDO auszuführenden Abfragen gespeichert (der globale Ausführungsplan). Zusammen mit jeder Abfrage wird eine ID abgespeichert, welche die Reihenfolge der Abfragen festlegt und zudem jede Abfrage eindeutig identifiziert. Ein Beispiel dieser Systemtabelle findet sich in Tabelle 5.3.

Mithilfe der Operatoren `cqueryreset`, `cqueryexecute` und `cquerylist` kann der Inhalt dieser Tabelle gelöscht, erweitert und ausgelesen werden.

id	query
1	open database opt;
2	query ccollectrange('__CASSANDRAIP__', '__KEYSPACE__', 'relati on2', 'ONE', __TOKENRANGE__) count;

Tabelle 5.3.: Die Systemtabelle system_queries.

Die Tabelle system_tokenranges

Der Inhalt dieser Tabelle beschreibt den Aufbau des logischen Ringes. In der Tabelle sind alle Cassandra-Knoten, sowie die dazugehörigen Token-Bereiche enthalten. Diese Tabelle wird automatisch von dem Operator `cqueryexecute` angelegt, wenn der erste Befehl zur Ausführung an DISTRIBUTED SECONDO übergeben wird.

Diese Tabelle wird benötigt, um sicherzustellen, dass alle Knoten die gleiche Sicht auf den logischen Ring haben. Der logische Ring von Cassandra kann sich durch Hinzufügen oder durch Entfernen von Knoten verändern. Hierdurch könnte es passieren, dass die einzelnen Knoten von DISTRIBUTED SECONDO eine unterschiedliche Sicht auf den logischen Ring bekommen, je nachdem, wann sie diese Information von Cassandra anfordern. Durch Kopieren der Information über den logischen Ring in eine Systemtablle wird erreicht, dass alle Knoten jederzeit die gleiche Sicht auf den logischen Ring haben. Dies ist für den in Abschnitt 5.2.7 vorgestellten Algorithmus eine grundlegende Voraussetzung.

In Tabelle 5.4 ist der Inhalt der Systemtabelle `system_tokenranges` dargestellt. In dieser Tabelle findet sich die Struktur der Beispielumgebung wieder.

begintoken	endtoken	ip
13	16	192.168.0.1
-16	-13	192.168.0.1
-13	-6	192.168.0.2
-6	-2	192.168.0.3
-2	5	192.168.0.4
5	13	192.168.0.5

Tabelle 5.4.: Die Systemtabelle system_tokenranges.

Die Tabelle system_state

In der Systemtabelle `system_state` sind die an DISTRIBUTED SECONDO teilnehmenden Systeme verzeichnet. Für jedes System ist vermerkt, welche IP es besitzt, wie sein Name ist und welche Abfrage es zuletzt ausgeführt hat. Zudem ist für jedes System vermerkt, wann dieses das letzte mal aktiv war. Dies wird in Form eines Zeitstempels vermerkt. Bei den Namen handelt es sich um die UUID, welche die Software *QueryExecutor* für dieses System vergeben hat. Dieser Wert ist mit dem Wert des Platzhalters `__NODEID__` auf dem jeweiligen System identisch.

Die Software *QueryExecutor* sorgt dafür, dass alle Systeme auf denen sie ausgeführt wird, in dieser Tabelle registriert werden. Zudem wird dafür gesorgt, dass alle zehn Sekunden der Wert des Attributes *heartbeat* aktualisiert wird. Bei diesem Wert handelt es sich um einen Unix-Timestamp[2]. Über dieses Attribut haben andere Knoten die Möglichkeit festzustellen, ob ein an DISTRIBUTED SECONDO beteiligter Knoten noch lebt und in der Lage ist, Abfragen auszuführen.

Ein möglicher Inhalt der Systemtabelle ist für die Beispielumgebung in Tabelle 5.5 zu finden. Alle Systeme haben die Bearbeitung der Abfrage mit der ID 2 abgeschlossen.

[2]Bei einem Unix-Timestamp handelt es sich um die Anzahl der seit dem 01.01.1970 vergangenen Sekunden [Ker10, S. 186].

ip	heartbeat	lastquery	node
192.168.0.1	1402905412445	2	4bd66180-[...]-b5a53b2cca4b
192.168.0.2	1402905412447	2	16b5fbd4-[...]-68d8d8edc0ba
192.168.0.3	1402905412441	2	9deb2582-[...]-b62ba9ecf2fe
192.168.0.4	1402905412443	2	19e955c7-[...]-1346730bd994
192.168.0.5	1402905412445	2	74543b30-[...]-1ce762d30f35

Tabelle 5.5.: Die Systemtabelle system_state.

Die Tabelle system_progress

Diese Systemtabelle beschreibt für jede ausgeführte Abfrage, welches System welchen Token-Bereich des logischen Ringes bearbeitet hat. Aufgrund von Ausfällen oder im Fall das nicht auf jedem Cassandra-Knoten eine Instanz von DISTRIBUTED SECONDO läuft, können die von Knoten bearbeiteten Bereiche von den lokalen Token-Bereichen der Knoten abweichen.

Die Software *QueryExecutor* ist für das Ablegen der Informationen in dieser Systemtabelle verantwortlich. Jede Abfrage welche den Platzhalter `__TOKENRANGE__` beinhaltet, findet sich in dieser Systemtabelle wieder. Für jeden von einem System *vollständig bearbeiteten* Token-Bereich legt der QueryExecutor umgehend einen Eintrag in dieser Tabelle an. In der Spalte *queryuuid* findet sich die ID wieder, welcher der QueryExecutor der Abfrage für die Verarbeitung des Token-Ranges bei ihrer Ausführung zugewiesen hat. Hierbei handelt es sich um den Wert des Platzhalters `__QUERYUUID__`.

In Tabelle 5.6 findet sich der Inhalt der Systemtabelle nach Abarbeiten der Abfrage mit der ID 2 wieder. Da in der Abfrage mit der ID 1 der Platzhalter `__TOKENRANGE__` nicht enthalten war, finden sich keine Informationen zu dieser Abfrage in der Tabelle wieder.

Alle Knoten haben die lokalen Token-Bereiche erfolgreich bearbeitet. Da die Token-Bereiche und die verarbeitenden Systeme mit denen aus Tabelle 5.6 identisch sind, ist es zu keinen Ausfällen gekommen. Jeder Knoten hat seinen lokalen Token-Rage vollständig bearbeitet. Der Operator `cquerycollect` greift auf die Informationen dieser Systemtablle zu.

5.2.6. Management von Distributed SECONDO

Für das Management von DISTRIBUTED SECONDO und Cassandra wurden zwei Scripte mit den Namen `manage_cassandra.sh` und `manage_dsecon`

query id	begin token	end token	ip	queryuuid
2	13	16	192.168.0.1	163eced6-[...]-4e34876241e2
2	-16	-13	192.168.0.1	737212b7-[...]-8fbefb8cce9c
2	-13	-6	192.168.0.2	f7832156-[...]-cd4c1c99f890
2	-6	-2	192.168.0.3	19e9558f-[...]-32c227c5d989
2	-2	5	192.168.0.4	fc664f90-[...]-a9195bb60f87
2	5	13	192.168.0.5	985326c9-[...]-1e88be5a6759

Tabelle 5.6.: Die Systemtabelle system_progress.

do.sh entwickelt. Mit Hilfe dieser lassen sich Cassandra und DISTRIBUTED SECONDO-Instanzen auf mehreren Systemen starten und stoppen.

Die Systeme, auf denen die Scripte Dienste starten oder stoppen, werden über die Variable nodes festgelegt. In dieser werden die Hostnamen der Knoten, getrennt durch Leerzeichen, spezifiziert. Zu all diesen Knoten bauen beide Scripte per SSH[3] eine Verbindung auf und führen die notwendigen Aktionen aus. Beide Scripte erwarten als Parameter den Wert start oder stop. Gemäß dieses Parameters werden entsprechende Dienste gestartet oder beendet.

- Das Script manage_cassandra.sh (siehe Listing G.3 auf Seite 268) startet und stoppt Cassandra auf mehreren Knoten. Für den Start von Cassandra wird das Startup-Script $cassandradir/bin/cassandra aufgerufen. Die Variable $cassandradir zeigt auf das Installationsverzeichnis von Cassandra.

  Cassandra besitzt keine Möglichkeit, geregelt beendet zu werden. Die Cassandra-Dokumentation empfiehlt, den Cassandra-Server mittels eines Signals[4] zu beenden. Zum Stoppen von Cassandra wird daher das Programm kill eingesetzt. Dieses Programm sendet ein Signal an den Cassandra-Prozess und beendet diesen umgehend.

[3] Mithilfe des Programms SSH (**S**ecure **Sh**ell) kann unter Unix-Systemen eine verschlüsselte Anmeldung auf einem entfernten System erfolgen.

[4] Signale stellen eine Art der Interprozesskommunikation dar. Unter POSIX kompatiblen Betriebssystemen können Signale verschiedener Typen an einen Prozess gesendet werden. Der Prozess kann für die meisten Signale spezifizieren, was bei deren Eintritt gesehen soll. Bei Signalen vom Typ SIGKILL wird der Prozess beendet. Dieses Verhalten kann vom Prozess selbst nicht modifiziert werden [Tan09, S. 742].

- Das Script `manage_dsecondo.sh` (siehe Listing G.4 auf Seite 270) startet und stoppt DISTRIBUTED SECONDO-Instanzen und den *QueryExecutor* auf mehreren Knoten. Hierzu wird, wie in den Hilfsscripten von PARALLEL SECONDO, das Programm `screen` eingesetzt. Mit diesem können Prozesse im Hintergrund gestartet werden.

  Beim Aufruf des Scriptes mit dem Parameter `start` wird mithilfe von `screen` SECONDO und der *QueryExecutor* gestartet. Diese Prozesse bleiben dauerhaft aktiv, auch wenn die SSH-Verbindung getrennt wird. Beim Aufruf des Scriptes mit dem Parameter `stop` werden beide Prozesse beendet.

  Durch Aufruf der Befehle `screen -x dsecondo-server` und `screen -x dsecondo-executor` auf einem System, können auf die Standardausgabe geschriebene Informationen beider Prozesse eingesehen werden.

Login mittels SSH-Keys

Damit die Scripte eine SSH-Verbindung zu anderen System aufbauen können, ohne dass der Benutzer bei jeder Verbindung sein Passwort eingeben muss, empfiehlt es sich, den Login mithilfe von *authentication keys* durchführen zu lassen. Hierbei handelt es sich um die Kombination eines *privaten* und eines *öffentlichen Schlüssels*. Der private Schlüssel wird in der Regel in der Datei `~/.ssh/id_rsa` abgelegt, der öffentliche Schlüssel in der Datei `~/.ssh/id_rsa.pub`. Erzeugt werden können diese Schlüssel mit dem Programm `ssh-keygen`.

Um sich per SSH auf einem System anzumelden, ohne das Passwort des Benutzers eingeben zu müssen, wird der öffentliche Schlüssel auf die Systeme kopiert auf denen die Anmeldung möglich sein soll. Dazu wird der öffentliche Schlüssel auf dem System in die Datei `~/.ssh/authorized_keys` eingefügt. Dies kann auch mithilfe des Programms `ssh-copy-id` erledigt werden.

Beispiel: Erzeugen eines neuen *authentication keys* und Kopieren des öffentlichen Schlüsselteils auf das System mit dem Namen *hostname*. Anschließend muss bei dem Aufbau einer SSH-Verbindung zu dem System *hostname* kein Passwort mehr eingegeben werden.

Erzeugen des SSH-Keys:

$$\texttt{ssh-keygen -t rsa} \tag{5.15}$$

Kopieren des öffentlichen Schlüssels auf das System mit dem Namen *hostname*:

$$\texttt{ssh-copy-id}\ \textit{hostname} \tag{5.16}$$

5.2.7. Robuste Partitionierung des logischen Ringes

Für die verteilte Verarbeitung von Abfragen muss DISTRIBUTED SECONDO den logischen Ring von Cassandra unter den vorhanden DISTRIBUTED SECONDO-Knoten aufteilen. Dies wird im Folgenden als Partitionierung des logischen Ringes bezeichnet. Ziel ist es, die Token-Bereiche von Cassandra in disjunkte Teilmengen zu zerlegen und diese Token-Bereiche von den SECONDO-Servern verarbeiten zu lassen, welche auf den DISTRIBUTED SECONDO-Knoten installiert sind. Dabei sind drei Anforderungen zu erfüllen:

(*i*) Die Partitionierung soll ohne zentralen Koordinator erfolgen.

(*ii*) Kein Teil des logischen Ringes soll mehrfach verarbeitet werden.

(*iii*) Auch bei Systemausfällen soll der logische Ring vollständig verarbeitet werden. Dies gilt ebenfalls in dem Fall, dass nicht auf jedem Cassandra-Knoten eine Instanz von DISTRIBUTED SECONDO läuft. In beiden Fällen muss ein anderer DISTRIBUTED SECONDO-Knoten diesen Bereich übernehmen.

Verantwortlichkeit für Token-Bereiche

Jeder DISTRIBUTED SECONDO-Knoten führt lokal den Algorithmus zur Partitionierung des logischen Ringes aus. Die Token-Bereiche des logischen Ringes werden vom Algorithmus in zwei Mengen aufgeteilt: *Verantwortlich* und *Nicht-Verantwortlich*. In der Menge *Verantwortlich* sind alle lokalen Token-Bereiche von DISTRIBUTED SECONDO-Knoten enthalten. Hinzu kommen alle Bereiche, welche sich gegen den Uhrzeigersinn aus gesehen an lokale Token-Bereiche eines DISTRIBUTED SECONDO-Knotens anschließen und keinen lokalen Token-Bereich eines anderen DISTRIBUTED SECONDO-Knotens darstellen. In der Menge *Nicht-Verantwortlich* sind alle restlichen Token-Bereiche enthalten (siehe Abbildung 5.7).

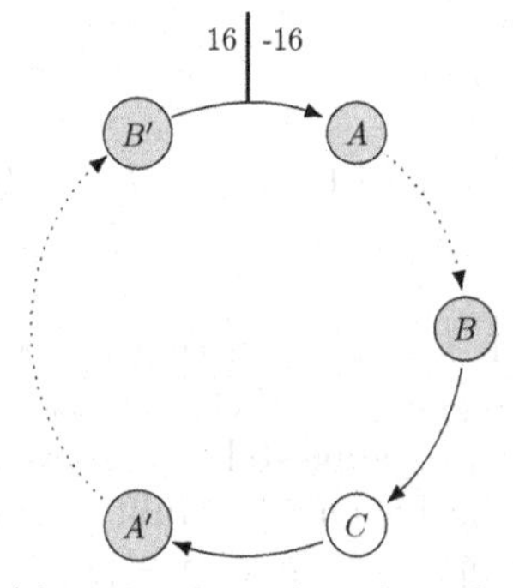

(a) Token-Bereiche für die Knoten A verantwortlich ist.

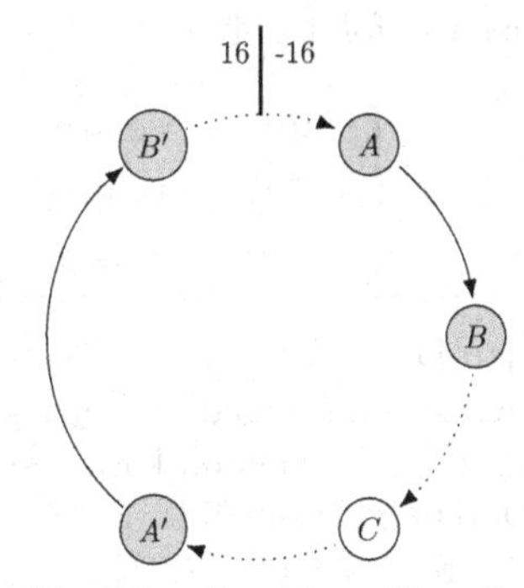

(b) Token-Bereiche für die Knoten B verantwortlich ist.

Abbildung 5.7.: Verantwortlichkeit für Token-Bereiche. Auf den Knoten A und B ist eine Instanz von DISTRIBUTED SECONDO installiert. Für im logischen Ring durchgängig gezeichnete Bereiche ist der in der Bildunterschrift angegebene Knoten verantwortlich, für gepunktet gezeichnete Bereiche nicht.

Definition: Sei R ein logischer Ring mit den Token-Bereichen $T = (t_1, t_2, t_3, ..., t_n)$. Diese Token-Bereiche sind gemäß ihrer Lage im logischen Ring aufsteigend geordnet. Sei $succ(t)$ eine Funktion, welche für einen Token-Bereich t den im Uhrzeigersinn folgenden Token-Bereich im logischen Ring ermittelt. Seien weiterhin $K = (k_1, k_2, k_3, ..., k_m)$ die Knoten des logischen Ringes auf denen DISTRIBUTED SECONDO fehlerfrei ausgeführt wird. Sei L_k die Menge der zum Knoten k gehörenden lokalen Token-Bereiche und V_k die Menge der Token-Bereiche für die der Knoten k verantwortlich ist.

V_k ist wie folgt definiert:

$$V_k := \{t \in T \mid P_k(t)\} \tag{5.17}$$

$P_k(t)$ ist wie folgt definiert:

$$P_k(t) := \begin{cases} wahr, & \text{wenn } t \in L_k \\ wahr, & \text{wenn } succ(t) \in V_k \land t \notin \bigcup_{(x \in K \setminus \{k\})} L_x \\ falsch, & sonst. \end{cases} \tag{5.18}$$

Da jeder DISTRIBUTED SECONDO-Knoten k aus der Struktur des logischen Ringes und aus den Heartbeat-Einträgen der Tabelle `system_state` die Menge V_k berechnen kann, ist die eingangs aufgestellte Forderung (i) nach Dezentralität erfüllt. Forderung (ii) wird ebenfalls erfüllt: Für jeden Token-Bereich ist nur ein Knoten verantwortlich. Für $\forall i, j \in \{1, 2, ..., m\}$ gilt:

$$i \neq j \Longleftrightarrow V_i \cap V_j = \emptyset \tag{5.19}$$

Beweisskizze: Damit ein Token-Bereich t in den Mengen V_i und V_j liegt, muss $P_k(t)$ diesen Token-Bereich beiden Mengen zuordnen. Dies könnte durch die beiden ersten Fälle der Fallunterscheidung geschehen.

Fall 1 / Fall 1: Das ein Token-Bereich den lokalen Token-Bereich zweier unterschiedlicher Knoten darstellt ist ausgeschlossen. Der lokale Token-Bereich eines Knotens k ist so definiert, dass dieser alle Token enthält, die vor k und seinem gegen den Uhrzeigersinn nächsten Nachbarn liegen.

Fall 1 / Fall 2: Dieser Fall kann nicht eintreten, da t sonst einen lokalen Token-Bereich des Knotens i darstellen würde, sowie an einen verantwortlichen Token-Bereich des Knoten j anschließen müsste. Die zweite Fallunterscheidung schließt dies jedoch aus.

Fall 2 / Fall 2: Damit dieser Fall eintreten kann, muss sich t gleichzeitig an den verantwortlichen Token-Bereich von i sowie den von j anschließen. Beides gleichzeitig zu erfüllen ist nicht möglich.

Auch Forderung (iii) wird erfüllt: Für jeden Token-Bereich des logischen Ringes ist ein lebender DISTRIBUTED SECONDO-Knoten verantwortlich:

$$T = \bigcup_{k \in K} V_k \tag{5.20}$$

Beweisskizze: Würde es einen Token-Bereich t geben, welcher in dieser Menge nicht enthalten ist, so könnte es sich bei t nicht um einen lokalen Token-Bereich eines DISTRIBUTED SECONDO-Knotens handeln, andernfalls würde die erste Fallunterscheidung von Gleichung 5.18 t einer Menge V_k zuordnen. Alle im Uhrzeigersinn hinter einem lokalen Token-Bereich eines DISTRIBUTED SECONDO-Knotens liegenden Bereiche werden ebenfalls einer Menge V_k zugeordnet. t dürfte somit nicht hinter einem solchen Token-Bereich liegen. Da der logische Ring einen Kreis bildet und mindestens ein lokaler Token-Bereich eines DISTRIBUTED SECONDO-Knotens existiert, kann ein solches t nicht existieren.

Die Forderung (*iii*) wird erst verletzt, wenn kein DISTRIBUTED SECONDO-Knoten existiert und keine lokalen Token-Bereiche von DISTRIBUTED SECONDO-Knoten vorhanden sind. Jedoch existiert in diesem Fall auch kein System, welches den Algorithmus ausführt.

Ablauf des Algorithmus

Die Arbeit des Algorithmus lässt sich in zwei Phasen unterteilen. In Phase 1 beginnt der Algorithmus mit seiner Arbeit. Sobald der Algorithmus festgestellt hat, dass der Knoten auf dem er ausgeführt wird, für einen Token-Bereich *verantwortlich* ist, wird dieser SECONDO zur Verarbeitung übergeben. In Listing E.1 auf Seite 229 ist der vollständige Algorithmus in Pseudocode zu finden.

Phase 1: Es werden die lokalen Token-Bereiche des DISTRIBUTED SECONDO-Knotens dem lokalen SECONDO-System zur Verarbeitung übergeben. Anschließend tritt der Algorithmus in Phase 2 ein.

Phase 2: Ausgehend von einem lokalen Token-Bereich des Knotens wird der logische Ring von Cassandra entgegengesetzt des Uhrzeigersinns durchlaufen[5]. Beim Betrachten eines weiteren Token-Bereiches können drei Fälle auftreten:

Fall 1: Der betrachtete Token-Bereich ist identisch mit dem Token-Bereich bei dem der Algorithmus gestartet ist. In diesem Fall ist der logische Ring vollständig durchlaufen. Wurden dabei

[5]Der logische Ring wird entgegengesetzt des Uhrzeigersinns durchlaufen, um auszunutzen, dass die besuchten Bereiche durch Replikation auf dem lokalen Cassandra-Knoten abgespeichert sein könnten (siehe Abbildung F.3 auf Seite 248). Auf diese Daten kann schneller zugegriffen werden, als wenn diese zunächst über das Netzwerk übertragen werden müssen (siehe Abschnitt 7.5.3 auf Seite 173).

keine unverarbeiteten Token-Bereiche gefunden, ist dieser vollständig partitioniert und verarbeitet. Andernfalls sind einige Bereiche noch nicht partitioniert und verarbeitet. Es wird einige Sekunden gewartet und danach die Phase 2 wiederholt.

Fall 2: Es wird auf einen Token-Bereich gestoßen, welcher zu einem Knoten gehört, welcher *aktuelle* Heartbeat-Messages in die Systemtabelle schreibt. In diesem Fall wird der Ring weiter durchlaufen bis wieder auf einen lokalen Token-Bereich getroffen wird oder Fall 1 eintritt.

Fall 3: Es wird auf einen Token-Bereich gestoßen, welcher zu einem Knoten gehört, der *keine oder veraltete* Heartbeat-Messages in die Systemtabelle eingetragen hat. Nun wird anhand der Systemtabellen geprüft, ob dieser Token-Bereich bereits in einer vorhergehenden Iteration verarbeitet wurde. Ist dies nicht der Fall, wird der Token-Bereich dem lokalen SECONDO-System zur Verarbeitung übergeben. Danach wird der logische Ring weiter durchlaufen.

Laufzeitanalyse

Der Algorithmus besitzt zwei Parameter welche Einfluss auf seine Laufzeit nehmen. Zum einen ist dies die Anzahl der Token-Bereiche des logischen Ringes. Diese wird im Folgenden mit n bezeichnet. Zum anderen kann die Phase 2 des Algorithmus mehrfach durchlaufen werden. Die Anzahl der Durchläufe (Iterationen) wird im Folgenden mit k bezeichnet. Die Analyse wird gemäß der Phasen des Algorithmus durchgeführt:

Phase 1: Diese Phase wird einmal ausgeführt. Dabei werden die lokalen Token-Bereiche eines Knotens verarbeitet. Die Anzahl der lokalen Token-Bereiche ist nach oben durch n beschränkt. Es kann nicht mehr lokale Token-Bereiche geben, als insgesamt existieren. Für diese Phase fällt eine Laufzeit von $\mathcal{O}(n)$ an.

Phase 2: Diese Phase wird k mal durchlaufen. Jedes mal werden alle n Token-Bereiche des logischen Ringes durchlaufen. Für jeden besuchten Token-Bereich wird Gleichung 5.18 ausgewertet.

Der Test, ob ein Token-Bereich in einer Liste mit Token-Bereichen enthalten ist, kann durch binäres Suchen in der Laufzeit $\mathcal{O}(log\ n)$ erfolgen; das einmalige Sortieren der Liste in Laufzeit $\mathcal{O}(n\ log\ n)$. Der

Test, ob der Nachfolger eines Token-Bereiches zu den verantwortlichen Token-Bereichen eines Knotens gehört, kann beim Durchlauf des logischen Ringes entgegengesetzt des Uhrzeigersinns mit Hilfe einer boolschen Variable in der Zeit $\mathcal{O}(1)$ durchgeführt werden. Für jeden Durchlauf dieser Phase fällt somit eine Laufzeit von $\mathcal{O}(n\ log\ n)$ an.

Es ergibt sich somit eine Gesamtlaufzeit von $\mathcal{O}(\overbrace{n}^{Phase1} + \overbrace{k \cdot (n\ log\ n)}^{Phase2})$. Da $k \geq 1$ gilt, lässt sich dies zu $\mathcal{O}(k \cdot (n\ log\ n))$ vereinfachen.

Änderungen an der Struktur des logischen Ringes

Wird ein Cassandra-Knoten dauerhaft entfernt oder wird ein neuer Knoten in den logischen Ring von Cassandra aufgenommen, verändert sich die Struktur des logischen Ringes. Beim Entfernen eines Knotens übernimmt der im logischen Ring im Uhrzeigersinn benachbarte nächste Knoten diesen Bereich. Wird ein Knoten eingefügt, wird ein bestehender Token-Bereich aufgeteilt und der neue Knoten an diese Stelle eingefügt. Das gleiche gilt für mehrere Bereiche, wenn mit virtuellen Knoten (siehe Abschnitt 2.7.5 auf Seite 29) gearbeitet wird.

Veränderungen am logischen Ring sorgen dafür, dass sich die Token-Bereiche in ihrer Größe ändern. Die Veränderung benötigt einige Zeit, um auf allen Cassandra-Knoten sichtbar zu werden. Zudem ist nicht sichergestellt, dass alle Knoten diese Veränderung im gleichen Moment sehen (siehe Abschnitt F.2.2 auf Seite 251). Dies würde dem Algorithmus zur Partitionierung des logischen Ringes Schwierigkeiten bereiten.

Durch das Aufteilen oder Verschmelzen von Token-Bereichen ist nicht mehr sichergestellt, dass die von den DISTRIBUTED SECONDO-Knoten bereits bearbeitenden Bereiche disjunkt sind. Zudem müsste der Algorithmus kontrollieren, ob die von ihm bereits verarbeiteten Token-Bereiche noch mit den Token-Bereichen des aktuellen logischen Ringes übereinstimmen. Weichen diese ab, müsste er entsprechende Korrekturen vornehmen.

Um diese Probleme zu umgehen, werden die Token-Bereiche einmalig in die Systemtabelle `system_tokenranges` eingetragen (siehe Abschnitt 5.2.5 auf Seite 105). Der Algorithmus arbeitet auf allen Knoten nur mit diesen Token-Bereichen. Damit ist sichergestellt, dass alle Knoten dauerhaft die gleiche Struktur des logischen Ringes und die gleichen Token-Bereiche sehen.

5.2.8. Robuste Partitionierung – Beispiele

In den folgenden Abschnitten wird der Algorithmus zum robusten Partitionieren an drei verschiedenen Beispielen demonstriert. Es wird dabei wieder auf die in Abschnitt 5.2.4 vorgestellte Cassandra-Installation zurückgriffen.

Legende: Cassandra-Knoten, welche in den folgenden Abbildungen *grau* hinterlegt sind, sind ebenfalls Knoten von DISTRIBUTED SECONDO. Knoten, welche lediglich *weiß* hinterlegt sind, führen kein SECONDO aus; diese werden nur von Cassandra genutzt. Ausgefallene Knoten werden *gestrichelt* gezeichnet.

Von SECONDO verarbeitete Teile des logischen Ringes werden mit einer *durchgehenden Linie* gezeichnet. Teile des logischen Ringes, welche noch nicht verarbeitet worden sind, werden durch eine *gestrichelte Linie* dargestellt.

Die vom inneren des logischen Ringes ausgehenden Pfeile stellen die Stelle des logischen Ringes dar, welcher gerade vom Partitionierungsalgorithmus analysiert wird. Der Buchstabe am Anfang des Pfeiles beschreibt, welcher Knoten diesen Bereich analysiert.

Vereinfachende Annahmen: Um die Beispiele übersichtlich zu halten, wurden folgende Vereinfachungen durchgeführt, welche in der Praxis nicht immer anzutreffen sind: (*i*) Zu jedem Cassandra-Knoten gehört nur ein lokaler Token-Bereich; es werden keine virtuellen Knoten eingesetzt. (*ii*) Alle Knoten arbeiten gleich schnell. (*iii*) Sobald der logische Ring vollständig verarbeitet wurde, wird auf weitere Zeichnungen verzichtet.

Der Algorithmus muss jedoch den logischen Ring vollständig durchlaufen, um festzustellen, dass dieser komplett verarbeitet wurde. Da hierbei, bis auf fortlaufende Zeiger, keine Veränderung an den Zeichnungen auftritt, wurde bei der Darstellung auf diese Schritte verzichtet.

Auf allen Cassandra-Knoten ist Distributed SECONDO installiert

In diesem Beispiel ist auf jedem Cassandra-Knoten auch DISTRIBUTED SECONDO installiert. Bei der Partitionierung des logischen Ringes kommt es zu keinerlei Ausfällen. In Schritt 1 (Abbildung 5.8) bearbeitet jeder Knoten seinen lokalen Token-Bereich. Im Schritt 2 (Abbildung 5.9) ist bereits der gesamte logische Ring verarbeitet worden.

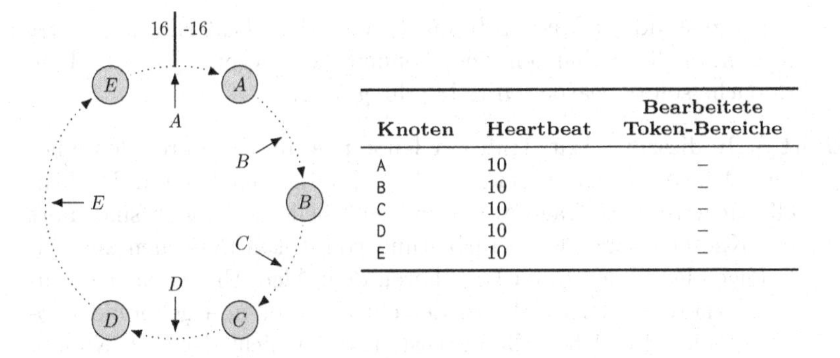

Knoten	Heartbeat	Bearbeitete Token-Bereiche
A	10	–
B	10	–
C	10	–
D	10	–
E	10	–

Abbildung 5.8.: Schritt 1: Jeder Knoten bearbeitet seinen lokalen Token-Bereich.

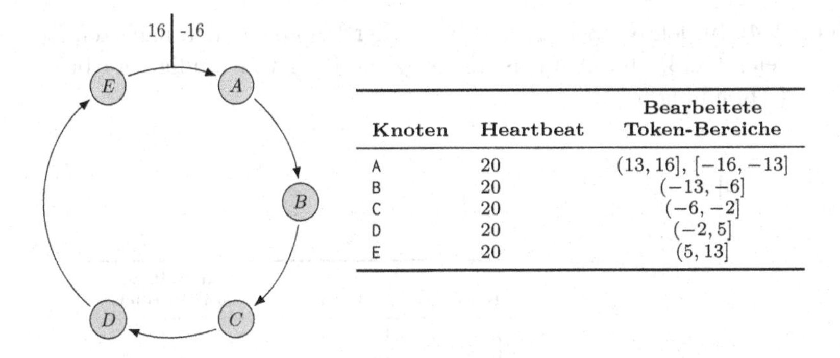

Knoten	Heartbeat	Bearbeitete Token-Bereiche
A	20	$(13, 16], [-16, -13]$
B	20	$(-13, -6]$
C	20	$(-6, -2]$
D	20	$(-2, 5]$
E	20	$(5, 13]$

Abbildung 5.9.: Schritt 2: Der komplette logische Ring ist verarbeitet.

Auf zwei Cassandra-Knoten ist Distributed SECONDO installiert

Im zweiten Beispiel ist auf nur zwei Cassandra-Knoten auch DISTRIBUTED SECONDO installiert. Es handelt sich hierbei um die Knoten A und D.

Schritt 1: Die Knoten A und D bearbeiten jeweils ihren lokalen Token-Bereich (Abbildung 5.10).

Schritt 2: Es werden die an die lokalen Token-Bereiche angrenzenden Token-Bereiche bearbeitet. Da von den möglicherweise für diese Bereiche zuständigen Knoten B und E keine Heartbeat-Einträge in der Systemtabelle vorhanden sind, können die Knoten A und D diese Bereiche sofort bearbeiten (Abbildung 5.11).

Schritt 3: In diesem Schritt trifft der Knoten A auf den durch den Knoten D bearbeiteten Bereich $(-2, 5]$. Da für den Knoten D aktuelle Heartbeat-Eintrage in der Systemtabelle vorhanden sind, hört der Knoten A mit der Verarbeitung von Token-Bereichen auf. Alle folgenden Token-Bereiche gehören dem Algorithmus nach zu andern Knoten, sofern nicht wieder ein zu Knoten A gehörender lokaler Token-Bereich vorhanden ist. Dies ist nicht der Fall. Knoten A hat somit aktuell keine Arbeit zu verrichten und prüft periodisch ob der Ring fertig verarbeitet worden ist oder ob die Heartbeat-Einträge von Knoten D ausbleiben. Knoten D bearbeitet den Bereich $(-6, -2]$ (Abbildung 5.12).

Schritt 4: Im letzten Schritt bearbeitet der Knoten D den nächsten Bereich $(-13, -6]$. Damit ist der logische Ring vollständig verarbeitet (Abbildung 5.13)

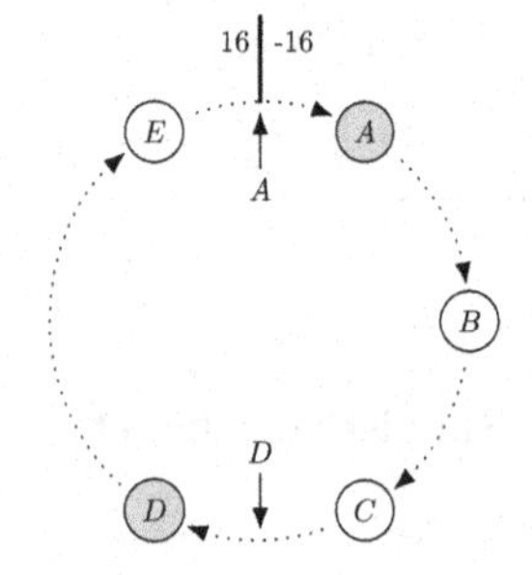

Knoten	Heartbeat	Bearbeitete Token-Bereiche
A	10	–
D	10	–

Abbildung 5.10.: Schritt 1: Die Knoten A und D bearbeiten jeweils ihren lokalen Token-Bereich.

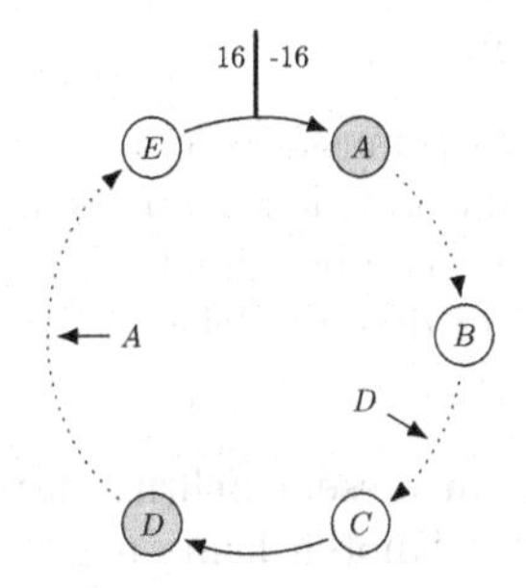

Knoten	Heartbeat	Bearbeitete Token-Bereiche
A	20	$(13, 16]$, $[-16, -13]$
D	20	$(-2, 5]$

Abbildung 5.11.: Schritt 2: Die Knoten A und D bearbeiten die angrenzenden Token-Bereiche.

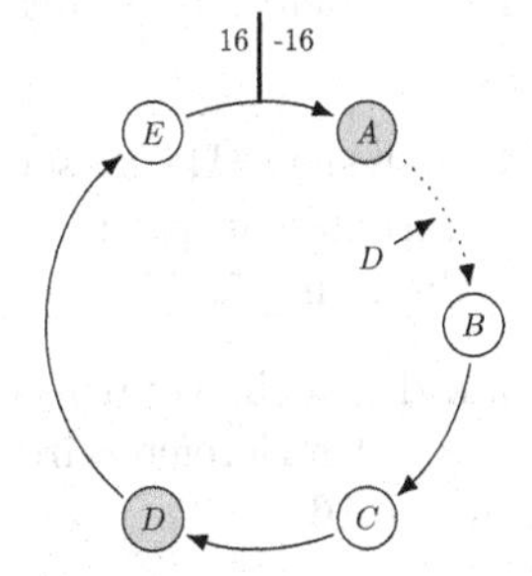

Knoten	Heartbeat	Bearbeitete Token-Bereiche
A	30	$(5, 13]$, $(13, 16]$ $[-16, -13]$
D	30	$(-6, -2]$, $(-2, 5]$

Abbildung 5.12.: Schritt 3: Der Knoten D bearbeitet den Token-Bereich zwischen den Knoten A und B.

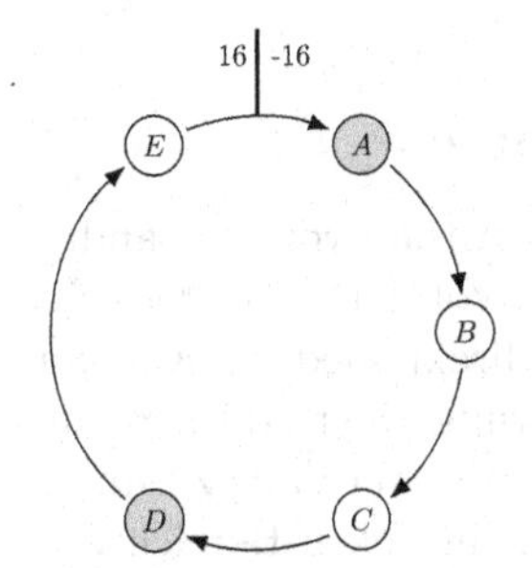

Knoten	Heartbeat	Bearbeitete Token-Bereiche
A	30	$(5, 13]$, $(13, 16]$ $[-16, -13]$
D	40	$(-13, -6]$, $(-6, -2]$, $(-2, 5]$

Abbildung 5.13.: Schritt 4: Der komplette logische Ring ist verarbeitet.

Ausfall eines Distributed SECONDO Knotens

Im dritten Beispiel wird gezeigt, wie sich der Algorithmus bei dem Ausfall eines Knotens verhält. Die Schritte 1 und 2 sind mit denen aus dem letzten Beispiel identisch und werden nicht noch einmal abgebildet. Nach Ausführen des Schrittes 2 (Abbildung 5.11) fällt in diesem Beispiel der Knoten D aus.

Schritt 3a: Im Gegensatz zu Abbildung 5.12 ist in diesem Schritt der Knoten D ausgefallen. Es werden von diesem Knoten keine neuen Heartbeat-Einträge mehr empfangen. Knoten A ist durch das Ausbleiben der Heartbeat-Einträge für die Token-Bereiche hinter dem Cassandra-Knoten D zuständig. Er analysiert den Token-Bereich $(-2, 5]$. Dieser wurde jedoch noch von Knoten D vor dem Absturz verarbeitet und muss daher nicht neu verarbeitet werden (Abbildung 5.14).

Schritt 4a: Nun wird der Token-Bereich $(-6, -2]$ analysiert. Da dieser Token-Bereich ebenfalls noch von Knoten D verarbeitet worden ist, muss dieser nicht erneut verarbeitet werden (Abbildung 5.15).

Schritt 5a: Der Knoten A trifft in diesem Schritt auf den nicht verarbeiteten Bereich $(-13, -6]$ auf dem logischen Ring. Der Bereich wird nun durch den Knoten A verarbeitet (Abbildung 5.16).

Schritt 6a: Der Knoten A hat einen vollständigen Umlauf um den logischen Ring durchgeführt. Alle Token-Bereiche sind bearbeitet. Damit ist die Partitionierung und die Verarbeitung des logischen Ringes abgeschlossen (Abbildung 5.17).

5.2.9. Atomares Einbringen von Tupeln

DISTRIBUTED SECONDO ist in der Lage, mit dem Ausfall von Cassandra- und DISTRIBUTED SECONDO-Knoten umzugehen. Von DISTRIBUTED SECONDO ausgeführte Abfragen können Ergebnisse direkt wieder in Cassandra abspeichern. Kommt es während der Ausführung einer Abfrage zum Ausfall eines DISTRIBUTED SECONDO-Knotens, sind zwei Fälle zu unterscheiden: (i) Es kommt zu einem Ausfall nachdem ein Token-Bereich vollständig verarbeitet worden ist und dieser Bereich in der System-Tabelle als bearbeitet gekennzeichnet wurde. (ii) Es kommt während der Bearbeitung des Token-Bereiches zu einem Ausfall des Knotens.

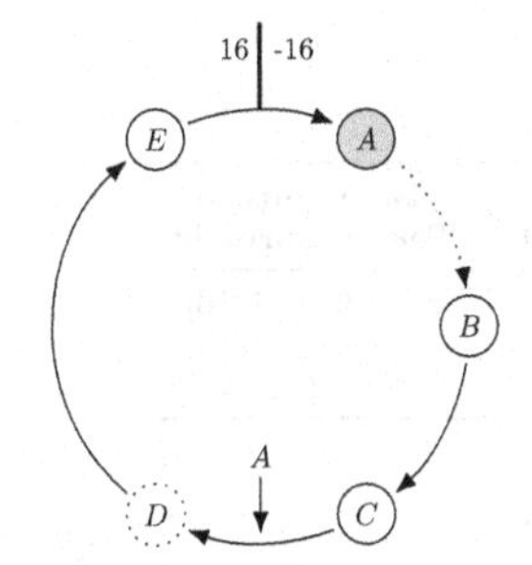

Knoten	Heartbeat	Bearbeitete Token-Bereiche
A	30	$(5, 13]$, $(13, 16]$ $[-16, -13]$
D	**20**	$(-6, -2]$, $(-2, 5]$

Abbildung 5.14.: Schritt 3a: Der Knoten D ist ausgefallen und sendet keine Heartbeat-Messages mehr. Knoten A untersucht den Token-Bereich zwischen den Knoten C und D. Bereits bearbeitete Stücke des logischen Ringes werden nicht nochmals verarbeitet.

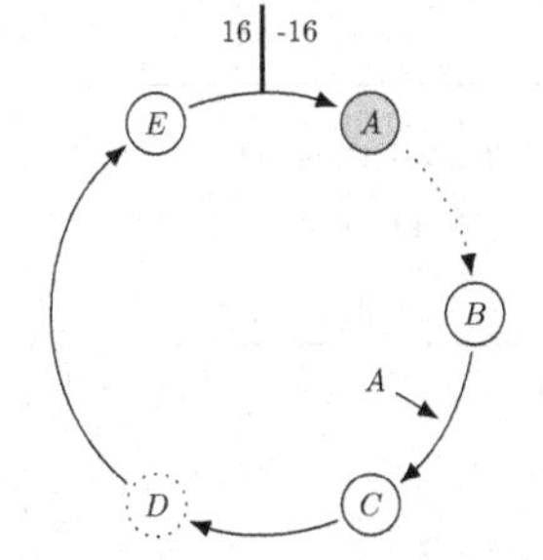

Knoten	Heartbeat	Bearbeitete Token-Bereiche
A	30	$(5, 13]$, $(13, 16]$ $[-16, -13]$
D	**20**	$(-6, -2]$, $(-2, 5]$

Abbildung 5.15.: Schritt 4a: Der Knoten A läuft den Ring weiter, bis er auf einen lebenden Knoten trifft.

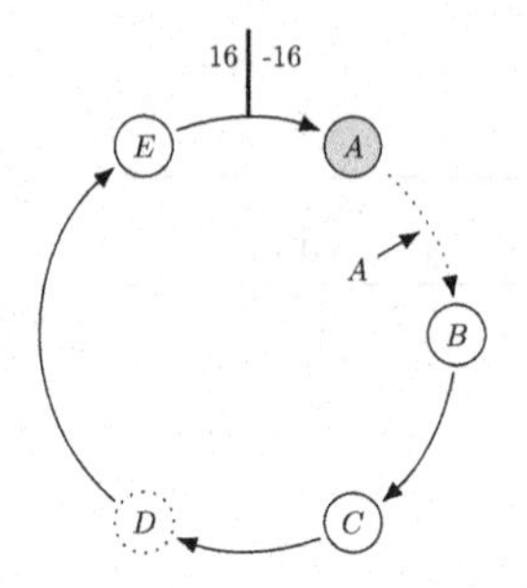

Knoten	Heartbeat	Bearbeitete Token-Bereiche
A	30	(5, 13], (13, 16] [−16, −13]
D	**20**	(−6, −2], (−2, 5]

Abbildung 5.16.: Schritt 5a: Der Knoten A trifft auf ein noch nicht bearbeitetes Stück des logischen Ringes.

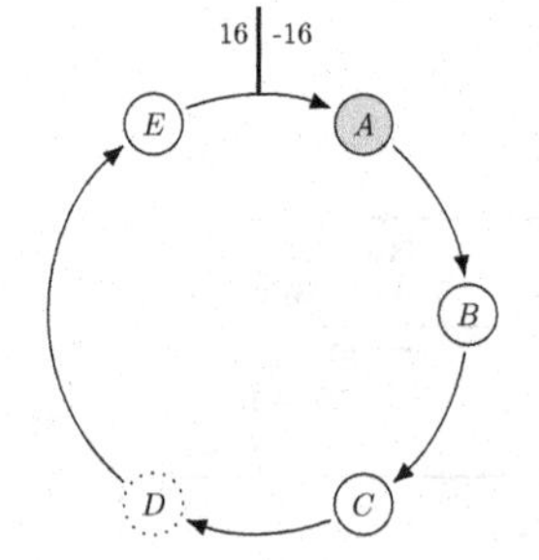

Knoten	Heartbeat	Bearbeitete Token-Bereiche
A	60	(5, 13], (13, 16] [−16, −13], (−13, −6]
D	**20**	(−6, −2], (−2, 5]

Abbildung 5.17.: Schritt 6a: Der komplette logische Ring ist verarbeitet.

Fall 1: In diesem Fall wurde das Ergebnis für diesen Token-Bereich vollständig in Cassandra abgespeichert. Da auch in der System-Tabelle der Bereich als bearbeitet gekennzeichnet wurde, kommt es zu keinerlei Problemen. Durch das Ausbleiben der Heartbeat-Einträge werden möglicherweise noch unverarbeitete Token-Bereiche dieses Knotens von andern Knoten übernommen.

Fall 2: Dieser Fall ist problematisch, da der Knoten während der Ausführung einer Abfrage für einen Token-Bereich ausgefallen ist. Es wurde ein Teil des Ergebnisses bereits in Cassandra abgespeichert. Durch das Ausbleiben der Heartbeat-Einträge wird die Abfrage für diesen Token-Bereich von einem anderen Knoten erneut ausgeführt. Hierdurch sind in der Ergebnisrelation möglicherweise Tupel doppelt vorhanden: Einmal aus der abgestürzten Ausführung der Abfrage und einmal aus der vollständigen Ausführung dieser Abfrage.

In klassischen relationalen DBMS könnte dieses Problem durch den Einsatz von Transaktionen gelöst werden. Die von der Abfrage berechneten Ergebnisse werden im Rahmen einer Transaktion eingebracht. Bricht die Abfrage bei ihrer Ausführung ab, so werden auch die bis dahin abgespeicherten Daten vom DBMS für unvollständig erklärt und gelöscht.

Da Cassandra keine Transaktionen unterstützt, sind abgespeicherte Daten dauerhaft sichtbar. Um das Problem zu umgehen, wurde der Operator `ccollectquery` entworfen.

5.2.10. Robustes Lesen von Relationen

Der Operator `ccollectquery` importiert Daten aus Cassandra in SECONDO. Hierbei werden jedoch nicht wie von dem Operator `ccollect` alle Daten einer Relation importiert. Es wird für jeden Token-Bereich in der Systemtabelle `system_progress` nachgeschaut, welcher Knoten diesen Token-Bereich erfolgreich bearbeitet hat.

Der Operator fragt zunächst für jeden Token-Bereich alle vorhandenen Tupel ab, wendet anschließend jedoch noch einen Filter an. Nur die Tupel von dem Knoten, welcher in der Systemtabelle für diesen Token-Bereich vermerkt ist, werden durchgelassen. Sollte vorab ein anderer Knoten bereits diesen Token-Bereich unvollständig[6] bearbeitet haben, so werden diese Tupel ausgefiltert.

Ein Eintrag in der Systemtabelle `system_progress` ist somit für das atomare Einbringen eines kompletten Token-Bereiches verantwortlich. Erst wenn dieser Eintrag gesetzt worden ist, werden die in Cassandra hinterlegten Tupel durch den Operator `ccollectquery` sichtbar.

Einsatz mehrerer Threads

Der Operator `ccollectquery` nutzt mehrere Threads und einen Puffer um die in Cassandra liegenden Daten einzusammeln. Er erzeugt für jeden Token-Bereich des logischen Ringes eine CQL-Abfrage und übergibt diese an Cassandra. Jede dieser Abfragen benötigt einige Zeit für die Verarbeitung. Die Zeit für die Verarbeitung der Abfragen besteht aus zwei Komponenten: (*i*) Die Zeit die Cassandra benötigt, die Abfrage auszuwerten und die Ergebnisse bereitzustellen. (*ii*) Die Zeit die der Operator benötigt, die Daten aus Cassandra in SECONDO zu importieren.

Bei kleineren Relationen sind viele Token-Bereiche im logischen Ring nicht mit Daten belegt. Dies führt dazu, dass der Operator ohne Threads eine hohe Laufzeit besitzt. Der Operator übergibt eine CQL-Abfrage an Cassandra und stellt nach der Auswertung durch Cassandra fest, dass keine Ergebnisse für diesen Token-Bereich vorliegen. Nun werden so lange Abfragen für die folgenden Token-Bereiche an Cassandra übergeben, bis ein Token-Bereich mit Daten gefunden wird. Die Laufzeit des Operators besteht in diesem Fall zu einem großen Teil aus dem Warten auf Cassandra und nur zu einem kleinen Teil aus dem Transport und Import von Daten. Um die Laufzeit des Operators zu senken, werden die Daten von mehreren Threads gelesen.

Durch die Verwendung von Threads können mehrere Token-Bereiche parallel abgefragt werden. Die gelesenen Daten werden in einem Puffer vorgehalten. Der Operator kann umgehend die Daten aus dem Puffer an SECONDO weiterleiten, ohne das Wartezeiten entstehen. Die Threads zum Einsammeln der Daten blockieren, wenn der Puffer einen Schwellwert überschreitet. Hierdurch wird verhindert, dass der Puffer stark anwächst und viel Arbeitsspeicher belegt.

[6] Hätte ein anderer Knoten von DISTRIBUTED SECONDO diesen Token-Bereich vollständig bearbeitet, so hätte er dies in der Systemtabelle vermerkt und der Bereich würde nicht erneut bearbeitet.

In Tabelle 5.7 sind die Laufzeiten des Operators beim Einsatz einer verschiedenen Anzahl von Threads und Token-Bereichen aufgeführt[7]. Es ist zu sehen, dass die Laufzeit des Operators von der Anzahl der Token-Bereiche des logischen Ringes abhängt. Durch den Einsatz von mehreren Threads kann die Laufzeit des Operators verringert werden. Eine genaue Untersuchung des Operators findet sich in Abschnitt 7.6.1 ab Seite 181.

	Threads			
Token-Bereiche	**Ein**	**Zwei**	**Drei**	**Vier**
256	$\approx$ 4 Sek.	$\approx$ 2 Sek.	$\approx$ 1 Sek.	$\approx$ 1 Sek.
768	$\approx$ 13 Sek.	$\approx$ 7 Sek.	$\approx$ 3 Sek.	$\approx$ 2 Sek.
1536	$\approx$ 25 Sek.	$\approx$ 13 Sek.	$\approx$ 5 Sek.	$\approx$ 2 Sek.

Tabelle 5.7.: Laufzeit des Operators ccollectquery beim Lesen einer leeren Relation.

5.2.11. Verteilter Join – Die robuste Variante

Mit DISTRIBUTED SECONDO ist es nun möglich, den zu Anfang dieses Kapitels vorgestellten verteilten Join zu wiederholen. Die robuste, durch DISTRIBUTED SECONDO ausgeführte Variante, weist die beschriebenen Probleme nicht mehr auf. Der Ablauf des Joins ist in Listing 5.3 dargestellt.

In den Zeilen 8 und 9 werden zunächst in SECONDO zwei Relationen erzeugt, welche durch den Join vereinigt werden sollen. In den Zeilen 16 und 17 werden beide Relationen in Cassandra, gemäß des Join-Attributs, partitioniert abgespeichert. In den Zeilen 20 bis 22 werden die von DISTRIBUTED SECONDO auszuführenden SECONDO-Abfragen in Cassandra abgespeichert. In Zeile 25 wird auf die vollständige Ausführung der zweiten Abfrage (den Join) gewartet. In Zeile 28 wird letztendlich das Ergebnis der Berechnung in SECONDO importiert.

[7] Es ist die Laufzeit des Befehls »`query ccollectquery('127.0.0.1', 'keyspace_r3', 'relationj12', 'ONE', 2) count;`« zu sehen. Durch den Befehl wurde die Ergebnisrelation eines verteilten Joins mit der Größe von 0 Tupeln importiert.

Listing 5.3: Verteilter Join – Robuste Variante

```
1 # Anlegen von zwei Relationen mit 1.000.000 Tupeln
2 # Die Relationen weisen unter einem Join eine Selektivität von
3 # 0.001 auf 1.000.000 * 1.000.000 * 0.001 = 1.000.000.000
      Tupel
4 let relation1 = intstream(1, 1000000) transformstream extend[N
      : randint(1000)] project[N] consume;
5 let relation2 = intstream(1, 1000000) transformstream extend[N
      : randint(1000)] project[N] consume;
6
7 # Verteilen der Relationen
8 query relation1 feed cspread['127.0.0.1', 'keyspace_r3', '
      relation1', 'ONE', 'node1', N];
9 query relation2 feed cspread['127.0.0.1', 'keyspace_r3', '
      relation2', 'ONE', 'node1', N];
10
11 # Erzeugen eines globalen Ausführungsplanes
12 query cqueryexecute('127.0.0.1', 'keyspace_r3', 1, 'open
      database opt;');
13
14 query cqueryexecute('127.0.0.1', 'keyspace_r3', 2, <text>query
       ccollectrange('__CASSANDRAIP__', '__KEYSPACE__', '
      relation1', 'ONE',__TOKENRANGE__) {r1} ccollectrange('
      __CASSANDRAIP__', '__KEYSPACE__', 'relation2', 'ONE',
      __TOKENRANGE__) {r2} itHashJoin[N_r1, N_r2] cspread['
      __CASSANDRAIP__', '__KEYSPACE__', 'relationj12', 'ONE', '
      __QUERYUUID__', N_r1];</text--->);
15
16 # Warten auf Beendigung der Abfrage mit der ID 2
17 query cquerywait('127.0.0.1', 'keyspace_r3', 2);
18
19 # Einsammeln der Ergebnisrelation
20 query ccollectquery('127.0.0.1', 'keyspace_r3', 'relationj12',
       'ONE', 2) consume;
```

6. Fallstudien

In diesem Kapitel werden drei Fallstudien vorgestellt, in welchen die in dieser Arbeit entwickelten Komponenten eingesetzt werden. Die erste Fallstudie beschäftigt sich mit der Aufzeichnung und Auswertung von Positionsdaten mehrerer GPS-Empfänger. Die zweite Fallstudie beschäftigt sich mit der Analyse des Logfiles eines Webservers. In der dritten Fallstudie wird ein Join mit räumlichen (*spatial*) Daten parallelisiert.

6.1. Verarbeiten von Positionsdaten

GPS-Empfänger (*Global Positioning System*) errechnen aus der Position mehrerer Satelliten ihre eigene Position. Das Aufzeichnen der von GPS-Empfängern gelieferten Koordinaten ist für Anwendungen in der Geo-Informatik interessant. Mit den aufgezeichneten Koordinaten kann nachträglich die Bewegung eines Objektes untersucht werden. Das erweiterbare DBMS SECONDO bietet viele Algorithmen an, solche Daten zu untersuchen und auszuwerten. Für eine Analyse der Daten müssen die Koordinaten zunächst in den SECONDO-Datentyp `point` umgewandelt werden. Mehrere Koordinaten vom Typ `point` lassen sich zusammen mit dem Zeitpunkt, an dem sie besucht wurden, zu einem Weg zusammenfassen. Diese Wege werden in SECONDO mit dem Datentyp `mpoint` (*Moving Point*) beschrieben. Abstände zwischen einem `point` und einem `mpoint` werden in SECONDO durch den Datentyp `mreal` repräsentiert.

6.1.1. Problemstellung

Die von mehreren GPS-Empfängern gelieferten Koordinaten sollen in einer Datenbank abgespeichert und anschließend ausgewertet werden. Es wird angenommen, dass der Datenstrom der gelieferten Koordinaten die Ressourcen eines einzelnen Systems überschreitet. Ein einzelnes System ist somit nicht in der Lage, alle gelieferten Koordinaten schnell genug zu verarbeiten. Auch benötigt die Auswertung der Koordinaten viele Ressourcen.

In dieser Fallstudie sollen die empfangenen Koordinaten zu Wegen zusammengefasst werden. Dies entspricht der Umwandlung von mehreren `points` in einen `mpoint`. Für diese Wege soll anschließend der Abstand zu einer bestimmten Koordinate berechnet werden. Diese Berechnung kann auf einem einzelnen System sehr lange dauern und soll somit beschleunigt werden.

6.1.2. Lösungsmöglichkeit

In der Problemstellung wurden zwei Probleme identifiziert, welche nun gelöst werden sollen. Zum einen soll die Aufzeichnung der Koordinaten von mehreren Systemen erledigt werden. Zum anderen soll auch die Analyse der Koordinaten durch Einsatz von mehreren Systemen parallelisiert werden.

In dieser Fallstudie wird davon ausgegangen, dass die Positionsdaten der GPS-Empfänger über ein Netzwerk abgefragt werden können. Über den Port 20 000 stellen die GPS-Empfänger die aktuellen Koordinaten in dem Format `<Breitengrad>, <Längengrad>` bereit.

Beispielsweise »`52.519903, 13.409153`« für die Koordinaten des Alexanderplatzes in Berlin. Die Abfrage der GPS-Empfänger und das Umwandeln der gelieferten Koordinaten in ein bestimmtes Format übernimmt ein Konverter. Dieser Konverter wird im folgenden Abschnitt genauer vorgestellt. Der Aufbau des gesamten Systems ist in Abbildung 6.1 schematisch dargestellt.

Konverter

Es wird ein Konverter eingesetzt, welcher die Koordinaten von den verschiedenen GPS-Empfängern ausliest und umwandelt. In Listing 6.1 ist der Konverter in Pseudocode abgedruckt[1]. Dieser fragt bei den in der Variable `gpsEmpfänger` spezifizierten GPS-Empfängern die Koordinaten ab und bringt diese in ein für SECONDO lesbares Format. Diese Koordinaten werden anschließend über einen weiteren Netzwerksocket an den Loadbalancer gesendet.

Der Konverter wandelt die gelesenen Koordinaten in das CSV-Format um und fügt zudem die ID des GPS-Empfängers, sowie die aktuelle Zeit,

[1] In diesem Beispiel wird mit einem Datenkonverter in Pseudocode gearbeitet. In der folgenden Fallstudie wird ein Konverter in der Programmiersprache *Perl* implementiert.

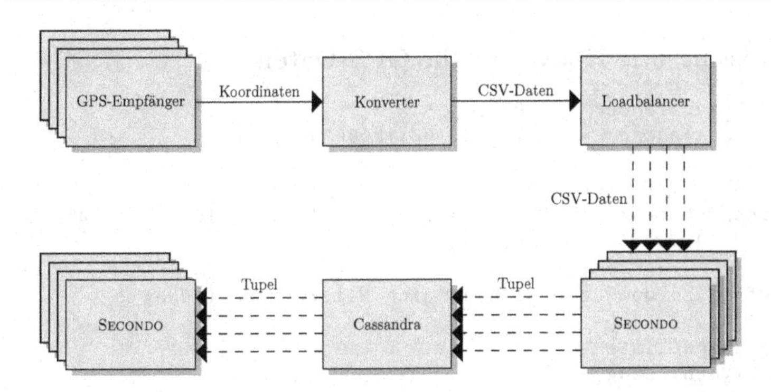

Abbildung 6.1.: Ein System zum Verarbeiten von Positionsdaten. Der Konverter fragt die Koordinaten von den GPS-Empfängern ab, konvertiert diese nach CSV und übergibt sie dem Loadbalancer. Der Loadbalancer sendet die empfangenen Daten an mehrere SECONDO-Server. Die SECONDO-Server nehmen die Daten entgegen und wandeln diese in Tupel um. Diese Tupel werden in Cassandra abgelegt. Die in Cassandra abgelegten Daten können wiederum von anderen SECONDO-Servern ausgewertet werden.

hinzu. Anhand der ID lassen sich später die Koordinaten eines GPS-Empfängers zu Wegen zusammenfassen. Die Zeit wird in dem Format `Jahr-Monat-Tag-Stunde:Minute:Sekunde.Millisekunde` angegeben. Die vom Konverter an den Loadbalancer übertragenen Daten haben somit das Format:

```
<GPS-Empfänger>,<Zeit>,<Breitengrad>,<Längengrad>
```
(6.1)

Beispiel: Der Konverter konvertiert einen vom GPS-Empfänger gelesenen String (Codeblock 6.2) in einen String im CSV-Format (Codeblock 6.3), welcher an den Loadbalancer geschickt wird:

Eingabe:

```
52.519903,13.409153
```
(6.2)

Ausgabe:

```
4711,2014-01-01-10:10:00.000,52.519903,13.409153
```
(6.3)

Listing 6.1: Konverter für GPS-Daten

```
1 # Loadbalancer <IP:Port>
2 loadbalancer := "192.168.100:10000"
3
4 # GPS Empfänger <IP:Port>
5 gpsEmpfänger := ("192.168.1.1:20000", "192.168.1.2:20000",
      "192.168.1.3:20000")
6
7 Öffne zu dem Loadbalancer eine Netzwerkverbindung
8
9 # Leere Liste
10 gpsVerbindungen := ()
11
12 Öffne zu jedem GPS-Empfänger eine Netzwerk-Verbindung und lege
        diese in gpsVerbindungen ab
13
14 # Hauptschleife - Wird nicht verlassen
15 while (true) {
16    for gpsVerbindung ∈ gpsVerbindungen; do
17       gpsDaten := Lese Kooridinaten von gpsVerbindung
18       csvDaten := Konvertiere gpsDaten ins CSV-Format und füge
              die ID des GPS-Empfängers sowie die aktuelle Zeit
             hinzu
19       sende csvDaten an den Loadbalancer
20    }
21 }
22
23 Schließe alle in gpsVerbindungen abgelegten
      Netzwerkverbindungen
24 Schließe Netzwerkverbindung zum Loadbalancer
```

Loadbalancer

Der Loadbalancer wird mit folgendem Befehl gestartet, um die Daten zu verteilen:

```
./loadbalancer -p 10000 -m qbts -s $nodeip:$port -r true
```
(6.4)

Der Loadbalancer nimmt die Daten auf dem Port 10 000 entgegen. Entsprechend den zur Verfügung stehenden SECONDO-Servern müssen die Platzhalter `$nodeip` und `$port` durch konkrete Werte ersetzt werden. Als Verteilungsstrategie wird *QBTS* eingesetzt, da diese Strategie in den Experimenten die besten Ergebnisse erzielte (siehe Abschnitt 7.4 auf Seite 160).

SECONDO

Auf den SECONDO-Instanzen wird folgende Abfrage ausgeführt um die vom Loadbalancer empfangenden Daten in Tupel zu konvertieren und diese in Cassandra abzulegen. Der Platzhalter `$node` wird durch den Hostnamen des jeweiligen SECONDO-Systems ersetzt.

```
query [ const rel(tuple([GPSReciver: string, Time string,
    Lat : real, Lon: real])) value() ] csvimport
    ['tcp://10000', 0, ""] cspread['127.0.0.1',
    'keyspace', 'gpsdata', 'ONE', '$node', GPSReciver];
```
(6.5)

Der Operator `csvimport` nimmt auf Port 10 000 die CSV-Zeilen entgegen und wandelt diese in Tupel um. Diese Tupel werden an den Operator `cspread` übergeben. Durch diesen Operator werden die Tupel in Cassandra, partitioniert nach dem Attribut `GPSReciver`, in der Tabelle `gpsdata` abgelegt.

6.1.3. Analyse der Koordinaten

Die in Cassandra gespeicherten Koordinaten sollen nun ausgewertet werden. Dazu werden die Koordinaten zunächst in den Datentyp `point` umgewandelt. Anschließend werden die einzelnen Punkte (Points) der GPS-Empfänger jeweils zu einem Weg (`mpoint`) zusammengefasst. Dies wird durch den Operator `approximate` erledigt. Neben einem Strom von Zeitangaben und Koordinaten vom Typ `point` nimmt dieser Operator noch einen weiteren Parameter entgegen. Dieser beschreibt, wie groß der zeitliche Abstand zwischen zwei Punkten maximal sein darf, um diese durch einen Weg zu verbinden. In diesem Beispiel sind es 300 000 ms (= 5 Minuten).

Anschließend wird, mittels des Operators `distance`, der Abstand des Weges zu einem gegebenen Punkt berechnet. In diesem Beispiel der Abstand zum Mehringdamm in Berlin.

Die nicht parallele Lösung: Im Listing 6.2 wird zunächst die Analyse nur auf einem Computer durchgeführt. Im nachfolgenden Abschnitt werden diese Abfragen dann parallelisiert und durch DISTRIBUTED SECONDO auf mehreren Systemen zur Ausführung gebracht.

Listing 6.2: Auswertung von GPS-Daten

```
1 # Auslesen aller Koordinaten aus Cassandra und Erstellen von
     Wegen:
2 let Trips = ccollect['127.0.0.1', 'keyspace', 'gpsdata', 'ONE
     '] feed extend [I: str2instant(.Time), P: makepoint(.Lon,
     .Lat)] sortby[GPSReciver asc, Time asc] groupby[GPSReciver
     ; Trip: group feed approximate[I, P, [const duration value
      (0  300000)]] ] consume;
3
4 # Anlegen des Punktes zu dem die Entfernung berechnet werden
     soll:
5 let Mehringdamm = point(52.491083 13.386768);
6
7 # Berechnen der Entfernung zu diesem Punkt:
8 let TripsDistance = Trips feed extend [Dist: distance (.Trip,
     Mehringdamm)] consume;
```

Die parallele Lösung: Die im letzten Abschnitt ausgeführten Abfragen werden nun mit Hilfe von Distributed Secondo parallelisiert. Die dazu nötigen Abfragen sind im Listing 6.3 dargestellt. Diese Abfragen werden auf dem Management-System von Distributed Secondo eingegeben. Auf dieses System wird anschließend auch das Ergebnis der Auswertung kopiert.

Zunächst wird in den Zeilen 1–9 ein Ausführungsplan für Distributed Secondo angelegt. Der Ausführungplan sorgt dafür, dass drei Abfragen verteilt ausgeführt werden:

(i) Die erste Abfrage in Zeile 3 öffnet auf allen Systemen die Datenbank `opt`.

(ii) Die zweite Abfrage in Zeile 6 legt auf allen Systemen einen Punkt mit dem Bezeichner `Mehringdamm` an.

(iii) Die dritte Abfrage in Zeile 9 lädt die Koordinaten herunter, wandelt diese in Wege um, berechnet deren Abstand zum angegebenen Punkt und speichert das Ergebnis wieder in Cassandra.

Auf das Zwischenspeichern von Daten wird in diesem Fall verzichtet. Grund hierfür ist, dass eine Zuweisung in der Form »`let Bezeichner = ...`« in Distributed Secondo problematisch ist, sofern der Platzhalter `__TOKENRANGE__` verwendet wird. Wie in Abschnitt 5.2.3

Listing 6.3: Verteilte Auswertung der GPS-Daten

```
1 # Erzeugen eines globalen Ausführungsplanes
2 # 1) Öffnen der Datenbank
3 query cqueryexecute('127.0.0.1', 'keyspace', 1, 'open database
      opt;');
4
5 # 2) Anlegen des Punktes
6 query cqueryexecute('127.0.0.1', 'keyspace', 2, 'let
     Mehringdamm = point(52.491083 13.386768);');
7
8 # 3) Herunterladen, Auswerten und Zurückschreiben der GPS-
     Daten
9 query cqueryexecute('127.0.0.1', 'keyspace', 3, <text>query
     ccollectrange('__CASSANDRAIP__', '__KEYSPACE__', 'gpsdata
     ', 'ONE',__TOKENRANGE__) feed extend [I: str2instant(.Time
     ), P: makepoint(.Lon, .Lat)] sortby[GPSReciver asc, Time
     asc] groupby[GPSReciver ; Trip: group feed approximate[I,
     P, [const duration value (0  300000)]] ] extend [Dist:
     distance (.Trip, Mehringdamm)] cspread['__CASSANDRAIP__',
     '__KEYSPACE__', 'TripsDistrance', 'ONE', '__QUERYUUID__',
     GPSReciver];</text--->);
10
11 # Warten auf Beendigung der Abfrage mit der ID 3
12 query cquerywait('127.0.0.1', 'keyspace', 3);
13
14 # Einsammeln der Ergebnisrelation
15 let TripsDistance = ccollectquery('127.0.0.1', 'keyspace', '
     TripsDistance', 'ONE', 3);
```

auf Seite 102 beschrieben, werden derartige Abfragen mehrfach auf einem Knoten zur Ausführung gebracht.

Die erste Zuweisung wird korrekt vorgenommen. Danach ist der Bezeichner belegt und beim erneuten Ausführen der Abfrage meldet SECONDO den Fehler »`Secondo: Identifier already used`« und nimmt keine erneute Zuweisung vor.

Anschließend wird auf dem Management-System auf die vollständige Ausführung der DISTRIBUTED SECONDO-Abfrage mit der ID 3 gewartet (Zeile 12). Danach wird die in Cassandra hinterlegte Ergebnis-Relation mit dem Namen `TripsDistance` auf das lokale System kopiert (Zeile 15).

6.2. Analyse des Logfiles eines Webservers

Heutzutage machen viele Unternehmen im Internet Werbung für ihre Produkte. Dazu werden Werbemittel wie Banner auf Webseiten platziert. Diese sollen über die eigenen Produkte und Dienstleitungen informieren. Klickt ein Besucher diese Werbemittel an, so wird er auf eine Webseite mit weiteren Informationen weitergeleitet. Dies ist in Abbildung 6.2 schematisch dargestellt.

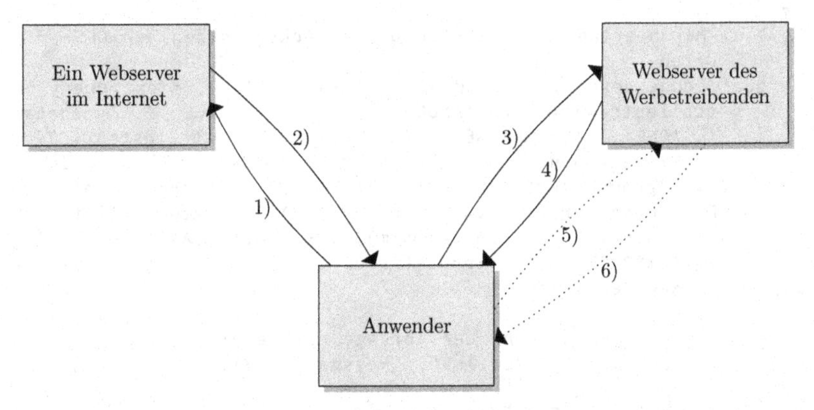

Abbildung 6.2.: Einbinden von Werbemitteln auf Webseiten. (1) Ein Anwender ruft mit seinem Webbrowser eine Webseite von einem Webserver im Internet ab. (2) Der Webserver liefert den HTML-Code der Webseite aus. (3) Der Webbrowser des Anwenders analysiert den HTML-Code der Webseite und lädt u. A. fehlende Bilder nach. (4) Der Webserver des Werbetreibenden liefert den zur Webseite passenden Werbebanner aus. (5) Der Anwender klickt auf den Werbebanner. Der Webbrowser ruft die Webseite mit Produktinformationen auf. (6) Der Webserver des Werbetreibenden liefert die passende Webseite aus.

6.2.1. Problemstellung

Der Werbetreibende benötigt Informationen darüber, welcher Werbebanner wie oft angezeigt worden ist. Ebenfalls soll festgestellt werden, wie oft der Werbebanner angeklickt worden ist. Diese Informationen können dazu verwendet werden, um Webseitenbetreiber für das Einblenden des Werbemittels zu entlohnen. Zudem dienen diese Informationen der Auswertung, wie erfolgreich ein Werbebanner ist.

Um das folgende Beispiel übersichtlich zu halten, wird davon ausgegangen, dass ein Werbebanner nur auf einer Webseite angezeigt wird. Soll der gleiche Werbebanner auf mehreren Webseiten angezeigt werden, so wird dieser unter verschiedenen Ressourcennamen wie z. B. `/banner1-webseite1.jpg` und `/banner1-webseite2.jpg` vom Webserver zur Verfügung gestellt. Aus dem Namen des Werbebanners kann so ermittelt werden, auf welcher Webseite dieser angezeigt wurde.

Die Werbebanner werden vielen Webseitenbesuchern angezeigt. Es entstehen viele Datensätze über den Aufruf des Werbebanners, welche in das genutzte DBMS eingefügt werden. Hierbei kann es zu einem Problem kommen: Reicht die Leistung eines DBMS nicht mehr aus, um die eingehenden Daten zu speichern, müssen Wege gefunden werden, die Verarbeitung dieser Daten über mehrere Systeme zu verteilen. Diese Aufgabe kann von den in dieser Arbeit entwickelten Komponenten übernommen werden.

6.2.2. Lösungsmöglichkeit

In dieser Fallstudie wird ein Webserver eingesetzt, welcher zwei Dokumente (*Ressourcen*) bereitstellt. Diese Ressourcen sind in Tabelle 6.1 beschrieben. Der Webserver ist unter dem Hostnamen `domainname-des-webservers.tld` im Internet erreichbar. Die Ressource `/banner1.jpg` lässt sich somit über die URL `http://domainname-des-webservers.tld/banner1.jpg` ansprechen. Auf den Webseiten, auf welchen der Werbebanner angezeigt werden soll, kann dieser durch folgenden HTML-Code eingebunden werden:

```
<a href="http://domainname-des-webservers.tld/produktwebseite1.html“>
    <img src="http://domainname-des-webservers.tld/banner1.jpg“>        (6.6)
</a>
```

Webseiten, welche diesen HTML-Code einbinden, zeigen das Bild an, welches unter der URL `http://domainname-des-webservers.tld/banner1.jpg` zu finden ist. Dieses Bild ist in einen Link eingebettet. Bei einem Klick auf den Link wird der Benutzer auf die Webseite mit der URL `http://domainname-des-webservers.tld/produktwebseite1.html` weitergeleitet.

Ressource	Beschreibung
/banner1.jpg	Ein Werbebanner welcher das Produkt *Produkt 1* bewirbt.
/produktwebseite1.html	Ein Webseite welche über das Produkt *Produkt 1* informiert.

Tabelle 6.1.: Vom Webserver bereitgestellte Ressourcen.

Das Abrufen des Bildes sowie das Anklicken des Links werden im Zugriffslogfile des Webservers vermerkt. Aus diesem Logfile lässt sich ermitteln, wie oft ein Werbebanner angezeigt und angeklickt worden ist.

Logfile des Apache Webservers

Der populäre Webserver *Apache* [Apa14b] protokolliert alle von ihm ausgelieferten Dokumente in einer Logdatei. In dieser Logdatei werden neben der IP-Adresse des Aufrufers auch Informationen wie die Uhrzeit oder die Größe des ausgelieferten Dokuments vermerkt (siehe Listing 6.4). Das Format der Einträge lautet[2]:

```
<IP-Adresse> <-> <Benutzername> <Datum> <Ressource>
    <Status-Code> <Größe der Ressource>
```
(6.7)

Listing 6.4: Logfile des Apache Webservers

```
1 192.168.1.50 - - [12/Aug/2014:12:02:09 +0200] "GET /banner1.
      jpg HTTP/1.1" 200 3620
2 192.168.1.50 - - [12/Aug/2014:12:02:55 +0200] "GET /
      produktwebseite1.html HTTP/1.1" 200 45345
3 192.168.10.4 - - [12/Aug/2014:12:02:56 +0200] "GET /banner1.
      jpg HTTP/1.1" 200 3620
```

Der Webserver legt seine Logeinträge in der Regel in Dateien ab. Es ist jedoch auch möglich, dass er diese direkt einem Programm zu weiteren Auswertung übergibt. Diese Funktion wird in dieser Fallstudie dazu eingesetzt, die relevanten Informationen wie IP-Adresse, Datum und Dokument in das CSV-Format zu konvertieren und SECONDO zur Verfügung zu stellen.

[2]Der Apache Webserver kennt mehrere Formate für Logdateien. In diesem Abschnitt wird das »*Common Log Format*« beschrieben [Apa14a].

Konkret kann dies durch das in Listing 6.5 abgedruckte Perl-Script `logpipe.pl` erledigt werden[3]. Dieses liest die auf der Standard-Eingabe geschriebenen Logmeldungen ein und extrahiert mithilfe eines regulären Ausdruckes die IP-Adresse, die Uhrzeit, sowie die ausgelieferte Ressource.

Die Informationen werden anschließend über einen TCP-Socket an den Loadbalancer gesendet. Das Format der Ausgabe lautet:

```
<IP-Adresse>,<Timestamp>,<Ressource>
```
(6.8)

Beispiel: Das Script `logpipe.pl` konvertiert den von der Standard-Eingabe gelesenen String (Codeblock 6.9) in einen String im CSV-Format (Codeblock 6.10), welcher auf einen Netzwerksocket geschrieben wird.

Eingabe:

```
192.168.1.50 - - [2/Aug/2014:12:02:09 +0200]
  "GET /banner1.jpg HTTP/1.1"200 3620
```
(6.9)

Ausgabe:

```
192.168.1.50,1406973729,/banner1.jpg
```
(6.10)

Empfang und Speichern der Logmeldungen

Das in Listing 6.5 abgedruckte Script konvertiert die vom Apache-Webserver erzeugten Logmeldungen in ein für SECONDO gut zu verarbeitendes Format. Zudem werden die Logmeldungen auf einen Netzwerksocket geschrieben. Von diesem Netzwerksocket kann entweder der Loadbalancer die Daten auf mehrere Systeme verteilen oder der Operator `csvimport` kann die Daten direkt entgegennehmen. Der Einfachheit halber wird in diesem Beispiel auf den Einsatz eines Loadbalancers verzichtet. Ein Beispiel für den Einsatz des Loadbalancers findet sich im vorhergehenden Abschnitt 6.1.

[3] Dieses Script könnte z. B. über die Direktive »`CustomLog |/usr/bin/logpipe.pl`« in die Konfiguration des Webservers eingebunden werden.

Listing 6.5: Konverter für die Logfiles des Webservers

```
1  #!/usr/bin/perl
2
3  use IO::Socket;
4  use Date::Parse qw(str2time);
5
6  # Loadbalancer ip and port
7  my $loadbalancer = "127.0.0.1";
8  my $loadbalancerport = 10000;
9
10 my $sock = new IO::Socket::INET (
11            PeerAddr => $loadbalancer,
12            PeerPort => $loadbalancerport,
13            Proto => 'tcp',
14            );
15
16 die "Could not create socket: $!\n" unless $sock;
17
18 while(<STDIN>){
19         if(/^([\.\d]+) - [\w-]+ \[(.+)\] "GET (.+) HTTP\/1\.1"
               \d+ \d+/) {
20            my $ip = $1;
21            my $date = $2;
22            my $ressource = $3;
23
24            # Convert 12/Aug/2014:12:02:09 +0200 -> Timestmap
25            $date = str2time($date);
26
27            # Convert to CSV
28            my $line = "$ip,$date,$ressource\n";
29            print $sock $line;
30         } else {
31            print "Error: Line does not match regex!\n";
32         }
33 }
34
35 close($sock);
```

Um die Zeilen mit den Logeinträgen von dem Operator csvimport in SECONDO einzulesen, in Tupel zu konvertieren und diese in Cassandra abzulegen, kann folgende Abfrage in SECONDO ausgeführt werden:

```
query [const rel(tuple([IP: string, Timestamp: int,
    Ressource: string])) value() ]
    csvimport['tcp://10000', 0, ""] cspread                    (6.11)
    ['127.0.0.1', 'keyspace', 'access', 'ONE',
    'node1', IP];
```

Analyse der Daten

Die in Cassandra abgelegten Daten können anschließend von einem SECONDO-System ausgewertet werden. Hierzu sind in Listing 6.6 einige Beispiele angegeben.

Listing 6.6: Auswertung der Zugriffe

```
1 # Ermitteln, wie oft der Banner banner1.jpg angezeigt wurde:
2 query ccollect['127.0.0.1', 'keyspace', 'access', 'ONE']
      filter[.Ressource = 'banner1.jpg'] count;
3
4 # Ermitteln, wie oft dieser Banner angeklickt und die Seite
      produktwebseite1.html ausgeliefert wurde:
5 query ccollect['127.0.0.1', 'keyspace', 'access', 'ONE']
      filter[.Ressource = 'produktwebseite1.html'] count;
6
7 # Ermitteln, welche Ressource am häufigsten aufgerufen wurde:
8 query ccollect['127.0.0.1', 'keyspace', 'access', 'ONE']
      groupby[Ressource ; Counter: group feed count] sortby[
      Counter desc] consume;
```

6.3. Partition based spatial merge join

Der *Partition based spatial merge join* (*PBSM-Join*) wird dazu eingesetzt, Regionen aufzufinden, welche sich überlappen (siehe Abbildung 6.3(a)). Liegen die Geodaten über die Straßen und Städte in einem Bereich vor, so können mit dem PBSM-Join alle Straßen aufgefunden werden, welche durch einen bestimmten Ort führen: die Region der Straße überlappt die Region des Ortes.

6.3.1. Problemstellung

In dieser Fallstudie sollen mittels eines PBSM-Joins alle Straßen im Bundesland Nordrhein-Westfalen aufgefunden werden, welche durch ein Waldgebiet führen. Hierbei handelt es sich um ein leicht modifiziertes Beispiel aus [LG13a, S. 25]. Die Befehle zum Import der Geodaten wurden größtenteils unverändert aus [Lu12, S. 9f] entnommen. Diese sind in den Listings E.2 und E.3 auf Seite 231 abgedruckt. Durch die Befehle in den Listings werden Daten des OpenStreetMap-Projektes heruntergeladen und in SECONDO importiert. In Listing E.3 wird ebenfalls der beschriebene PBSM-Join auf einem System durchgeführt. Die Ausführung des PBSM-Joins auf einem System kann sehr lange dauern. Durch Einsatz mehrerer Systeme soll seine Berechnung parallelisiert werden.

Durchführung eines PBSM-Joins auf einem System

Die Berechnung findet in zwei Phasen statt: In der ersten Phase werden die Regionen gemäß ihrer Lage in Gitterzellen einsortiert. In der zweiten Phase wird in jeder Gitterzelle geprüft, welche Regionen sich in dieser überlappen:

- Zu Anfang wird ein Gitter erzeugt (Abbildung 6.3(b)). Hierzu wird in SECONDO der Operator `createCellGrid2D` verwendet. Dieser Operator benötigt fünf Parameter: Die ersten beiden Parameter stellen die X- und Y-Koordinaten dar, bei denen das Gitter beginnen soll. Die nächsten beiden Parameter legen fest, wie groß die Zellen in dem Gitter werden sollen. Der letzte Parameter spezifiziert, wie viele Zellen auf der X-Achse angelegt werden sollen [LG13a, S. 27].

- Anschließend wird für jede Regionen die zugehörige Bounding-Box mittels des Operators `bbox` berechnet.

- Über den Operator `cellnumber` kann nun festgestellt werden, in welchen Gitterzellen eine Regionen liegt (Abbildung 6.3(c)). Der Operator benötigt dazu die Regionen, sowie die Definition des Gitters.

- Sind die Regionen auf das Gitter verteilt worden, kann nun in jeder Gitterzelle geprüft werden, welche Regionen sich in dieser überlappen. Für das Verarbeiten der Gitterzellen wird der Operator `parajoin2` genutzt. Dieser nimmt zwei Tupelstöme mit Zellen entgegen. Der Operator führt für gleiche Zellen in den Strömen jeweils eine Funktion aus. Wichtig ist, dass die Zellen in beiden Tupelströmen sortiert vorliegen.

- In der Funktion des Operators `parajoin2` wird versucht, mit Hilfe des Operators `symmjoin` das Kreuzprodukt der beiden Tupelströme für eine Gitterzelle zu bilden. Der Operator `symmjoin` prüft vor der Kombination von zwei Tupeln mit Hilfe einer Funktion, ob diese Tupel miteinander kombiniert werden dürfen oder nicht.

- Zunächst wird in der Funktion des Operators `symmjoin` mittels des Operators `intersects` geprüft, ob sich zwei Regionen wirklich schneiden. Nur wenn dies der Fall ist, dürfen diese Tupel vom Operator `symmjoin` vereinigt werden.

- Es kommt vor, dass sich zwei Regionen in zwei oder mehr Gitterzellen schneiden (Abbildung 6.3(d)). Würden alle Schnitte in das Ergebnis aufgenommen, so würde dies Duplikate aufweisen. Dies wird durch den Operator `gridintersects` verhindert. Dieser nimmt als Parameter die Definition des Gitters, zwei Regionen und die ID einer Gitterzelle entgegen. Auf den Gitterzellen ist eine Ordnung definiert. Der Operator prüft, ob die Regionen sich auch in anderen, kleineren Gitterzellen überlappen. Ist dies der Fall, liefert der Operator `false` zurück. Ist die übergebene Gitterzelle die kleinste, in der sich die Regionen überlappen, wird `true` zurückgeliefert.

  In Abbildung 6.3(d) würde der Operator für den Schnitt der Regionen B und C nur für eine Gitterzelle `true` zurückliefern. Welche Gitterzelle dies konkret ist, hängt von der auf den Gitterzellen definierten Ordnung ab. Für den Schnitt in allen anderen Gitterzellen liefert der Operator `false` zurück. Dieser Operator wird ebenfalls in der Funktion des Operators `symmjoin` angewendet, um Duplikate auszufiltern.

6.3.2. Lösungsmöglichkeit

Der auf einem System durchgeführte PBSM-Join kann durch DISTRIBUTED SECONDO parallelisiert werden. Die Regionen werden dazu im logischen Ring von Cassandra so abgelegt, dass sich gleiche Gitterzellen an der gleichen Position befinden (siehe Abbildung 6.4). DISTRIBUTED SECONDO kann so den logischen Ring parallel mit mehreren Knoten durchlaufen und

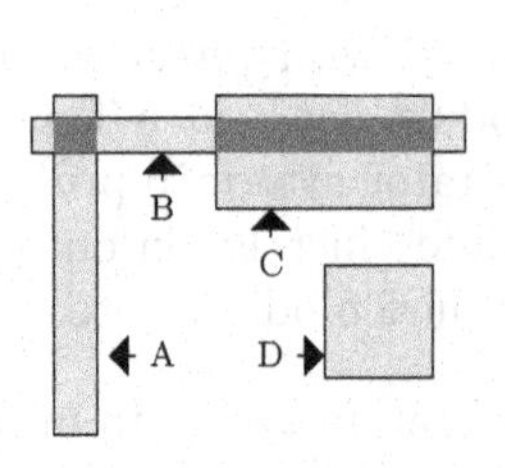

(a) Vier Regionen: A, B, C, D.

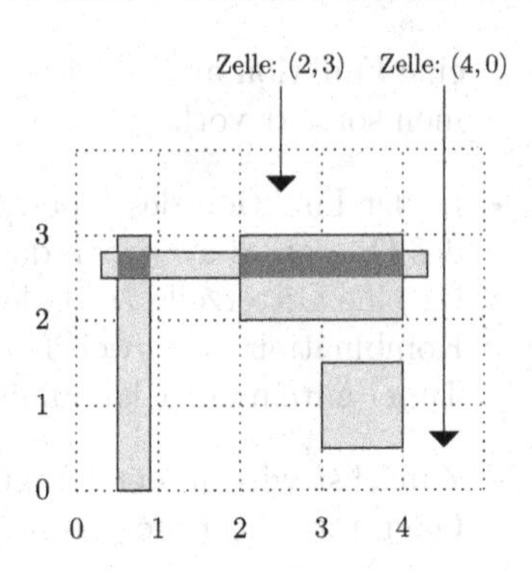

(b) Vier Regionen überlagert von einem Gitter.

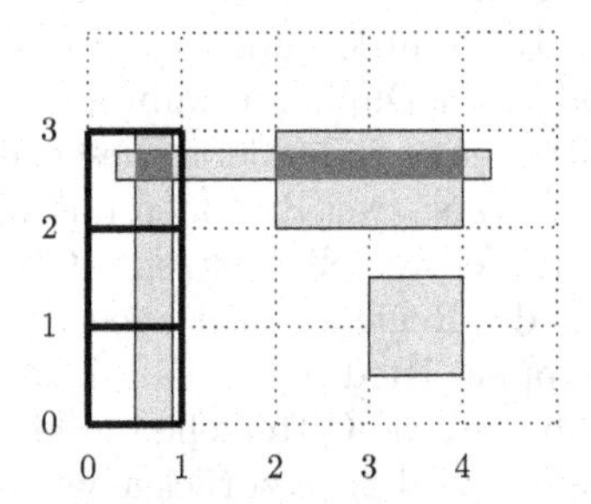

(c) Die Regionen A liegt in den Zellen: $(0,0)$, $(0,1)$ und $(0,2)$.

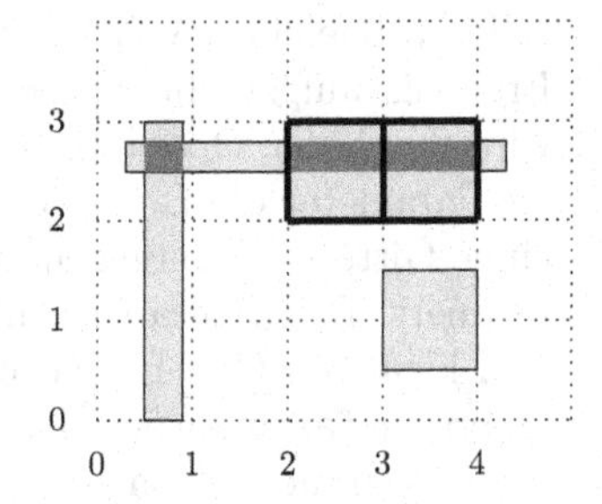

(d) Die Regionen B und C scheiden sich in den Zellen: $(2,2)$ und $(3,2)$.

Abbildung 6.3.: Vier Regionen und ihre Schnittpunkte. Die dunkelgrauen Flächen stellen die Schnittpunkte der Regionen dar.

die Regionen der Gitterzellen verarbeiten. Dazu muss auf allen Knoten die Definition des Gitters vorliegen.

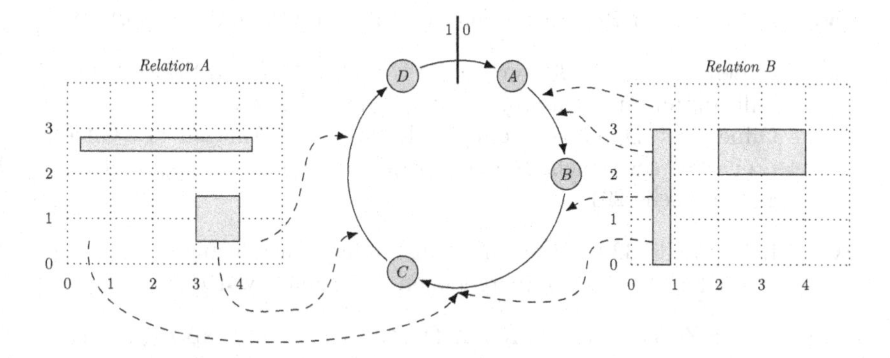

Abbildung 6.4.: Ablage zweier Relationen mit Regionen in Cassandra. Die Regionen sind, partitioniert nach ihrer Lage in einem Gitter, gespeichert. Für den Inhalt einiger Zellen ist die mögliche Lage im logischen Ring von Cassandra eingezeichnet. Die restlichen Zellen werden analog gespeichert. Zellen mit gleicher Nummer werden an der gleichen Stelle im logischen Ring abgelegt.

Der Ablauf des verteilten Joins ist in Listing E.4 auf Seite 232 dargestellt. Für den Join werden größtenteils die im letzten Abschnitt vorgestellten Operatoren verwendet. Der verteilte Join besteht aus drei Phasen: (*i*) In der ersten Phase werden die Daten des Open-Street-Map-Projekts in SECONDO importiert und anschließend in Cassandra exportiert. (*ii*) In der zweiten Phase werden die Daten von DISTRIBUTED SECONDO verarbeitet. (*iii*) Zuletzt wird das Ergebnis aus Cassandra wieder in SECONDO importiert.

Detaillierter Ablauf der parallelen Auswertung:

(i) In den Zeilen 1 – 6 des Listings E.4 werden die zu verarbeitenden Daten in SECONDO importiert.

(ii) In der Zeile 9 wird das Gitter für den Partition based spatial merge join angelegt.

(iii) In den Zeilen 11 – 14 werden die importierten Daten auf das Gitter verteilt.

(iv) In den Zeilen 16 – 19 werden die Daten in Cassandra exportiert.

(v) In den Zeilen 21 – 30 werden die von DISTRIBUTED SECONDO verteilt auszuführenden Abfragen festgelegt. Diese bestehen aus dem Öffnen der Datenbank `opt` (Zeile 23), dem Anlegen des Gitters (Zeile 26) sowie dem Ausführen des Partition based spatial merge join (Zeile 29).

(vi) In der Zeile 32 wird auf die vollständige Ausführung der an DISTRIBUTED SECONDO übergebenen Abfragen gewartet.

(vii) In der Zeile 35 wird das von DISTRIBUTED SECONDO berechnete Ergebnis wieder in SECONDO importiert. Hierzu werden die von der Abfrage mit der ID 3 erzeugten Tupel in der Cassandra-Relation *JoinedRF* ausgelesen.

(viii) In der Zeile 38 wird die Anzahl der Ergebnistupel berechnet und ausgegeben.

6.4. Zusammenfassung

In den drei Fallstudien in diesem Kapitel wurden mehrere Einsatzgebiete von DISTRIBUTED SECONDO vorgestellt. Es wurden Daten von mehreren GPS-Empfängern gespeichert und analysiert, die Logdateien eines Webservers wurden ausgewertet und der Algorithmus Partition based spatial merge join wurde parallelisiert.

Dadurch, dass DISTRIBUTED SECONDO nicht an die Verarbeitung bestimmter Datentypen gebunden ist, ist es vielseitig einsetzbar. Alle von SECONDO unterstützten Datentypen und Operatoren stehen auch in DISTRIBUTED SECONDO zur Verfügung.

Lediglich der Loadbalancer und der Operator `csvimport` erwarten, dass Daten im CSV-Format vorliegen. In den ersten beiden Fallstudien wurden Scripte geschrieben, um Daten einzusammeln und diese in das CSV-Format zu konvertieren. Der erste Konverter aus dem Listing 6.3 wurde abstrakt in Pseudocode beschreiben. Der zweite Konverter aus Listing 6.5 wurde konkret in Perl implementiert.

7. Experimente

Es wurden Experimente durchgeführt, um das Verhalten der entwickelten Komponenten zu untersuchen. Diese Experimente werden im Folgenden vorgestellt. In den ersten Abschnitten dieses Kapitels wird die Umgebung der Experimente beschrieben. Anschließend werden Experimente zum Verarbeiten von Tupelströmen vorgestellt. In den letzten Abschnitten dieses Kapitels finden sich Experimente zur verteilten Abfrageauswertung.

7.1. Umgebung

Die folgenden Experimente wurden alle auf einem Cluster am Lehrgebiet Datenbanksysteme für neue Anwendungen der FernUniversität in Hagen durchgeführt. Das Lehrgebiet besitzt einen Cluster, welcher aus sechs Systemen (Knoten) besteht. Der Aufbau des Clusters ist in der Abbildung 7.1 dargestellt.

7.1.1. Grundlegendes zu den Experimenten

Alle Experimente wurden, sofern nicht anders beschrieben, jeweils 20 mal durchgeführt. In den Diagrammen zu den Experimenten ist die Laufzeit auf der Y-Achse abgetragen, die Nummer des jeweiligen Experiments auf der X-Achse. Das mehrfache Ausführen eines Experiments und das Vermerken der Laufzeit wurden durch ein Script automatisiert. Dieses Script ist im Listing G.5 auf Seite 274 abgedruckt.

Genutzte Keyspaces

Um die Laufzeit von Operatoren zu messen, wurden in Cassandra mehrere Keyspaces mit unterschiedlichen Replikationsfaktoren angelegt[1]. Als

[1]Das Anlegen der Keyspaces wurde durch folgenden CQL-Befehl vorgenommen: »`CREATE KEYSPACE keyspace_r`*N*` WITH {replication = 'class': 'SimpleStrategy', 'replication_factor': `*N*`};`«.

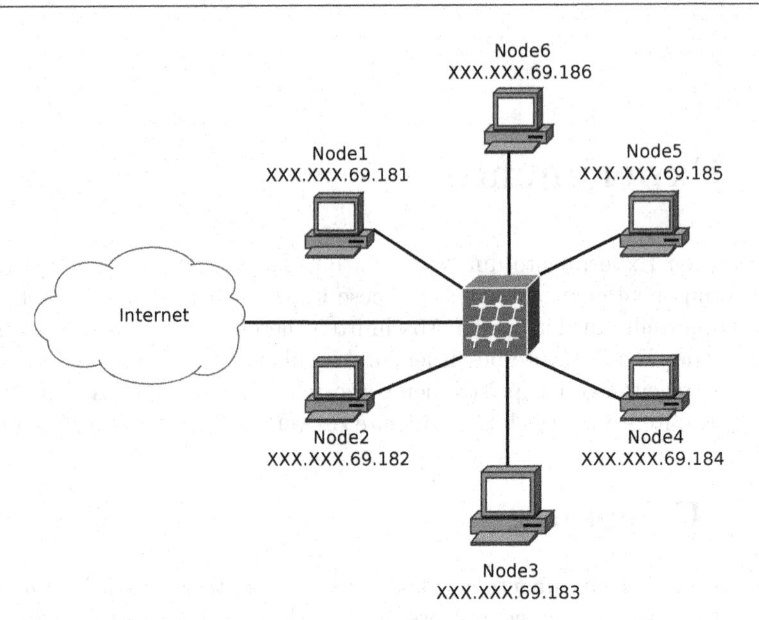

Abbildung 7.1.: Cluster am Lehrgebiet Datenbanksysteme für neue Anwendungen der FernUniversität in Hagen. Die sechs Knoten (Nodes) des Clusters sind über einen Gigabit Ethernet Switch miteinander vernetzt. Über dieses Netzwerk sind die Knoten ebenfalls an das Internet angebunden. Unter dem Namen ist die IP-Adresse des jeweiligen Knotens angegeben.

Platzierungsstrategie für Replikate kommt in allen Keyspaces die *SimpleStrategy* zum Einsatz[2]. Eine Übersicht über die erstellten Keyspaces findet sich in Tabelle 7.1.

7.1.2. Hardware des Clusters

Jeder Knoten des Clusters besitzt einen *AMD Phenom II X6 1055T* Prozessor. In jedem Knoten sind jeweils zwei Festplatten mit 500 GB Speicherkapazität vorhanden. Zudem stehen jedem Knoten 8 GB Arbeitsspeicher zur Verfügung. Die erste Festplatte steht unter dem Verzeichnis

[2]Siehe Abschnitt F.2.2 auf Seite 249.

Keyspace	**Replikationsfaktor**	**Platzierungsstrategie für Replikate**
keyspace_r1	1	SimpleStrategy
keyspace_r2	2	SimpleStrategy
keyspace_r3	3	SimpleStrategy
keyspace_r4	4	SimpleStrategy
keyspace_r5	5	SimpleStrategy
keyspace_r6	6	SimpleStrategy

Tabelle 7.1.: Angelegte Keyspaces und ihre Replikationsfaktoren und Platzierungsstrategien für Replikate.

(*Moint-Point*) `/` zur Verfügung, die zweite Festplatte unter dem Verzeichnis `/mnt/diskb`.

Eine Ausnahme von der Konfiguration bildet das System *node1*. In diesem sind Festplatten mit einer Größe von 2 TB verbaut. Zu den 8 GB an physikalischem Arbeitsspeicher stehen zusätzlich 2 GB Auslagerungsspeicher (*Swap-Space*) zur Verfügung. Auf allen andern Systemen steht kein Auslagerungsspeicher zur Verfügung.

Eingesetzte Festplatten

Bei den Festplatten kommen drei unterschiedliche Typen zum Einsatz. In der Tabelle 7.2 sind die Festplatten mit ihrer Modellbezeichnung aufgeführt.

ST3500413AS: Bei diesem Modell [LLC11] handelt es sich um eine 500 GB SATA Festplatte der Baureihe *Barracuda* des Herstellers Seagate. Diese Festplatte besitzt 16 MB Cache und rotiert mit 7 200 Umdrehungen in der Minute.

ST2000NM0033-9ZM: Bei diesem Modell [LLC12] handelt es sich um eine 2 TB SATA Festplatte der Baureihe *Constellation* des Hersteller Seagate. Diese besitzt 128 MB Cache und rotiert mit 7 200 Umdrehungen in der Minute.

WDC WD5000AAKS-0: Bei diesem Modell [WDT12] handelt es sich um eine 500 GB SATA Festplatte der Baureihe *WD Caviar Blue* des Herstellers Western Digital. Diese Festplatte besitzt ebenfalls 16 MB Cache und rotiert mit 7 200 Umdrehungen in der Minute.

Knoten	Festplatte 1	Festplatte 2
1 (alt)	ST3500413AS	ST3500413AS
1 (neu)	ST2000NM0033-9ZM	ST2000NM0033-9ZM
2	WDC WD5000AAKS-0	WDC WD5000AAKS-0
3	WDC WD5000AAKS-0	WDC WD5000AAKS-0
4 (alt)	WDC WD5000AAKS-0	WDC WD5000AAKS-0
4 (neu)	ST3500413AS	WDC WD5000AAKS-0
5	WDC WD5000AAKS-0	WDC WD5000AAKS-0
6	WDC WD5000AAKS-0	WDC WD5000AAKS-0

Tabelle 7.2.: Im Cluster eingesetzte Festplatten. In jedem Knoten sind jeweils zwei Festplatten vorhanden. Die Modelle beider Festplatten sind in dieser Tabelle vermerkt.

Hinweis: Während der Durchführung der Experimente wurden einige Festplatten in dem Cluster ausgetauscht. Die Festplatten in dem System *node1* wurden am 11.07.2014 gegen größere Festplatten mit 2 TB Speicherplatz ersetzt. Die Experimente bis einschließlich Abschnitt 7.4 wurden mit der bis zum 11.07.2014 verfügbaren Hardware durchgeführt. Alle folgenden Experimente wurden mit den neuen Festplatten im System *node1* durchgeführt. Am 17.07.2014 wurde im System *node4* eine defekte Festplatte ausgetauscht. Die Experimente ab dem Abschnitt 7.5.3 wurden mit der neuen Festplatte durchgeführt.

In Kapitel C ab Seite 223 findet sich eine Untersuchung zum Verhalten der im Cluster eingesetzten Festplatten.

7.1.3. Software des Clusters

Auf dem Cluster kommt die Linux-Distribution *Ubuntu* in der Version 10.04 zum Einsatz. Auf den Systemen wird der Linux-Kernel in der Version 2.6.32 eingesetzt. Der GCC steht auf den Systemen in der Verison 4.4.3 zur Verfügung. Java (*OpenJDK*) ist in der Version 6b31-1.13.3 installiert. Die Systeme werden mit der 64 Bit-Version (*AMD64*) von Ubuntu betrieben.

Als Dateisystem kommt auf allen Systemen *Extended 4* (*ext4*) zum Einsatz. Der *Completely fair queuing* (CFQ) IO-Scheduler kommt auf allen Knoten für alle eingesetzten Festplatten zum Einsatz.

Mithilfe von IO-Schedulern kann unter Linux festgelegt werden, wie Zugriffe auf IO-Geräte organisiert werden. Der CFQ-Scheduler versucht, die verfügbare IO-Leistung eines Laufwerkes gleichmäßig auf alle Prozesse aufzuteilen. Abgefragt werden kann der IO-Scheduler für ein Laufwerk mittels des Befehls:

```
cat /sys/block/<laufwerk>/queue/scheduler
```
(7.1)

Das Verzeichnis `/export/homes` ist auf dem System *node1* per NFS freigegeben und auf allen anderen Knoten ebenfalls unter `/export/homes` eingebunden. Das *Heimatverzeichnis* (*Home-Verzeichnis*) aller Benutzer ist somit auf allen Knoten verfügbar.

7.1.4. Zusätzlich installierte Software

Zusätzlich zu der auf den Systemen vorhandenen Software wurde eigene Software installiert. Hierzu gehört SECONDO in der jeweils aktuellsten CVS-Version. SECONDO wurde in dem Heimatverzeichnis des Benutzers `nidzwetzki` installiert. Die Datenbanken von SECONDO wurden in dem Verzeichnis `/opt/psec/nidzwetzki/databases` abgelegt. Durch die NFS-Freigabe ist SECONDO auf allen Knoten verfügbar. Die Datenbanken werden jedoch lokal auf jedem System abgelegt. Jedes System besitzt somit unterschiedliche Datenbanken. Hierdurch kann auf jedem System SECONDO gestartet werden, ohne dass es zu Konflikten beim Zugriff auf die gespeicherten Daten kommt.

Zusätzlich wurde Cassandra in der Version 2.0.7 auf den Knoten installiert. Die von Cassandra gespeicherten Daten befinden sich in dem Verzeichnis `/opt/psec/nidzwetzki/cassandra`. Für den Betrieb von Cassandra ist Java 7 erforderlich. Da in Ubuntu 10.04 nur Java 6 vorhanden ist, wurde im Heimatverzeichnis eine neuere Version von Java installiert. Es handelt hierbei sich um die Version 1.7.0_55-b13 der *Oracle Corporation.*

Für den Zugriff auf Cassandra kam der cpp-driver von DataStax zum Einsatz. Hierfür wurde die GIT-Version mit der ID *19a813409e9a8e19b9 f410668ad1969b28a193a7* benutzt. Zusätzlich wurden die in Abschnitt A auf Seite 217 vorgestellten Änderungen in den Treiber integriert, sofern diese nicht bereits in den offiziellen Quellen des Treibers enthalten sind.

Zudem wurde im Heimatverzeichnis die C++ Bibliothek *Boost* in der Version 1.55 installiert. Die in Ubuntu 10.04 enthaltene Version von Boost

(1.40.0) ist zu alt, um den cpp-driver übersetzen zu können. SECONDO, sowie der cpp-driver, nutzen diese Version von Boost.

Eine Mitschrift der Installation, sowie der durchgeführten Änderungen, findet sich im Listing G.6 auf Seite 276. Dort sind ebenfalls die am Makefile von SECONDO vorgenommenen Veränderungen aufgeführt, welche nötig sind, um SECONDO in dieser Umgebung zu übersetzen.

7.2. Verarbeitung von Datenströmen

In diesem Abschnitt sind Experimente beschrieben, welche sich mit der Verarbeitung von Datenströmen beschäftigen. Hierbei wird hauptsächlich das Verhalten des Operators `csvimport` und des *Loadbalancers* untersucht. Die Testdaten wurden durch den in Abschnitt 3.5 auf Seite 60 beschrieben Lastgenerator erzeugt.

7.2.1. Durchsatz des Operators csvimport

In den folgenden Experimenten wurde der Durchsatz des Operators `csvimport` beim Lesen von Daten über Netzwerksockets untersucht. Hierzu wurde auf dem System *node1* des Clusters der Lastgenerator gestartet. Dieser schickte über das Netzwerk verschiedene Mengen von Zeilen im CSV-Format an das System *node2*. Auf diesem System wurde ein SECONDO-Server gestartet. Die empfangenen Zeilen wurden von dem Operator `csvimport` gelesen und in Tupel umgewandelt. Es wurden pro Zeile fünf Felder mit jeweils 10 Bytes übertragen. Die Datenübertragung erfolgte über den TCP-Port 10 025.

Der Operator `csvimport` kann über die beiden Datenquellenbezeichner `tcp://portnummer` und `tcplb://portnummer/windowsize` mit oder ohne Bestätigung der gelesenen Zeilen arbeiten (siehe Abschnitt 3.3.1 auf Seite 50). Im folgenden Abschnitt wurde das Verhalten des Operators ohne das Versenden von Bestätigungen untersucht. Im darauf folgenden Abschnitt wurde die Größe des Bestätigungsfensters und der Einfluss auf die Verarbeitungsgeschwindigkeit des Operators untersucht.

csvimport – ohne Bestätigung über den Erhalt von Zeilen

Im Rahmen des Experimentes wurde die Zeit für das Verarbeiten der übertragene Zeilen gemessen. Zudem wurde die Anzahl der übertragenen Zeilen verändert. In Abbildung 7.2 sind die Ergebnisse des Experiments dargestellt. In Abbildung 7.2(a) ist die absolute Laufzeit des Experimentes dargestellt; in Abbildung 7.2(b) die Laufzeit pro Zeile.

Durchführung: Das Experiment wurde mit den folgenden Befehlen durchgeführt:

Start des Lastgenerators auf dem System *node1*. Der Platzhalter `$lines` wurde entsprechend der Anzahl der zu erzeugenen Zeilen gesetzt.

```
./load -h node2 -p 10025 -l $lines -d 0 -c 5 -s 1000 -a 0
```
(7.2)

Die ausgeführte SECONDO-Abfrage auf dem System *node2*:

```
query [const rel(tuple([S1: string, S2: string, S3:
    string, S4: string, S5: string])) value() ]
    csvimport['tcp://10025', 0, ""]
    count;
```
(7.3)

Ergebnis: Es ist zu sehen, dass die Laufzeit des Operators von der Menge der zu verarbeitenden Zeilen abhängt. Um so mehr Zeilen gelesen und in Tupel umgewandelt werden müssen, desto höher ist die Laufzeit dieses Operators. Betrachtet man in Abbildung 7.2(b) die Zeit, die notwendig ist, um ein Tupel zu verarbeiten, so ist zu sehen, dass diese unabhängig von der Anzahl der Gesamtzahl der verarbeiteten Zeilen ist.

In Tabelle 7.3 wird die Zeit um 20 000 Zeilen zu Verarbeiten mit der Zeit für 2 000 000 Zeilen verglichen. Zudem ist dort der entsprechende Scaleup-Faktor berechnet. Der dort abgedruckte Scaleup-Faktor wurde mit dem Wert 100 multipliziert, um auszugleichen, dass die Problemgröße um den Faktor 100 vergrößert wurde, nicht jedoch die zur Verfügung stehenden Ressourcen.

csvimport – mit Bestätigung über den Erhalt von Zeilen

In diesem Experiment wurde untersucht, wie sich die Größe des Bestätigungsfensters auf die Laufzeit des Operators `csvimport` auswirkt. Die Größe des Bestätigungsfensters gibt an, nach wie vielen Zeilen der Operator eine Bestätigung über die erfolgreiche Verarbeitung an den Datenlieferanten sendet. Die Bestätigung sorgt dafür, frühzeitig den Ausfall eines Systems zu erkennen und gleichzeitig auch dem Datenlieferanten eine

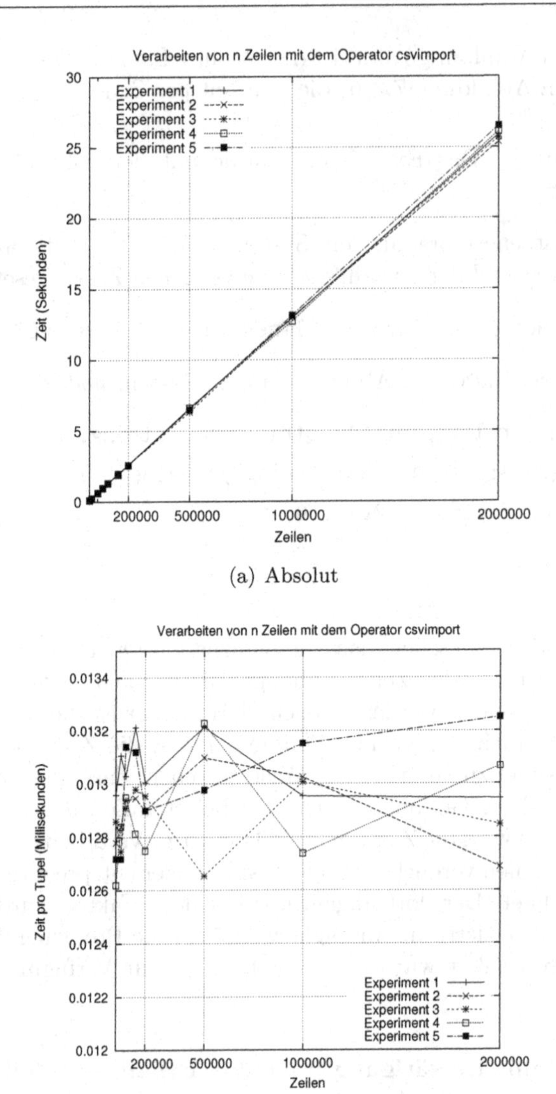

(a) Absolut

(b) pro Zeile

Abbildung 7.2.: Verarbeitungsgeschwindigkeit des Operators csvimport. In Abbildung (a) ist die absolute Laufzeit zu sehen. In Abbildung (b) die Laufzeit pro Zeile.

Experiment	Verarbeiten von n Zeilen (ms)		Scaleup
	n = 20 000	n = 2 000 000	
1	249	25890	≈ 0.962
2	249	25375	≈ 0.981
3	248	25694	≈ 0.965
4	250	26034	≈ 0.960
5	249	25501	≈ 0.976

Tabelle 7.3.: Scaleup Verhalten des Operators csvimport.

Rückmeldung zu geben, wann die Verarbeitung der Daten abgeschlossen ist. Aus dieser Information kann beispielsweise der Loadbalancer die Leistungsfähigkeit eines Systems abschätzen und dem System weniger oder mehr Daten eines Datenstroms zuteilen.

Um die Auswirkung der Fenstergröße auf die Laufzeit des Operators zu untersuchen, wurde ein Datenstrom von 100 000 Zeilen mit dem Operator `csvimport` verarbeitet. Dabei wurde die Fenstergröße von 5 bis 1 000 Zeilen variiert.

Durchführung: Das Experiment wurde mit den folgenden Befehlen durchgeführt:

Start des Lastgenerators auf dem System *node1*. Der Platzhalter `$window` wurde entsprechend der verwendeten Fenstergröße gesetzt.

```
./load -h node2 -p 10025 -l 100000 -d 0 -c 5 -s 10
    -a $window
```
(7.4)

Die ausgeführte SECONDO-Abfrage auf dem System *node2*.

```
query [const rel(tuple([S1: string, S2: string, S3:
    string, S4: string, S5: string])) value() ]
    csvimport['tcplb://10025/$window', 0,
    ""] count;
```
(7.5)

Ergebnis: In diesem Experiment konnte gezeigt werden, dass die Verarbeitungsgeschwindigkeit des Operators abnimmt, je öfter der Erhalt von Zeilen bestätigt werden muss. Dies ist in Abbildung 7.3 zu sehen.

Der Grund hierfür ist, dass keine neuen Zeilen übertragen werden, solange die Bestätigung über den Erhalt der vorhergehenden Zeilen nicht beim Datenlieferanten eingetroffen ist. Das Warten auf die Bestätigung verzögert entsprechend das Übertragen weiterer Zeilen.

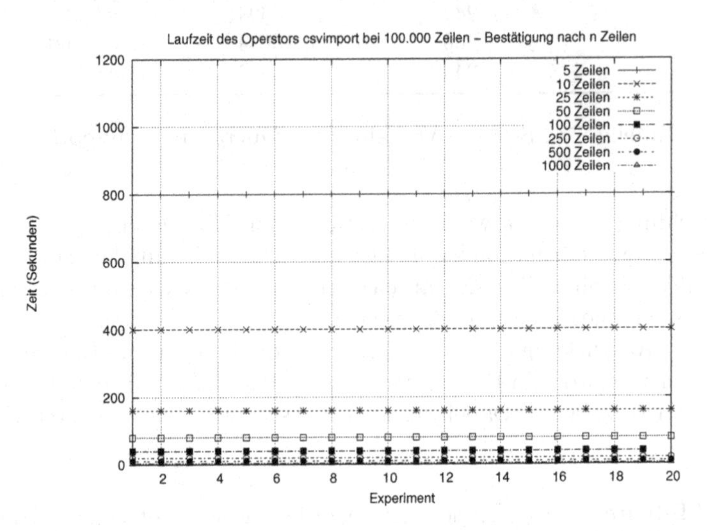

Abbildung 7.3.: Durchsatz des Operators csvimport bei verschiedenen Fenstergrößen.

7.3. Datenstromverarbeitung auf homogenen Systemen

Der entwickelte Loadbalancer kann Datenströme mittels verschiedener Verteilungsstrategien auf Zielserver aufteilen (siehe Abschnitt 3.4 ab Seite 52). In dem folgenden Experiment wurden die im Loadbalancer enthaltenen Verteilungsstrategien genauer untersucht. Ziel dieser Experimente war es, herauszufinden, wie sich das Hinzufügen von zusätzlichen Systemen auf die Verarbeitungsgeschwindigkeit eines Datenstroms auswirkt.

Das Augenmerk liegt in diesem Abschnitt auf der Verteilung von Datenströmen auf gleich schnelle (*homogene*) Systeme. Im Abschnitt 7.4 wird die Verteilung von Datenströmen auf unterschiedlich schnelle (*heterogene*) Systeme behandelt.

In diesem Experiment wurde der Lastgenerator auf dem System *node1* gestartet. Auf dem gleichen System wurde der Loadbalancer gestartet. Dieser verteilte einen vom Lastgenerator erzeugten Datenstrom mit 100 000 Zeilen auf ein bis sechs Zielserver. Die Anzahl der Zielserver variiert zwischen den Experimenten.

Auf den Zielservern wurden die Daten von dem Operator `csvimport` angenommen und in Tupel umgewandelt. Zusätzlich kam in SECONDO der Operator `sleep` zum Einsatz. Dieser Operator sorgt dafür, dass SECONDO auf jedem System 1 ms Verarbeitungszeit pro Tupel benötigt. Alle SECONDO-Systeme verarbeiteten somit die empfangenen Daten in der gleichen Zeit. Der Operator `sleep` simuliert eine Verarbeitungszeit für die empfangenden Daten. Eine gewisse Verarbeitungszeit tritt in üblichen Anwendungen ebenfalls auf. Beispielsweise müssen Tupel verarbeitet und in Cassandra exportiert werden.

Hinweis: In den Experimenten wurde die Zeit gemessen, die der Loadbalancer zwischen dem Weiterleiten der ersten und der letzten Zeile benötigt. Zu beachten ist, dass jede Netzwerkverbindung einen Puffer besitzt.

Auf jedem Knoten im Cluster ist diese standardmäßig $\approx$ 12 KB groß[3]. Mit dem Lastgenerator werden in den folgenden Experimenten Zeilen mit der Länge von $\approx$ 5 KB (5 Spalten mit jeweils 1 000 Zeichen) erzeugt. In dem Netzwerkpuffer können sich somit maximal 3 Zeilen befinden, welche von der Zeitmessung der Experimente nicht erfasst werden. Insgesamt wurden pro Experiment $100\,000 \cdot 5$ KB $\approx$ 490 MB an Daten übertragen.

7.3.1. Durchführung

Für dieses Experiment wurde der Lastgenerator, der Loadbalancer und SECONDO mit folgenden Parametern und Abfragen gestartet:

Der Lastgenerator wurde auf dem System *node1* mit dem folgenden Befehl gestartet:

```
./load -h node1 -p 10000 -l 100000 -d 0 -c 5 -s 1000 -a 0
```
(7.6)

[3]Dies kann unter Linux mit dem Befehl: »`cat /proc/sys/net/core/wmem_default`« ausgelesen werden.

Der Loadbalancer wurde auf dem System *node1* mit dem folgenden Befehl gestartet. Gemäß des Experiments wurden die Platzhalter `$strategy`, `$nodeip` und `$port` durch konkrete Werte ersetzt.

```
./loadbalancer -p 10000 -m $strategy -s $nodeip:$port
    -r true
```
(7.7)

Die ausgeführte SECONDO-Abfrage auf den empfangenden Systemen:

```
query [const rel(tuple([S1: string, S2: string, S3:
    string, S4: string, S5: string])) value() ]
    csvimport['tcp://10025', 0, ""] sleep[1] count;
```
(7.8)

Abweichungen bei der Strategie LBTRR

Die Empfänger mussten beim Einsatz der Strategie *LBTRR* alle 50 Zeilen eine Bestätigung über den Erhalt der Daten an den Loadbalancer senden. Eine Untersuchung, wie sich die Größe des Bestätigungsfensters auf den Durchsatz des Operators auswirkt, findet sich in Abschnitt 7.2.1 auf Seite 151. Eine Diskussion, welche Auswirkungen das Bestätigungsfenster auf Verteilung der Daten hat, findet sich in Abschnitt 7.4.3 auf Seite 164.

Der Loadbalancer wurde abweichend so konfiguriert, dass dieser alle 50 versendeten Zeilen eine Bestätigung vom Empfänger erwartet. Die in SECONDO ausgeführte Abfrage wurde so verändert, dass diese alle 50 empfangenen Zeilen eine solche Bestätigung versendet.

Der Loadbalancer wurde auf dem System *node1* mit dem folgenden Befehl gestartet. Entspechend des Experiments wurden die Platzhalter `$nodeip` und `$port` durch konkrete Werte ersetzt.

```
./loadbalancer -p 10000 -m lbtrr-50 -s $nodeip:$port
    -r true
```
(7.9)

Die ausgeführte SECONDO-Abfrage auf den empfangenden Systemen:

```
query [const rel(tuple([S1: string, S2: string, S3:
    string, S4: string, S5: string])) value() ]
    csvimport['tcplb://10025/50', 0, ""] sleep[1] count;
```
(7.10)

7.3.2. Ergebnis

In Abbildung 7.4 auf Seite 159 ist das Ergebnis des Experimentes zu sehen. In Tabelle 7.4 ist das Speedup-Verhalten der Strategien dargestellt. Die in der Tabelle angegebenen Verarbeitungsgeschwindigkeiten sind die Durchschnittswerte der in den einzelnen Experimenten aufgetretenen Verarbeitungsgeschwindigkeiten.

Das Experiment hat gezeigt, dass alle Strategien in der Lage sind, einen Datenstrom auf gleichartig schnelle Systeme zu verteilen. Um so mehr Systeme für die Verteilung zur Verfügung stehen, desto schneller kann der gesamte Datenstrom verarbeitet werden.

Verteilung mittels Round-Robin

Bei der Verteilung mittels der Strategie *RR* konnte durch Hinzufügen weiterer Systeme die Verarbeitungsgeschwinduigkeit gesteigert werden. Der Speedup-Wert beim Einsatz von n Systemen lag geringfügig unter dem optimalen Wert von n.

Verteilung mittels Threaded-Round-Robin

Das Experiment hat gezeigt, dass die Verarbeitunggeschwindigkeit der Verteilungsstrategie *TRR* bei einem Zielsystem unter der der Stategie *RR* liegt. Grund hierfür ist, dass fast durchgängig auf das Zielsystem gewartet werden muss. Dies kann durch den Einsatz von mehreren Threads nicht beschleunigt werden. Durch die Synchronisierung der Datenstrukturen und Threads entsteht ein zusätzlicher Verwaltungsaufwand.

Erst mit steigender Anzahl von Zielsystemen wird der Vorteil der Threads bemerkbar. Durch den Einsatz von Threads ist die Parallelisierung der Netzwerkkommunikation möglich. Bei dieser Verteilungsstrategie wird ein annähernd linearer Speedup-Wert erreicht. Es ist davon auszugehen, dass der Speedup-Wert in größeren Umgebungen mit n Systemen gegen einen Wert von n konvergiert. Dies konnte jedoch auf dem Cluster, bestehend aus lediglich sechs Systemen, experimentell nicht untersucht werden.

Verteilung mittels Queue-Bases-Threaded-Scheduling

Das Verhalten der Verteilungssttrategie *QBTS* ist recht ähnlich der Threaded-Round-Robin-Strategie. Beide Strategien weisen bei gleich schnellen Empfängern ein sehr ähnliches Verhalten auf.

Verteilung mittels Load-Based-Threaded-Round-Robin

Die Strategie *LBTRR-50* ist, aufgrund des Blockierens und des Wartens auf den Empfänger, etwas langsamer als die anderen Strategien. Jedoch erreicht auch diese Strategie einen Speedup-Wert von $\approx n$ bei der Verarbeitung auf n Systemen.

	Systeme					
	1	2	3	4	5	6
Round-Robin:						
Laufzeit (ms)	415 950	226 220	160 056	102 703	92 983	77 604
Speedup	-	1,83	2,60	3,60	4,47	5,36
Threaded-Round-Robin:						
Laufzeit (ms)	431 760	227 387	144 657	107 518	82 054	70 410
Speedup	-	1,90	2,98	4,02	5,26	6,13
Queue-Based-Threaded-Scheduling:						
Laufzeit (ms)	435 703	209 356	143 914	103 732	81 620	70 493
Speedup	-	2,08	3,03	4,20	5,34	6,18
Load-Based-Threaded-Round-Robin:						
Laufzeit (ms)	415 705	216 366	154 732	105 141	84 636	70 716
Speedup	-	1,92	2,69	3,95	4,91	5,88

Tabelle 7.4.: Laufzeiten und Speedup-Werte bei der Verteilung eines Datenstroms mittels unterschiedlicher Verteilungsstrategien auf homogene Systeme.

7.3.3. Zusammenfassung

Die letzten vier Experimente haben sich mit dem Loadbalancer und seinen vier Verteilungsstrategien befasst. In den Experimenten waren alle Zielsysteme gleich schnell bei der Verarbeitung der empfangenen Daten. Die Experimente haben gezeigt, dass alle Strategien gut mit dem Hinzufügen von Knoten umgehen können. Alle Strategien weisen einen Speedup-Wert von $\approx n$ beim Hinzufügen von Systemen auf.

Es ist zu erwarten, dass der Speedup-Wert ab einer gewissen Anzahl von Zielsystemen abnimmt. Irgendwann übertrifft die Verarbeitungsge-

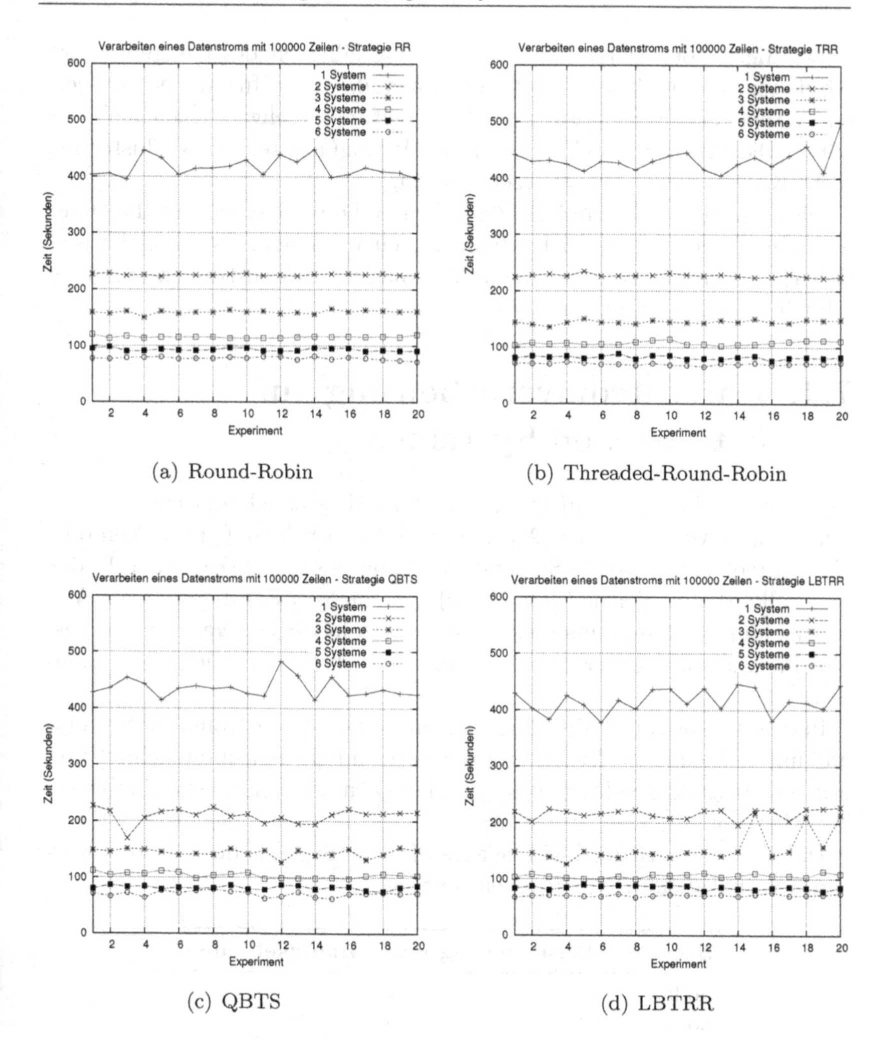

(a) Round-Robin

(b) Threaded-Round-Robin

(c) QBTS

(d) LBTRR

Abbildung 7.4.: Verteilung eines Datenstroms mit 100 000 Zeilen auf n homogene Systeme mittels verschiedener Verteilungsstrategien.

schwindigkeit der Zielsysteme die Leistungsfähigkeit des Lastgenerators. Ab diesem Zeitpunkt ist damit zu rechnen, dass das Hinzufügen von neuen Systemen keine Steigerung der Verarbeitungsgeschwindigkeit mehr bewirkt. Dies konnte jedoch auf dem zur Verfügung stehenden Cluster mit sechs Knoten nicht nachgewiesen werden.

Die Strategien *TRR* und *QBTS* haben in diesem Experiment die Daten am schnellsten auf die Zielsysteme verteilen können. Es empfiehlt sich daher, eine dieser Strategien beim Verteilen von Datenströmen auf gleich schnelle Empfänger zu benutzen.

7.4. Datenstromverarbeitung auf heterogenen Systemen

In größeren Clustern ist nicht sichergestellt, dass eine homogene Hardwareumgebung vorhanden ist. Auch können durch Fehlkonfigurationen oder Hardwaredefekte einzelne Systeme langsamer als die übrigen sein. In diesem Fall liegen ungleiche (*heterogene*) Systeme vor. Für die effiziente Aufteilung eines Datenstroms müssen die unterschiedlichen Verarbeitungsgeschwindigkeiten der einzelnen Systeme möglichst gut berücksichtigt werden.

In diesem Abschnitt wird die Aufteilung eines Datenstroms auf Systeme mit unterschiedlichen Verarbeitungsgeschwindigkeiten untersucht. Unter der Verarbeitungsgeschwindigkeit wird die Zeit verstanden, die ein System benötigt, um eine Zeile zu verarbeiten.

Die Verarbeitungsgeschwindigkeiten für die Systeme des Clusters wurden, wie in Tabelle 7.5 angegeben, festgelegt.

System	**Verarbeitungsgeschwindigkeit** (ms)
node1	32
node2	16
node3	8
node4	4
node5	2
node6	1

Tabelle 7.5.: Verarbeitungsgeschwindigkeit der Systeme im Cluster für die folgenden Experimente.

7.4.1. Durchführung

Dieses Experiment dient dazu, die Verteilungsstrategien des Loadbalancers im Zusammenspiel mit heterogenen Systemen zu untersuchen. Da die Verarbeitungsgeschwindigkeit der Systeme in diesen Experimenten geringer ist, als in den Experimenten zu den homogenen Systemen, wurde die Anzahl der erzeugten Zeilen von 100 000 auf 30 000 Zeilen reduziert.

Die verwendeten Befehle für das Durchführen der Experimente ähneln denen aus dem letzten Abschnitt stark. Lediglich der `sleep` Operator in der SECONDO-Abfrage wurde auf den einzelnen Systemen so angepasst, dass die in der Tabelle 7.5 festgelegten Zeiten eingehalten werden. Zudem wurde der Operator `statistics` in die SECONDO-Abfrage aufgenommen, um Aussagen über die Verteilung der Zeilen treffen zu können.

Der Lastgenerator wurde auf dem System *node1* mit dem folgenden Befehl gestartet:

```
./load -h node1 -p 10000 -l 30000 -d 0 -c 5 -s 1000 -a 0
```
(7.11)

Der Loadbalancer wurde auf dem System *node1* mit dem folgenden Befehl gestartet. Entsprechend des Experiments wurden die Platzhalter `$strategy`, `$nodeip`, `$port` und `$sleep` durch konkrete Werte ersetzt.

```
./loadbalancer -p 10000 -m $strategy -s $nodeip:$port
    -r true
```
(7.12)

Die ausgeführte SECONDO-Abfrage auf den empfangenden Systemen:

```
query [const rel(tuple([S1: string, S2: string, S3:
    string, S4: string, S5: string])) value() ]
    csvimport['tcp://10025', 0, ""] sleep[$sleep]
    statistics['/tmp/statistics', 1000] count;
```
(7.13)

Abweichungen bei der Strategie LBTRR

Der Loadbalancer wurde beim Einsatz der Strategie *LBTRR* abweichend so konfiguriert, dass dieser alle 50 versendeten Zeilen eine Bestätigung vom Empfänger erwartet. Die in SECONDO ausgeführte Abfrage wurde so verändert, dass diese alle 50 empfangenen Zeilen eine solche Bestätigung versendet.

Der Loadbalancer wurde auf dem System *node1* mit dem folgenden Befehl gestartet. Gemäß des Experiments wurden die Platzhalter `$nodeip`, `$port` und `$sleep` durch konkrete Werte ersetzt.

```
./loadbalancer -p 10000 -m lbtrr-50 -s $nodeip:$port
    -r true
```
(7.14)

Die ausgeführte SECONDO-Abfrage auf den empfangenden Systemen:

```
query [const rel(tuple([S1: string, S2: string, S3:
    string, S4: string, S5: string])) value() ]
    csvimport['tcplb://10025/50', 0, ""] sleep[$sleep]
    statistics['/tmp/statistics', 1000] count;
```
(7.15)

7.4.2. Ergebnis

Das Experiment zeigte, dass die Verteilungsstrategien des Loadbalancers unterschiedlich gut mit heterogenen Systemen umgehen können. Einige Strategien können sich gut an die unterschiedlichen Verarbeitungsgeschwindigkeiten anpassen, andere Strategien besitzen diese Fähigkeit nicht.

In Tabelle 7.6 sind die Speedup-Werte der Verteilungsstrategien angegeben. In der Abbildung 7.7 sind die Laufzeiten des Experimentes dargestellt. Die Abbildung 7.8 zeigt, wie sich die Daten, beim Einsatz von sechs Systemen, auf die unterschiedlichen Systeme verteilt haben.

Round-Robin

Das Experiment mit der Verteilungsstrategie Round-Robin zeigte, dass zwar mit steigender Anzahl von Systemen die Verarbeitungsgeschwindigkeit gesteigert werden kann, jedoch wird nicht jedes System vollständig ausgelastet. Bei dieser Strategie bestimmt das langsamste System die Verarbeitungsgeschwindigkeit. Den Systemen werden in einer festgelegten Reihenfolge Zeilen zugeteilt. Ist ein System beschäftigt, so muss beim erneuten Zuteilen von Zeilen auf dieses System gewartet werden.

Die Auslastung von drei Knoten ist schematisch in Abbildung 7.5 illustriert. In Abbildung 7.8(a) ist dargestellt, wie sich die Zeilen in einem Cluster mit sechs Knoten auf die einzelnen Systeme aufteilen. Es ist zu sehen, dass alle Systeme die gleiche Menge an Zeilen pro Sekunde verarbeiten, obwohl diese unterschiedlich schnell sind. Grund hierfür ist, dass das langsamste System die Verarbeitungsgeschwindigkeit vorgibt.

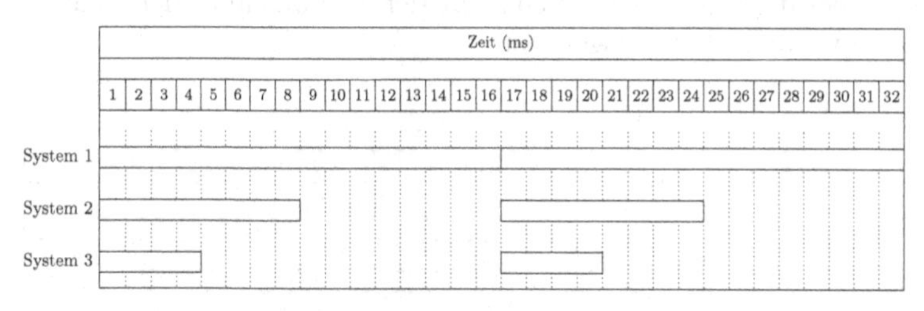

Abbildung 7.5.: Verteilung eines Datenstroms mittels der Strategie Round-Robin auf drei heterogene Systeme mit den Verarbeitungsgeschwindigkeiten 16 ms, 8 ms und 4 ms. Ein Balken rechts neben dem Namen eines Systems zeigt an, dass das System zu der auf der X-Achse angegeben Zeit ausgelastet ist; fehlt dieser Balken befindet sich das System im Leerlauf.
Das langsamste System gibt bei dieser Verteilungsstrategie die Verarbeitungsgeschwindigkeit vor. Schnelle Systeme müssen auf dieses warten, bevor diese erneut Daten zugeteilt bekommen.

Threaded-Round-Robin

Aufgrund der Leerlaufzeiten, die beim Warten auf das langsamste System entstehen, kann der Vorteil von mehreren Threads für die Netzwerkkommunikation nicht genutzt werden. Die Ergebnisse des Experimentes sind annähernd mit denen der Strategie *RR* identisch. Der Speedup-Wert steigt ebenfalls annähernd linear.

Queue-Based-Threaded-Scheduling

Diese Strategie besitzt für jedes Zielsystem eine Warteschlange; vom Loadbalancer empfangene Zeilen werden dem System mit der kürzesten Warteschlange zugeordnet (siehe Abschnitt 3.4.1 auf Seite 53).

Es ist zu sehen, dass diese Verteilungsstrategie in der Lage ist, die unterschiedlich schnellen Verarbeitungsgeschwindigkeiten der Zielsysteme zu erkennen und ihnen eine entsprechende Last zuzuordnen. Dies ist in Abbildung 7.6 schematisch dargestellt. Bei dieser Strategie steigen die Speedup-Werte überlinear an. Die Ressourcen der hinzukommenden schnelleren Systeme werden somit ausgenutzt.

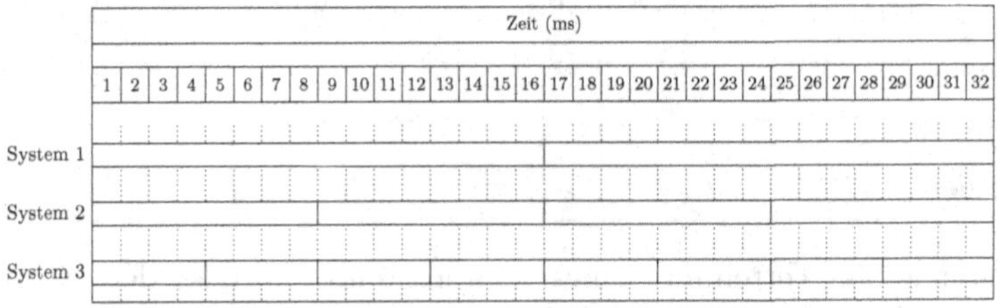

Zeit (ms)
1 2 3 4 5 6 7 8 9 10 11 12 13 14 15 16 17 18 19 20 21 22 23 24 25 26 27 28 29 30 31 32
System 1
System 2
System 3

Abbildung 7.6.: Verteilung eines Datenstroms mittels der Strategie Queue-Based-Threaded-Scheduling auf drei heterogene Systeme mit den Verarbeitungsgeschwindigkeiten 16 ms, 8 ms und 4 ms. Jedes System wird vollständig ausgelastet.

Load-Based-Threaded-Round-Robin

Das Experiment zeigte, dass auch diese Verteilungsstrategie in der Lage ist, die unterschiedlichen Verarbeitungsgeschwindigkeiten der Zielsysteme zu erkennen und zu berücksichtigen. Offen bleibt die Frage, welche Rolle die Größe des Bestätigungsfensters bei der Verteilung der Zeilen spielt. In Abschnitt 7.2.1 auf Seite 151 wurde bislang nur gezeigt, dass ein kleineres Bestätigungsfenster den Durchsatz reduziert. Um den Einfluss der Größe des Bestätigungsfensters auf die Verteilung der Zeilen genauer zu untersuchen, wurde ein weiteres Experiment durchgeführt. Dieses ist im Abschnitt 7.4.3 zu finden.

7.4.3. Einfluss der Größe des Bestätigungsfensters

Dieses Experiment wurde durchgeführt, um herauszufinden, wie sich die Größe des Bestätigungsfensters auf die Verteilung der Datenströme auf mehrere heterogene Systeme auswirkt. Es ist davon auszugehen, dass durch ein kleines Bestätigungsfenster dem Loadbalancer öfter ein Feedback gegeben wird. Der Loadbalancer kann daraufhin die Verteilung des Datenstroms besser an die Verarbeitungsgeschwindigkeiten der Systeme anpassen.

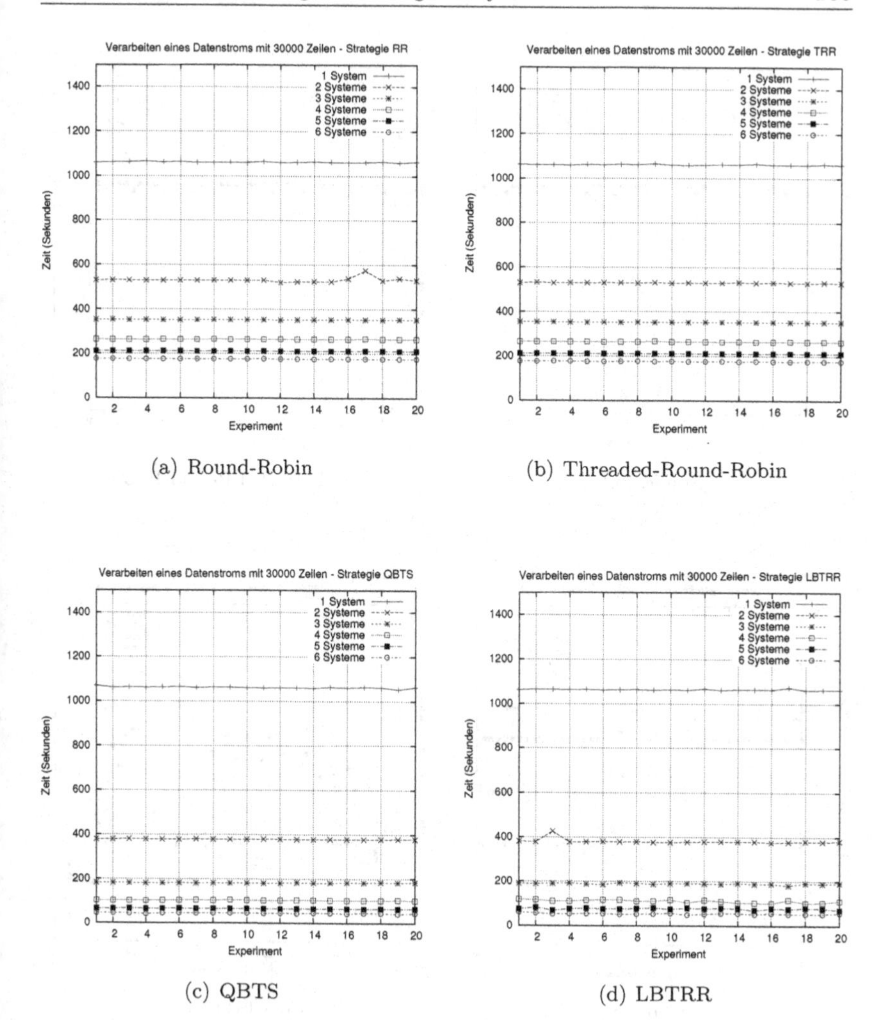

(a) Round-Robin

(b) Threaded-Round-Robin

(c) QBTS

(d) LBTRR

Abbildung 7.7.: Verteilung eines Datenstroms mit 30 000 Zeilen auf n heterogene Systeme mittels verschiedener Verteilungsstrategien.

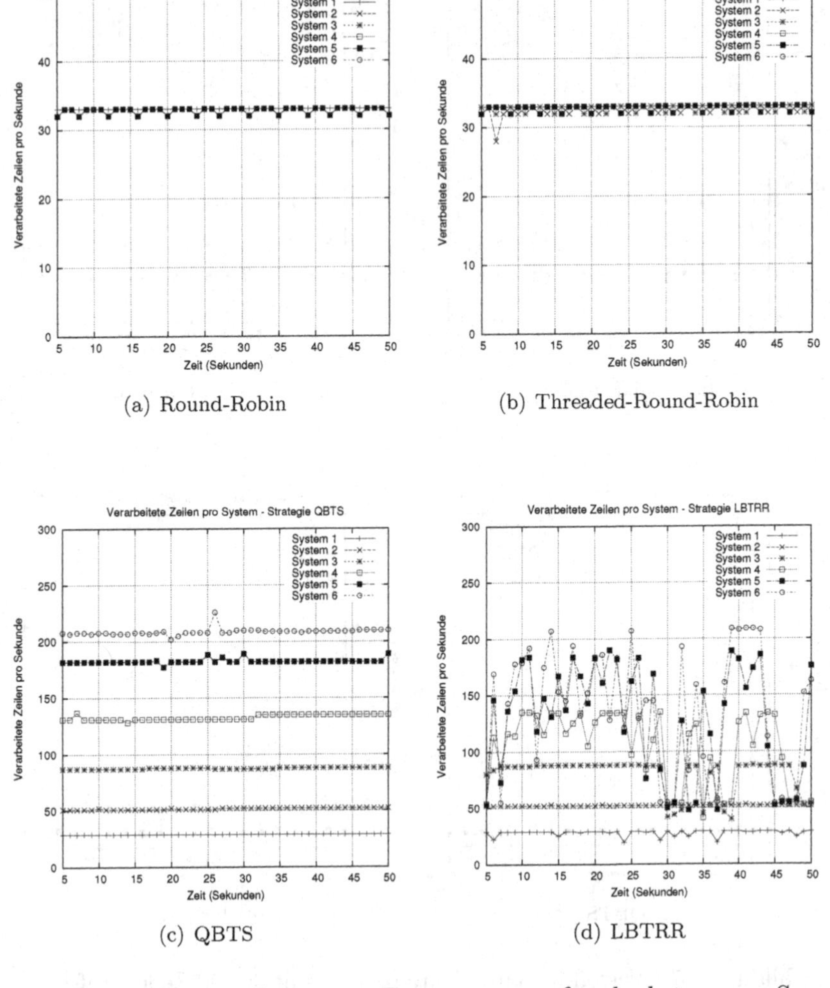

(a) Round-Robin

(b) Threaded-Round-Robin

(c) QBTS

(d) LBTRR

Abbildung 7.8.: Verteilung eines Datenstroms auf sechs heterogene Systeme mittels verschiedener Verteilungsstrategien. Dargestellt sind die Verarbeitungsgeschwindigkeiten der Systeme pro Sekunde.

	Systeme					
	1	2	3	4	5	6
Round-Robin:						
Laufzeit (ms)	1 062 670	531 708	353 046	264 219	210 776	175 462
Speedup	-	2,00	3,01	4,02	5,04	6,06
Threaded-Round-Robin:						
Laufzeit (ms)	1 061 968	530 456	352 215	264 065	211 232	175 980
Speedup	-	2,00	3,02	4,02	5,03	6,03
Queue-Based-Threaded-Scheduling:						
Laufzeit (ms)	1 061 931	378 615	182 363	102 757	65 230	44 611
Speedup	-	2,80	5,82	10,33	16,28	23,80
Load-Based-Threaded-Round-Robin:						
Laufzeit (ms)	1 064 176	381 455	189 050	110 883	76 942	54 676
Speedup	-	2,79	5,63	9,60	13,83	19,46

Tabelle 7.6.: Laufzeiten und Speedup-Werte bei der Verteilung eines Datenstroms mittels unterschiedlicher Verteilungsstrategien auf heterogene Systeme.

Durchführung

Um diese Vermutung zu überprüfen, wurden durch den Lastgenerator 30 000 Zeilen erzeugt und durch den Loadbalancer mit der Strategie *LB-TRR* auf die sechs Systeme des Clusters verteilt. Das Bestätigungsfenster wurde in den Größen 10, 25, 50 und 100 variiert (Parameter `$windowsize`).

Der Lastgenerator wurde auf dem System *node1* mit dem folgenden Befehl gestartet:

```
./load -h node1 -p 10000 -l 30000 -d 0 -c 5 -s 100 -a 0
```
(7.16)

Der Loadbalancer wurde auf dem System *node1* mit dem folgenden Befehl gestartet. Der Platzhalter `$nodeip` wurde durch die IP-Adressen der Systeme im Cluster ersetzt.

```
./loadbalancer -p 10000 -m lbtrr-$windowsize
    -s $nodeip:10025 -r true
```
(7.17)

Die ausgeführte SECONDO-Abfrage auf den empfangenden Systemen. Der Platzhalter `$sleep` wurde gegen die für das System geltende Verzögerung ersetzt.

```
query [const rel(tuple([S1: string, S2: string, S3:
    string, S4: string, S5: string])) value() ]
    csvimport['tcplb://10025/$windowsize', 0, ""]        (7.18)
    sleep[$sleep] statistics['/tmp/statistics', 1000]
    count;
```

Ergebnis

Es ist in Abbildung 7.10 zu sehen, dass mit steigender Größe des Bestätigungsfensters sich die Verarbeitungsgeschwindigkeit der einzelnen Systeme angleicht. Schaffen bei einer Fenstergröße von 10 Zeilen (siehe Abbildung 7.10(a)) die beiden Systeme *node5* und *node6* im Schnitt ≈ 190 bzw. 340 Zeilen pro Sekunde, so schaffen die gleichen Systeme bei einer Fenstergröße von 100 Zeilen (siehe Abbildung 7.10(d)) nur noch ≈ 100 Zeilen pro Sekunde.

Neben der fallenden Verarbeitungsgeschwindigkeit ist in der Abbildung auch zu sehen, dass beide Systeme annähernd gleich viel Zeilen verarbeiten.

Die eingangs aufgestellte Vermutung wurde somit bestätigt. Die unterschiedlichen Verarbeitungsgeschwindigkeiten dieser beiden Systeme können durch das größere Bestätigungsfenster vom Loadbalancer nicht mehr erkannt werden. Der Loadbalancer kann die unterschiedlichen Verabeitungsgeschwindigkeiten der Zielsysteme schlechter berücksichtigen. Um so größer das Bestätigungsfenster wird, um so ähnlicher wird die Verteilungsstrategie *LBTRR* der Verteilungsstrategie *RR*.

Zusammen mit dem Experiment aus Abschnitt 7.2.1 ergibt sich das in Abbildung 7.9 illustrierte verhalten.

7.4.4. Zusammenfassung

Die Experimente haben gezeigt, dass die beiden auf Round-Robin basierenden Verteilungsstrategien *RR* und *TRR* nicht in der Lage sind, auf die unterschiedlichen Verarbeitungsgeschwindigkeiten der Zielsysteme einzugehen. Die beiden Verteilungsstrategien *QBTS* und *LBTRR* können dies hingegen.

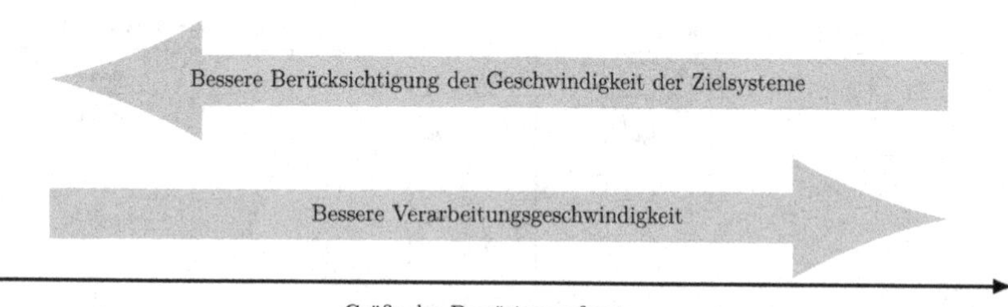

Abbildung 7.9.: Einfluss der Größe des Bestätigungsfensters auf die Verteilung eines Datenstroms mittels der Strategie *LBTRR*. Ein größeres Bestätigungsfenster führt zu einer höheren Verarbeitungsgeschwindigkeit, ein kleineres zu einer besseren Berücksichtigung der Geschwindigkeit der Zielsysteme.

Die Größe des Bestätigungsfensters beeinflusst die Strategie *LBTRR*. Ein größeres Bestätigungsfenster sorgt für einen höheren Durchsatz, ein kleineres Bestätigungsfenster für eine bessere Adaption der Verarbeitungsgeschwindigkeiten verschiedener Systeme.

Die Strategie *QBTS* hat in den Experimenten am besten abgeschnitten. Diese konnte sowohl mit heterogenen als auch mit homogenen Systemen umgehen und weist durchgehend die höchste Verarbeitungsgeschwindigkeit auf. Es ist empfehlenswert den Loadbalancer mit dieser Verteilungsstrategie zu betreiben.

7.5. Cassandra als Datenspeicher

In den Experimenten in diesem Abschnitt wurde untersucht, welche Auswirkungen Änderungen an der Konfiguration des Cassandra-Clusters auf die Antwortzeiten von Cassandra haben.

7.5.1. Anzahl der Cassandra-Knoten

Dieses Experiment untersucht, wie sich die Anzahl der zur Verfügung stehenden Knoten im Cassandra-Cluster auf die Schreibperformance auswirkt. Dazu wurden in sechs unterschiedlichen Experimenten 1 000 000 Tupel von SECONDO aus nach Cassandra exportiert. Die Konfiguration

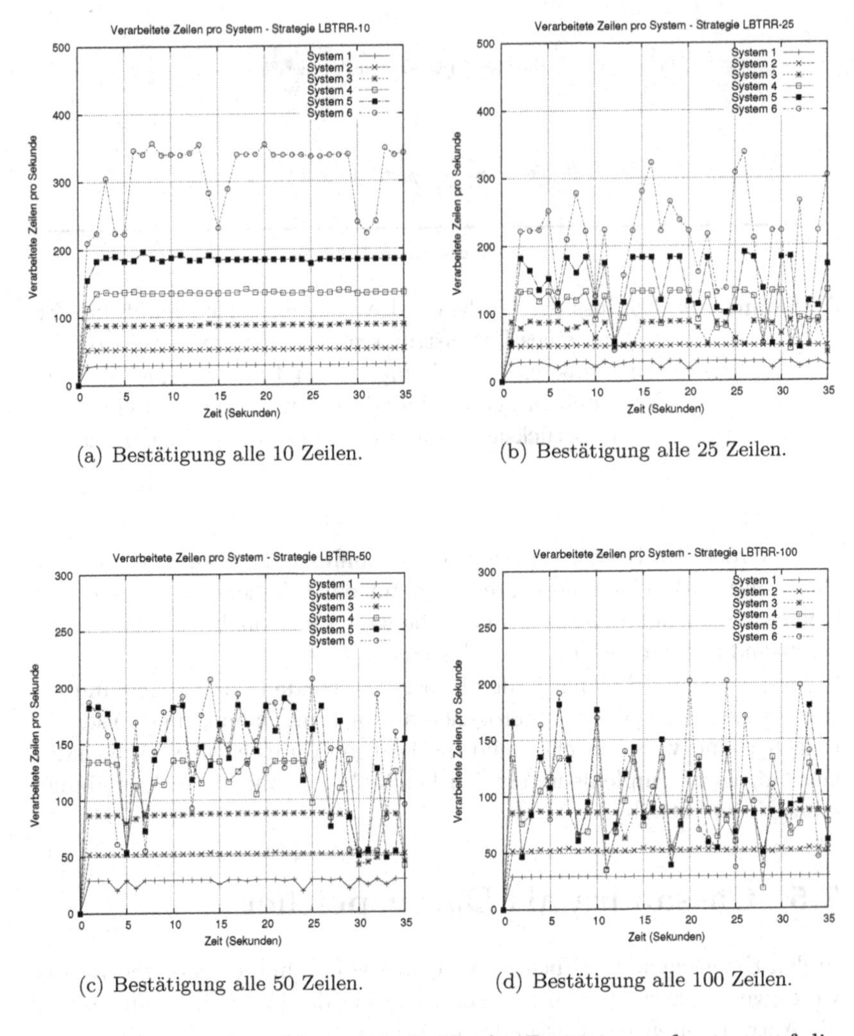

(a) Bestätigung alle 10 Zeilen.

(b) Bestätigung alle 25 Zeilen.

(c) Bestätigung alle 50 Zeilen.

(d) Bestätigung alle 100 Zeilen.

Abbildung 7.10.: Auswirkung der Größe des Bestätigungsfensters auf die Verteilung der Zeilen. Es ist zu sehen, dass mit steigender Größe des Bestätigungsfensters weniger Feedback an den Loadbalancer gesendet wird. Dieser kann die Verarbeitungsgeschwindigkeiten der Systeme dadurch schlechter Abschätzen und die Verteilung der Zeilen nicht an die Leistung der Systeme anpassen.

des Cassandra-Clusters wurde zwischen den Experimenten verändert. Zunächst war nur ein Cassandra-Knoten vorhanden. In jedem weiteren Experiment wurde ein zusätzlicher Cassandra-Knoten hinzugefügt. Das letzte Experiment wurde entsprechend mit sechs Cassandra-Knoten durchgeführt.

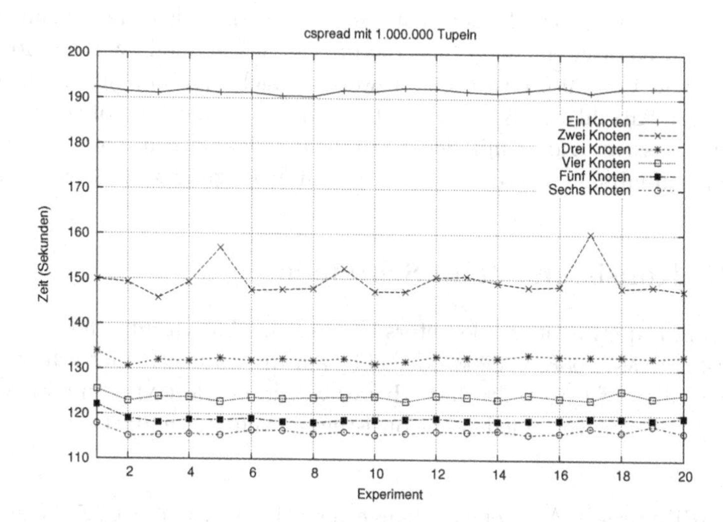

Abbildung 7.11.: Dieses Experiment zeigt, wie viel Zeit benötigt wird, 1 000 000 Tupel mittels cspread in Cassandra zu exportieren. Zwischen den Experimenten wurde die Anzahl der Cassandra-Knoten variiert.

Durchführung: Als Keyspace wurde der Keyspace keyspace_r1 (Daten sind nur einmal vorhanden und werden nicht repliziert) verwendet. Als Konsistenz-Level wurde ONE (nur ein Knoten muss das Schreiben der Daten bestätigen) genutzt.

Das Erzeugen der verwendeten Relation relation1 wurde mit dem folgenden Befehl durchgeführt:

```
let relation1 = intstream(1, 1000000) transformstream
    extend[N: randint(1000)] project[N] consume;
```
(7.19)

Für das Exportieren der Tupel wurde der folgende Befehl verwendet:

```
query relation1 feed cspread['127.0.0.1', 'keyspace_r1',
    'relation1', 'ONE', 'node1', N];
```
(7.20)

Ergebnis: In diesem Experiment ist zu erkennen, dass die Anzahl der Cassandra-Knoten einen Einfluss darauf hat, wie schnell Schreibanforderungen von Cassandra verarbeitet werden (siehe Abbildung 7.11). Mit steigender Anzahl der Knoten sinkt die Zeit, die hierfür notwendig ist. Erklären lässt sich dies mit den zusätzlichen Ressourcen, die Cassandra bei der Aufnahme von weiteren Knoten zur Verfügung gestellt werden.

7.5.2. Konsistenz beim Schreiben

In diesem Experiment wurde untersucht, welche Auswirkung die gewählte Konsistenz (`ANY`, `ONE`, `QUORUM` oder `ALL`) auf die Laufzeit eines schreibenden Zugriffs auf Cassandra hat. Hierzu wurde in SECONDO die folgende Abfrage mit den verschiedenen Consistenz-Leveln ausgeführt.

Durchführung: Als Relation kam erneut die in Abschnitt 7.5.1 erzeugte Relation `relation1` zum Einsatz. Der Export der Daten wurde mit dem folgenden Befehl vorgenommen. Der Platzhalter `$konsistenz` wurde zwischen den Experimenten durch die zu untersuchenden Konsistenz ersetzt.

```
query relation1 feed cspread['127.0.0.1', 'keyspace_r1',
    'relation1', $konsistenz, 'node1', N];
```
(7.21)

Ergebnis: Das Ergebnis des Experiments ist in Abbildung 7.12 zu finden. Es ist zu erkennen, dass die gewählte Konsistenz keinen Einfluss auf die Laufzeit dieser Abfrage hat. Die Laufzeit der Abfrage pendelt mit allen Konsistenz-Leveln zwischen 135 und 140 Sekunden. Die identische Laufzeit ist damit zu erklären, dass die Cassandra-Knoten, bis auf die Ausführung dieses Experiments, keine weiteren Abfragen verarbeiten müssen. Damit ist die Zeit, einen Datensatz zu schreiben, mit der Zeit identisch, diesen Datensatz auf n Knoten parallel zu schreiben. Alle Knoten können diesen Datensatz in der gleichen Zeit verarbeiten.

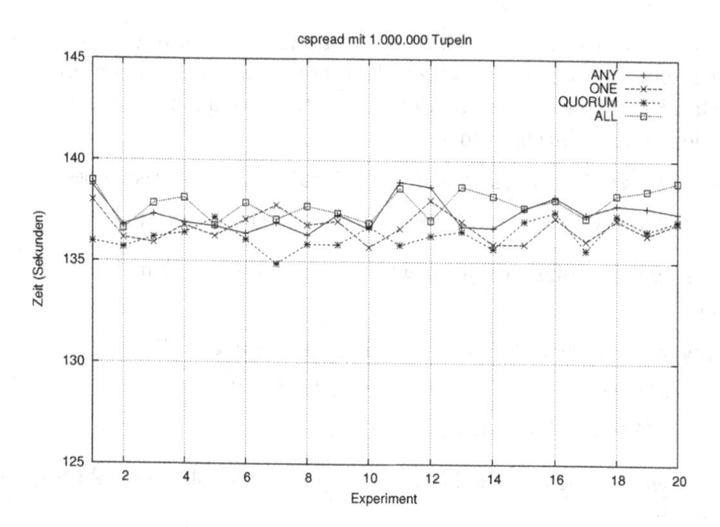

Abbildung 7.12.: Dieses Experiment zeigt, welche Auswirkung der Konsistenz-Level auf die Laufzeit einer Abfrage mit cspread hat.

7.5.3. Lokalität in Cassandra

Dieses Experiment wurde durchgeführt, um zu prüfen, ob Lokalitätseffekte in Cassandra ausgenutzt werden können. Ziel war es, festzustellen, ob auf einem Cassandra-Knoten lokal gespeicherte Daten schneller bereitgestellt werden können, als Daten, die erst von einem anderen Knoten abgerufen werden müssen. Diese Daten werden als *entfernte Daten* bezeichnet.

Hierzu wurde wiederholt mit dem Operator `ccollectrange` auf einen lokalen Token-Bereich und auf einen nicht lokalen Token-Bereich zugegriffen und die Zeiten für den Zugriff gemessen.

Durchführung: Es wurden in SECONDO 5 000 000 Tupel erzeugt. Diese wurden mittels `cspread` in Cassandra gespeichert. Diese Tupel wurden in einem nicht replizierten Keyspace abgelegt. Zudem wurden die virtuellen Knoten in Cassandra deaktiviert, um größere Token-Bereiche zu erhalten. Im Rahmen des Experimentes wurde einmal ein lokaler Token-Bereich und einmal ein nicht lokaler Token-Bereich abgefragt.

In Listing G.7 auf Seite 279 findet sich eine vollständige Mitschrift des Experiments und der notwendigen Konfigurationsänderungen an Cassandra. Das Erzeugen der verwendeten Relation `relation5` wurde mit dem folgenden Befehl durchgeführt:

```
let relation5 = intstream(1, 5000000) transformstream
    extend[N: randint(1000)] project[N] consume;            (7.22)
```

Die Abfrage der lokalen Daten wurde mit der folgenden Abfrage vorgenommen:

```
query ccollectrange('127.0.0.1', 'keyspace_r1',
    'relation5','ONE','171945662543051228',                  (7.23)
    '3171945662543051226') count;
```

Die Abfrage der entfernten Daten wurde mit der folgenden Abfrage vorgenommen:

```
query ccollectrange('127.0.0.1', 'keyspace_r1',
    'relation5','ONE','3171945662543051227',                 (7.24)
    '6171945662543051225') count;
```

Die verwendeten Token-Bereiche ergeben sich aus der, zum Zeitpunkt des Experimentes geltenden, Aufteilung des logischen Ringes von Cassandra.

Ergebnis: Dieses Experiment hat gezeigt, dass lokal gespeicherte Daten schneller von Cassandra bereitgestellt werden, als Daten auf entfernt gespeicherten Knoten. In der Abbildung 7.13 ist das Ergebnis des Experimentes zu sehen. In der Tabelle 7.7 sind die Zugriffszeiten für lokale und entfernte Daten gegenübergestellt.

	Lokale Daten	**Entfernte Daten**
Lesen eines Datensatzes (ms)	0,0491214	0,0509671

Tabelle 7.7.: Lokalität beim Lesen von lokalen und entfernten Daten in Cassandra.

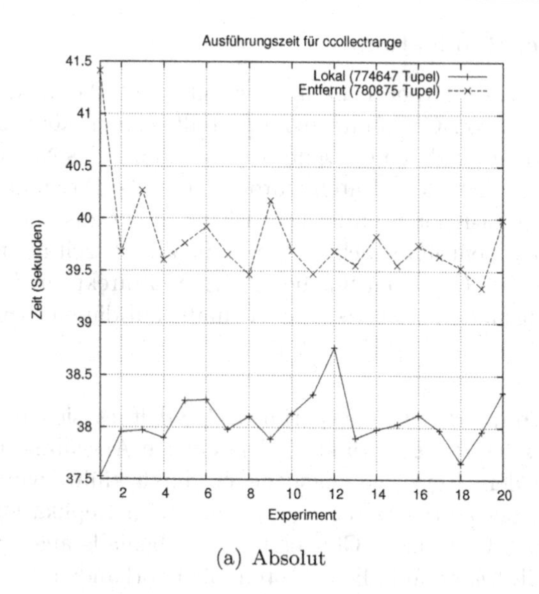

(a) Absolut

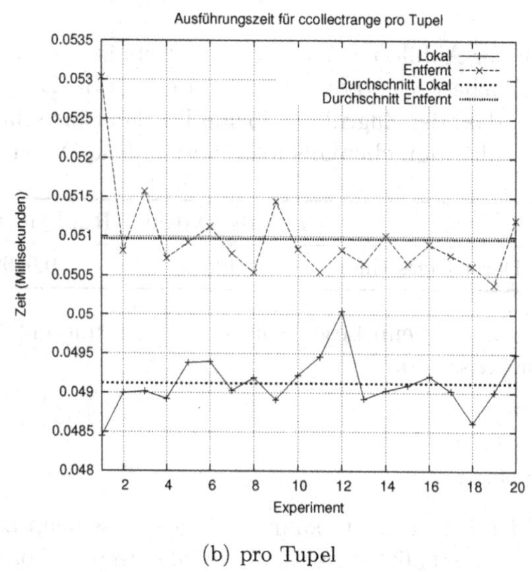

(b) pro Tupel

Abbildung 7.13.: Dieses Experiment zeigt, in welcher Zeit lokale und entfernte Daten von Cassandra bereitgestellt werden.

Lokalität bei Replikation

Das vorhergehende Experiment hat gezeigt, dass Daten, die lokal vorliegen, schneller von Cassandra bereitgestellt werden können, als Daten die erst von einem anderen Cassandra-Knoten über das Netzwerk kopiert werden müssen. Als lokale Daten wurden dabei die Daten angesehen, für die der Cassandra-Knoten im logischen Ring direkt zuständig ist.

Dieses Experiment untersucht, wie sich die Zugriffszeit auf folgende Daten unterscheidet: (*i*) Daten für die ein Knoten direkt zuständig ist. (*ii*) Daten die aufgrund von Replikation ebenfalls auf diesem Knoten gespeichert sind.

Durchführung: Bei dem Experiment handelt es sich um eine Wiederholung des letzten Experiments. Die einzige Ausnahme ist, dass die Abfragen auf dem Keyspace `keyspace_r6` durchgeführt wurden. Alle in Cassandra gespeicherten Daten sind somit durch Replikation sechs mal vorhanden. Der verwendete Cluster besteht ebenfalls aus sechs Knoten. Damit sind alle Daten auf allen Knoten lokal vorhanden.

Ergebnis: In der Abbildung 7.14 ist das Ergebnis des Experimentes zu sehen. In der Tabelle 7.8 sind die Zugriffszeiten auf die Daten aufgeführt. Es ist zu sehen, dass der Zugriff auf lokale Daten etwas schneller erfolgt, als auf durch Replikation ebenfalls lokal vorhandene Daten.

	Lokale Daten	**Replizierte Daten**
Lesen eines Datensatzes (ms)	0,049662	0,0499789

Tabelle 7.8.: Lokalität beim Lesen von replizierten und entfernten Daten in Cassandra.

Zusammenfassung

Die letzten beiden Experimente konnten zeigen, dass beim Lesen von Daten aus Cassandra Lokalitätseffekte ausgenutzt werden können. Der Zugriff auf die Daten erfolgt am schnellsten, wenn diese lokal vorliegen. Auch die Replikation von Daten auf einen Knoten kann den Zugriff beschleunigen. Am langsamsten ist der Zugriff auf Daten, wenn diese von einem anderen Knoten angefordert werden müssen.

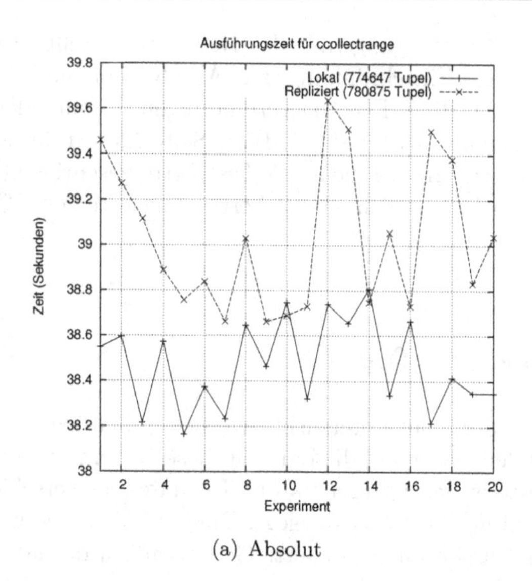

(a) Absolut

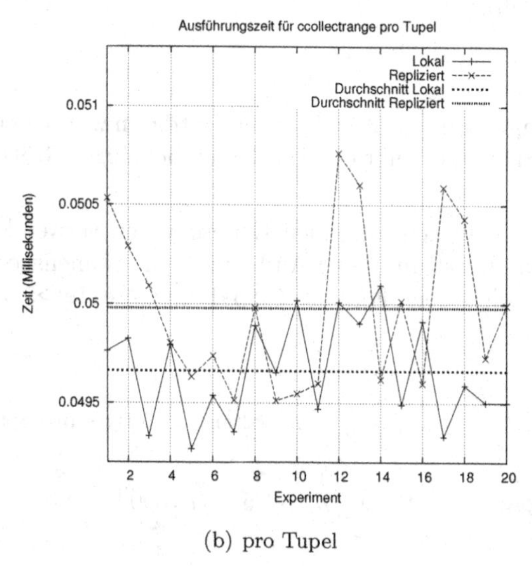

(b) pro Tupel

Abbildung 7.14.: Dieses Experiment zeigt, in welcher Zeit lokale und replizierte Daten von Cassandra bereitgestellt werden.

Hinweis: Die Übertragungsrate des Netzwerkes stellt in dem Cluster keine nennenswerte Einschränkung dar. Alle Knoten sind durch geschaltete (*switched*) 1 GBit/s Ethernetverbindungen miteinander verbunden. In den Abbildungen C.1(b) und C.1(d) auf Seite 225 wurde gezeigt, dass in ≈ 20 Sekunden 500 MB auf die lokale Festplatte geschrieben werden können. Dies entspricht lediglich einer Übertragungsrate von $\frac{500\ MByte}{20\ Sek} \cdot 8 \approx 200\ MBit/s$.

7.5.4. Größe der Tupel

Das folgende Experiment untersucht, wie sich die Größe der von `cspread` zu verarbeitenden Daten auf die Laufzeit dieses Operators auswirkt. Hierzu wurden mittels des Lastgenerators Testdaten in verschiedenen Größen erzeugt und in SECONDO abgelegt. Diese Testdaten wurden dann per `cspread` nach Cassandra exportiert. Gemessen wurde dabei jeweils die Laufzeit der Abfrage.

Durchführung: Für das Erzeugen der Testdaten wurde der Lastgenerator eingesetzt. Dieser erlaubt es, CSV-Daten beliebiger Größe und Anzahl zu erzeugen.

Die Namen der in den folgenden Experimenten verwendeten Relationen lässt Rückschlüsse auf deren Aufbau zu. Die Namensgebung der Relationen folgt folgendem Format: `C<Spalten>L<Zeilen>S<Zeichen pro Spalte>`.

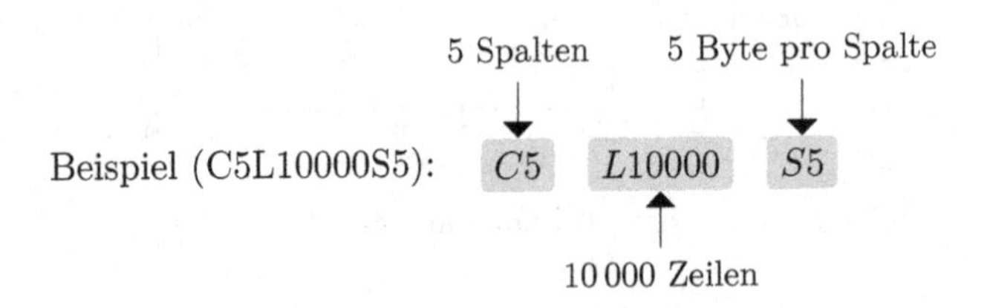

Erstellt wurden Relationen mit 5 Spalten, 10 000 Zeilen und 5, 10, 50, 100, 500, 1 000, 5 000 und 10 000 Zeichen pro Spalte.

Der Lastgenerator wurde mit folgendem Aufruf gestartet. Dabei wurde die Variable `$size` entsprechend durch die Anzahl der Zeichen pro Spalte ersetzt.

```
./load -h node2 -p 10025 -l 10000 -d 0 -c 5 -s $size
    -a 0
```
(7.25)

In SECONDO wurden die Daten mit dem folgenden Befehl angenommen und in Tupel konvertiert:

```
let C5L10000S$size = [const rel(tuple([S1: string,
    S2: string, S3: string, S4: string, S5: string]))
    value() ] csvimport['tcp://10025', 0, ""] consume;
```
(7.26)

Diese Relationen wurden mittels csprad nach Cassandra exportiert:

```
query C5L10000S$size feed cspread['127.0.0.1',
    'keyspace_r1', 'C5L10000S$size', 'ONE', 'node1',
    S1];
```
(7.27)

Ergebnis: Das Experiment zeigt, dass die Größe der Tupel keinen Einfluss auf die Laufzeit einer Abfrage hat (siehe Abbildung 7.15). Grund hierfür ist die in Abschnitt 4.2.9 auf Seite 87 beschriebene Parallelisierung von Schreibzugriffen. Die Cassandra-Algebra gibt vor, wie viele Schreibzugriffe parallel ausgeführt werden und wie groß die Wartezeit zwischen zwei Schreibzugriffen ist. Diese Parameter sind dominant bei der Ausführung. Die Größe der geschriebenen Daten ist vernachlässigbar.

7.5.5. Anzahl der Tupel

Dieses Experiment dient dazu herauszufinden, wie stark die Laufzeit von cspread von der Anzahl der zu exportierenden Tupel abhängt. Es ist zu erwarten, dass eine erhöhte Anzahl der Tupel die Laufzeit von cspread erhöht.

Durchführung: Hierzu wurden in SECONDO Relationen mit 1 000, 5 000, 10 000, 50 000 und 100 000 Zeilen, sowie 5 Spalten mit jeweils 100 Byte pro Spalte angelegt. Diese Relationen wurden ebenfalls mit dem Lastgenerator

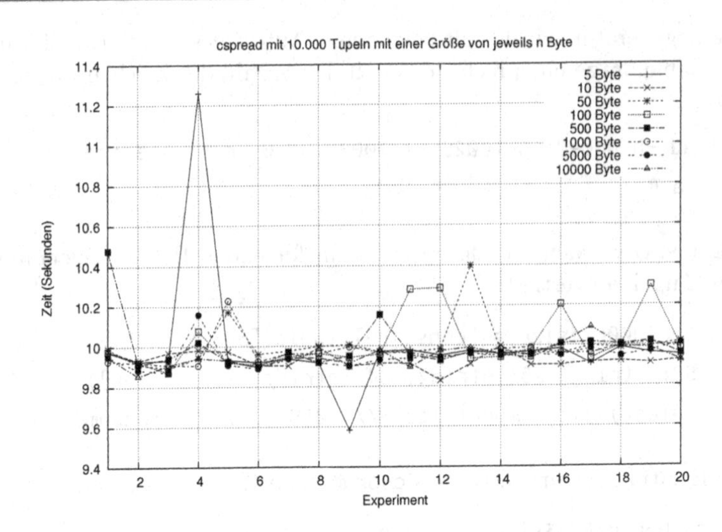

Abbildung 7.15.: Dieses Experiment zeigte, welche Auswirkung die Größe der Tupel auf die Laufzeit einer Abfrage mit cspread hat.

erzeugt und mittels des Operators `csvimport` in SECONDO importiert. Anschließend wurden diese Tupel mittels `cspread` nach Cassandra exportiert. Die Befehle hierfür sind mit denen aus dem letzten Experiment identisch und können in Abschnitt 7.5.4 auf Seite 178 nachgelesen werden.

Ergebnis: Das Experiment zeigt, dass mit steigender Anzahl von zu exportierenden Tupeln die Laufzeit des Operators ansteigt. Dies ist in der Abbildung 7.16(a) zu sehen. In Abbildung 7.16(b) ist die Laufzeit des Operators auf die Anzahl der exportierten Tupel umgelegt worden. Es zeigt sich, dass mit steigender Anzahl von Tupeln die Laufzeit pro Tupel abnimmt. Dies ist damit zu erklären, dass die Kosten des Operators aus zwei Komponenten bestehen: (i) Grundkosten die beim Aufbau der Verbindung zu Cassandra entstehen und (*ii*) Kosten, die für das Schreiben eines Tupels anfallen. In den Grundkosten sind ebenfalls die Kosten für das Parsen und Konstruieren eines Operatorbaums enthalten. Um so mehr Tupel exportiert werden, desto geringer ist der Anteil der Grundkosten, die auf die einzelnen Tupel umgelegt werden müssen.

Laufzeit des Operators `cspread` beim Export von n Tupeln:

$$T_{cspread} = T_{Aufbau\ der\ Verbindung\ zu\ Cassandra} + (n \cdot T_{Export\ eines\ Tupels}) \tag{7.28}$$

7.6. Distributed SECONDO

In diesem Abschnitt werden Experimente beschrieben, welche mit DISTRIBUTED SECONDO durchgeführt wurden. Diese Experimente beschäftigen sich mit der verteilten Ausführung von Abfragen. Ebenfalls wird in diesem Abschnitt ein Experiment beschrieben, welches die Laufzeiten eines PBSM-Joins miteinander vergleicht, wenn dieser (i) auf einem Computer, (ii) von PARALLEL SECONDO oder (iii) von DISTRIBUTED SECONDO auf mehreren Systemen parallel ausgeführt wird.

7.6.1. Ausführen von verteilten Abfragen

Dieses Experiment untersucht, wie lange DISTRIBUTED SECONDO für das Ausführen einer Abfrage benötigt, die den logischen Ring von Cassandra durchläuft. Zwischen den Versuchen wurde die Anzahl der DISTRIBUTED SECONDO-Knoten verändert.

Für das Experiment wurde eine Relation mit einem Tupel in Cassandra abgelegt. Diese Relation wurde bewusst sehr klein gehalten. Das Experiment soll untersuchen, wie viel Zeit benötigt wird, den logischen Ring parallel zu durchlaufen. Zeit für das Lesen oder Verarbeiten von Tupeln soll dabei nicht anfallen. Derartige Abfragen zu untersuchen ist Gegenstand der Experimente in den nachfolgenden Abschnitten.

Durchführung: Für das Experiment wurde zunächst die Relation `C5L1S100` in Cassandra exportiert.

Export der Relation in Cassandra:

```
query C5L1S100 feed cspread['127.0.0.1', 'keyspace_r3',
    'C5L1S100', 'ONE', 'node1', N];
```
(7.29)

Das Experiment selbst wurde mit den in Listing E.5 auf Seite 234 aufgeführten Befehlen durchgeführt. Es wurde dabei die Zeit gemessen, die

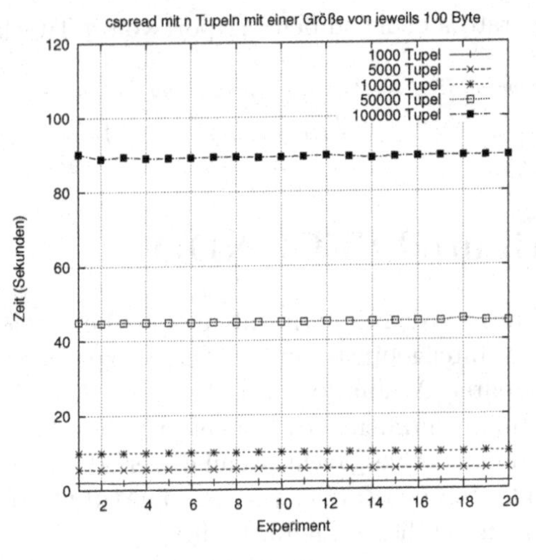

(a) Absolut

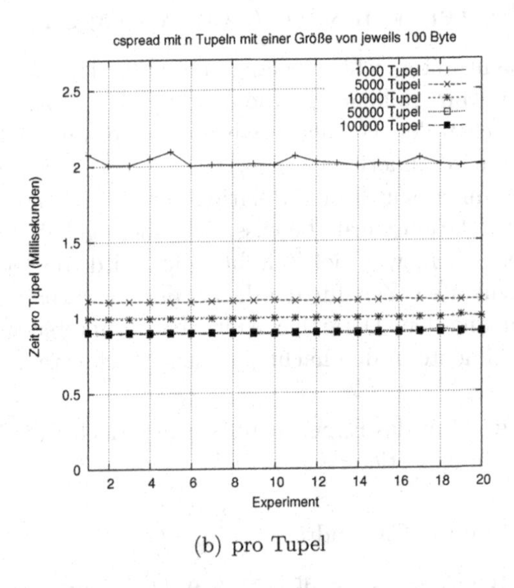

(b) pro Tupel

Abbildung 7.16.: Dieses Experiment zeigt, welche Auswirkung die Anzahl der Tupel auf die Laufzeit von cspread hat.

der Operator `cquerywait` benötigt, um auf die Ausführung der Abfrage mit der ID 2 durch DISTRIBUTED SECONDO zu warten. Das Experiment wurde mit einer unterschiedlichen Anzahl von DISTRIBUTED SECONDO-Knoten wiederholt. Die Anzahl der Knoten wurde von 1 bis 6 Knoten variiert.

Ergebnis: In der Abbildung 7.17 sind die Laufzeiten, in Tabelle 7.9 das Speedup-Verhalten des Experimentes dargestellt. Die Laufzeit der Abfrage nimmt mit einer zunehmenden Anzahl von Systemen ab. Abweichend davon ist zu sehen, dass die Laufzeit mit zwei DISTRIBUTED SECONDO-Knoten höher ist, als die Laufzeit mit einem DISTRIBUTED SECONDO-Knoten.

Der Algorithmus zur Partitionierung des logischen Ringes besteht aus zwei Phasen: (*i*) In der ersten Phase werden alle lokalen Token-Ranges verarbeitet. (*ii*) In der zweiten Phase werden alle Token-Ranges verarbeitet, für die der Knoten zusätzlich verantwortlich ist.

Die erhöhte Laufzeit lässt sich damit erklären, dass beim Einsatz von nur einem DISTRIBUTED SECONDO-Knoten, dieser Knoten nach dem Abarbeiten seiner lokalen Token-Ranges feststellt, dass keine weiteren DISTRIBUTED SECONDO-Knoten aktiv sind und er in Phase *ii* den kompletten logischen Ring bearbeiten muss.

Kommt ein zweiter DISTRIBUTED SECONDO-Knoten hinzu, so muss der Algorithmus zur Partitionierung des logischen Ringes mehrere Iterationen in Phase *ii* durchlaufen und prüfen, ob ggf. ein anderer DISTRIBUTED SECONDO-Knoten gestorben ist und von diesem Token-Ranges übernommen werden müssen. Dies macht sich in einer höheren Laufzeit bemerkbar. Mit dem Hinzufügen des dritten DISTRIBUTED SECONDO-Knotens beginnt die Laufzeit wieder zu sinken.

	Systeme					
	1	2	3	4	5	6
Laufzeit (Sekunden)	121	144	111	94	85	73
Speedup	-	0,84	1,09	1,29	1,42	1,66

Tabelle 7.9.: Speedup-Verhalten beim Durchlaufen durch den logischen Ring bei Einsatz einer unterschiedlichen Anzahl von DISTRIBUTED SECONDO-Knoten.

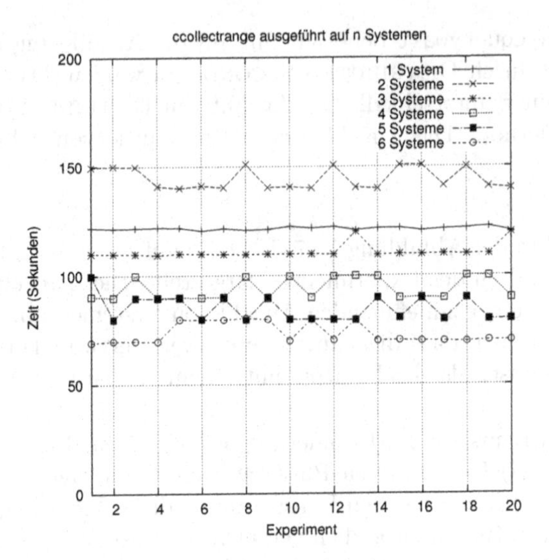

(a) Laufzeit pro Experiment.

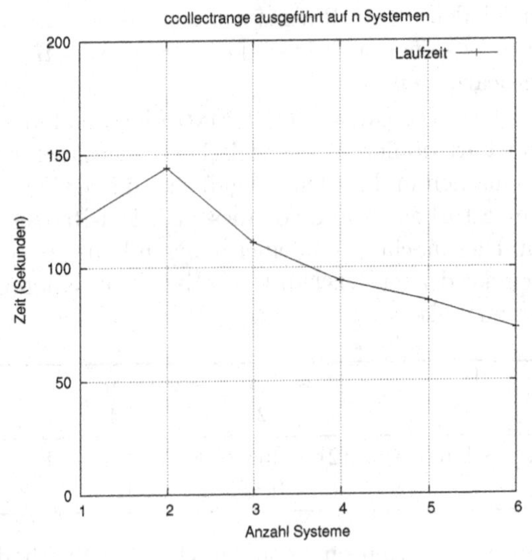

(b) Laufzeit mit n Systemen.

Abbildung 7.17.: Eine auf n Knoten parallel ausgeführte Abfrage.

7.6.2. Token-Ranges und die Laufzeit von verteilten Abfragen

Dieses Experiment dient dazu herauszufinden, wie sich die Anzahl der von Cassandra eingesetzten virtuellen Knoten auf die Laufzeit einer verteilten Abfrage auswirkt. Um so mehr virtuelle Knoten Cassandra im logischen Ring einsetzt, desto mehr Token-Bereiche existieren, die von DISTRIBUTED SECONDO bearbeitet werden müssen.

Durchführung: Zur Durchführung des Experimentes wurden die im letzten Experiment in Abschnitt 7.6.1 beschriebene Abfrage erneut genutzt. Dieses mal wurde dabei die Anzahl der von Cassandra genutzten virtuellen Knoten variiert.

Ergebnis: In Abbildung 7.18 sind die Laufzeiten des Experimentes grafisch dargestellt. In der Tabelle 7.10 finden sich die Laufzeiten der Abfrage bei Einsatz einer unterschiedlichen Anzahl von virtuellen Knoten pro physikalischem System. Es ist zu sehen, dass mit zunehmender Anzahl von virtuellen Knoten die Laufzeit für diese Abfrage ansteigt.

Da diese Abfrage lediglich den logischen Ring von Cassandra durchläuft, ohne weitere Berechnungen vorzunehmen, können diese Kosten als Grundkosten für alle verteilt ausgewerteten Abfragen angesehen werden.

Der Nachteil beim Einsatz von virtuellen Knoten ist, dass die verteilten Abfragen hierdurch eine höhere Grundlaufzeit aufweisen, da mehr Token-Bereiche pro physikalischem Knoten verarbeitet werden müssen. Dies führt dazu, dass eine Abfrage in SECONDO mehrfach, wenn auch jeweils für unterschiedliche Token-Bereiche, ausgeführt wird.

Diesem Nachteil stehen jedoch mehrere Vorteile gegenüber: (*i*) Durch den Einsatz der virtuellen Knoten sind mehr und kleinere Token-Bereiche im logischen Ring von Cassandra vorhanden. Dies führt dazu, dass die Operatoren bei der Bearbeitung eines Token-Bereiches weniger Eingabedaten erhalten und die Wahrscheinlichkeit ansteigt, dass ihre Berechnung im Arbeitsspeicher durchgeführt werden kann. (*ii*) Beim Ausfall eines DISTRIBUTED SECONDO-Knotens geht die Arbeit des aktuell verarbeiteten Token-Bereiches verloren. Bei kleineren Token-Bereichen geht entsprechend weniger Arbeit verloren. (*iii*) Durch den Einsatz von virtuellen Knoten werden Daten im logischen Ring von Cassandra gleichmäßiger aufgeteilt. (*iv*) Ebenso wirkt sich den Einsatz von virtuellen Knoten positiv auf die Fortschrittschätzung aus. Um so mehr Token-Bereiche bearbeitet werden müssen, desto genauer ist diese.

Ob und wie viele virtuelle Knoten eingesetzt werden sollten, kann nicht pauschal festgelegt werden. Dies richtet sich danach, ob eine geringe Laufzeit der Abfrage oder beispielsweise eine präzise Fortschrittschätzung zu präferieren ist. Zudem hängt diese Entscheidung von der Anzahl der im logischen Ring abgelegten Daten sowie der Anzahl an physischen Knoten im logischen Ring ab. Auch eine steigende Anzahl von physischen Knoten sorgt dafür, dass die Menge der Token-Bereiche wächst und deren Größe sinkt. Cassandra verwendet per Voreinstellung 256 virtuelle Knoten pro physikalischem Knoten. Alle weiteren Experimente sind mit dieser Einstellung durchgeführt worden.

Festzuhalten ist, dass die Grundlaufzeit für eine von Distributed Secondo ausgeführte Abfrage in den folgenden Experimenten bei 77 Sekunden liegt, diese kann auf 9 Sekunden gesenkt werden, wenn auf den Einsatz von virtuellen Knoten verzichtet wird.

	Token pro System										
	1	2	4	8	16	32	64	128	256	512	1 024
Laufzeit (Sek)	9	9	11	19	19	19	28	40	77	141	278

Tabelle 7.10.: Grundlaufzeit einer in Distributed SECONDO ausgeführten Abfrage bei Verwendung von n Token pro System und sechs physikalischen Systemen.

7.6.3. Verteilter Join

Dieses Experiment untersucht wie sich der Einsatz einer unterschiedlichen Anzahl an Distributed Secondo-Knoten auf die Laufzeit eines verteilten Joins auswirken. Hierzu wurde der im Abschnitt 5.2.11 auf Seite 125 vorgestellte verteilte Join durchgeführt.

Durchführung: Zunächst wurden mit den in Listing E.6 auf Seite 235 abgedruckten Abfragen zwei Relationen mit jeweils 100 000 Tupeln in Secondo erzeugt und anschließend nach Cassandra exportiert. Die beiden Relationen weisen unter einem Join eine Selektivität von 0,000 001 auf; bei einem Join sind entsprechend $100\,000 \cdot 100\,000 \cdot 0{,}000\,001 = 10\,000$

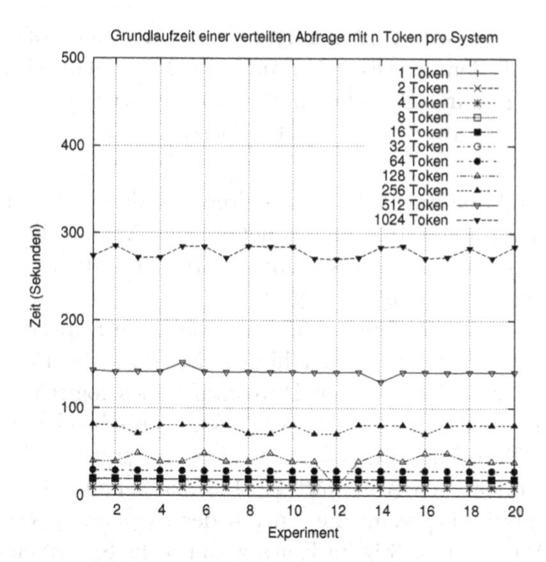

(a) Laufzeit pro Experiment.

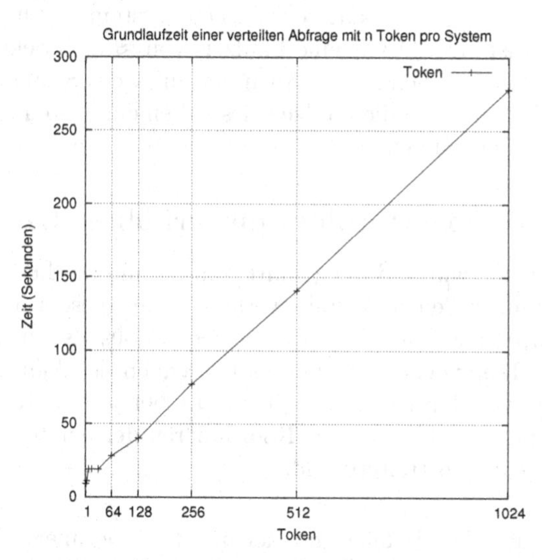

(b) Laufzeit mit n Token pro Knoten.

Abbildung 7.18.: Eine in einem Cassandra Cluster auf 6 Knoten parallel ausgeführte Abfrage. Jeder Knoten besitzt n Token im logischen Ring.

Ergebnistupel zu erwarten[4]. Nach dem Export der Relationen nach Cassandra wurde mit den in Listing E.7 auf Seite 236 abgedruckten Abfragen der Join durchgeführt. Bei diesem Experiment wurde die Zeit für das Ausführen des Operators `cquerywait` gemessen.

Ergebnis: In Abbildung 7.19 ist das Ergebnis dieses Experimentes dargestellt. Es ist zu sehen, dass mit zunehmender Anzahl der eingesetzten Systeme, die Laufzeit des Joins abnimmt. In der Tabelle 7.11 auf Seite 190 ist das Speedup-Verhalten dargestellt.

Gegenüber dem in Abschnitt 7.6.1 beschriebenen Experiment wird ein besserer Speedup erreicht. Grund hierfür ist, dass die Berechnung des Joins zeitintensiver als das reine Durchlaufen des logischen Ringes ist. Der von DISTRIBUTED SECONDO verursachte Overhead tritt gegenüber der parallelen Berechnung des Joins in den Hintergrund. Im Gegensatz zu dem Experiment aus Abschnitt 7.6.1 ist zu sehen, dass die Laufzeit durchgehend abnimmt, wenn die Anzahl der Systeme ansteigt. Es wird ein Speedup-Wert von ≈ 3 beim Einsatz von sechs Systemen erreicht.

Der mit dem Befehl »`query relation1 feed r1 relation2 feed r2 itHashJoin[N_r1, N_r2] count;`« auf einem System durchgeführte Join (sequenzielle Ausführung) hat eine Laufzeit von $\approx$ 0,85 Sekunden (siehe Abbildung 7.21(a) auf Seite 193). Auch der auf sechs Systemen durchgeführte parallele Join kann die Laufzeit des auf einem System durchgeführten Joins nicht unterbieten.

7.6.4. Ein verzögerter Join mit erhöhter Laufzeit

Dieses Experiment wurde durchgeführt, um zu untersuchen, wie sich die parallele Ausführung einer Abfrage verhält, wenn diese sehr zeitintensiv ist. Hierzu wurde das letzte Experiment wiederholt. Es wurde zusätzlich der Operator `sleep` verwendet, um das Berechnen des Joins künstlich zu verzögern. Die von DISTRIBUTED SECONDO benötigten Ressourcen für das Verteilen der Abfrage und das Koordinieren der Knoten treten somit noch deutlicher in den Hintergrund.

Durchführung: Die Befehle mit denen das Experiment durchgeführt wurde, sind mit denen aus Listing E.7 identisch. Lediglich dem Join wurde

[4] Auf den verwendeten Testdaten liefert ein mittels »`query relation1 feed r1 relation2 feed r2 itHashJoin[N_r1, N_r2] count;`« durchgeführter Join 9 969 Tupel zurück.

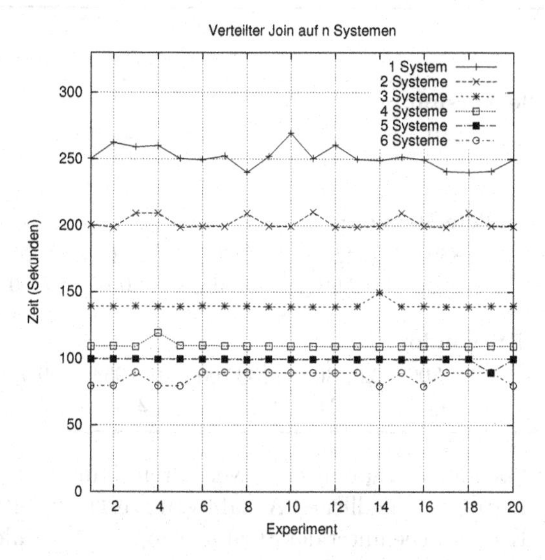

(a) Laufzeit pro Experiment.

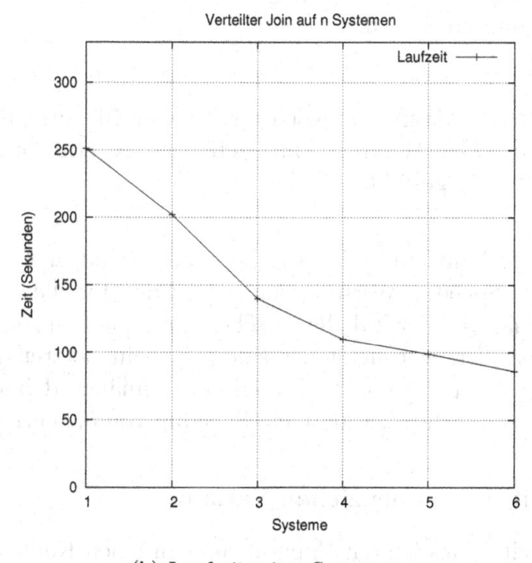

(b) Laufzeit mit n Systemen.

Abbildung 7.19.: Ein verteilter Join ausgeführt auf n Systemen.

	Systeme					
	1	2	3	4	5	6
Sequenzielle Version:						
Laufzeit (ms)	850	-	-	-	-	-
Speedup	-	-	-	-	-	-
Optimal parallele Version:						
Laufzeit (ms)	850	425	283	213	170	142
Speedup	-	2,00	3,00	4,00	5,00	6,00
Distributed Secondo:						
Laufzeit (ms)	251 300	202 369	139 700	109 954	99 081	86 152
Speedup	-	1,24	1,79	2,28	2,54	2,92

Tabelle 7.11.: Speedup-Verhalten eines verteilten Joins beim Einsatz einer unterschiedlichen Anzahl von DISTRIBUTED SECONDO-Knoten. Die unter der Strategie »optimal parallele Version« angegebenen Laufzeiten ergeben sich aus der Laufzeit der sequenziellen Version geteilt durch die Anzahl der eingesetzten Systeme.

mit dem Operator `sleep` eine Verzögerung von 100 ms pro erzeugtem Tupel hinzugefügt. Die konkrete Abfrage für das Experiment ist in Listing E.8 auf Seite 236 dargestellt.

Ergebnis: Die Laufzeiten dieses Experimentes sind in Abbildung 7.20 dargestellt. Die Speedup-Werte finden sich in der Tabelle 7.12. Es ist in dieser Abbildung und der Tabelle zu sehen, dass die Laufzeiten aufgrund der künstlichen Verzögerung höher sind, als beim letzten Experiment. Der Speedup erfolgt bei diesem Experiment annähernd linear. Bei der Verteilung auf sechs Rechner kann ein Speedup von 5,20 erreicht werden.

Vergleich mit der sequenziellen Variante

Um die Laufzeiten des letzten Experimentes in einen Kontext zu setzen, wurde die Datenbankabfrage in einer sequenziellen Version wiederholt. Dies ermöglicht es, die für die Verteilung anfallenden zusätzlichen Ressourcen (*den Overhead*) abzuschätzen.

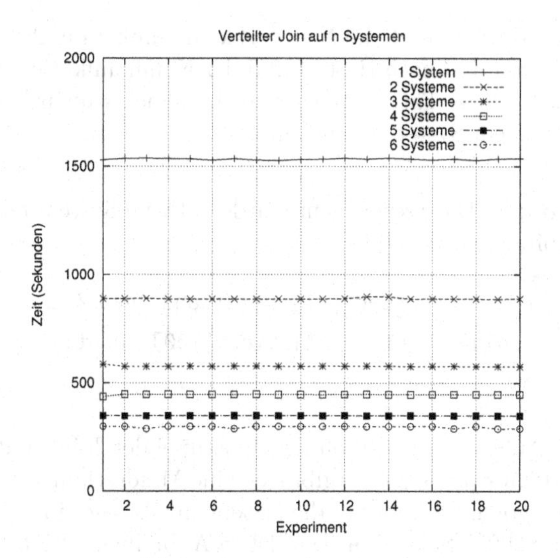

(a) Laufzeit pro Experiment.

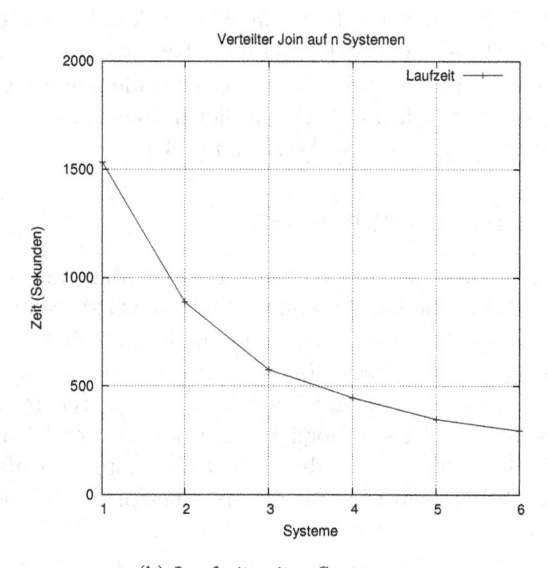

(b) Laufzeit mit n Systemen.

Abbildung 7.20.: Ein verteilter verlangsamter Join ausgeführt auf n Systemen.

Der Overhead wird durch die Netzwerkkommunikation, dem Konvertieren der Tupel von und nach Base64 und der Kommunikation mit Cassandra verursacht. Diese Tätigkeiten fallen, bei einer sequenziellen Berechnung auf nur einem System, nicht an.

Durchführung: Das Experiment wurde auf dem System *node1* mit der folgenden Abfrage durchgeführt:

```
query relation1 feed {r1} relation2 feed {r2}
    itHashJoin[N_r1, N_r2] sleep[100] count;
```
(7.30)

Ergebnis: Aufgrund der 10 000 Ergebnistupel des Joins und der Verzögerung von 100 ms pro Tupel, ergibt sich eine Mindestlaufzeit der Abfrage von 1 000 Sekunden. Konkret hat die Datenbankabfrage einem System eine Laufzeit von ≈ 1 003 Sekunden. Dies ist in Abbildung 7.21(b) dargestellt.

Ein von DISTRIBUTED SECONDO auf einem System ausgeführter Join (siehe Tabelle 7.12 auf Seite 194) mit 1533 Sekunden Laufzeit besitzt damit einen Overhead von ≈ 500 Sekunden bzw. ≈ 50%.

Legt man eine Laufzeit von 1003 Sekunden für die sequenzielle Variante zu Grunde, so ergibt sich mit dem parallelen Join auf 6 Systemen (296 Sekunden Laufzeit) ein Speedup-Wert von ≈ 3,4.

Vergleich mit Parallel SECONDO

Die Ausführungszeiten des verzögerten verteilten Joins mit DISTRIBUTED SECONDO werden in diesem Abschnitt mit PARALLEL SECONDO verglichen. Hierzu wurde PARALLEL SECONDO wie in [LG13b, S. 17f] beschrieben installiert. Es wurden sechs *DataNodes* eingerichtet. Hierdurch wird auf jedem System im Cluster nur eine Festplatte durch PARALLEL SECONDO angesprochen. Dies ermöglicht eine bessere Vergleichbarkeit mit DISTRIBUTED SECONDO. Cassandra spricht pro System ebenfalls nur eine Festplatte an. Genutzt wird hierfür die erste Festplatte in jedem System.

Durchführung: Die Abfrage für den verteilten Join stammt aus [Lu12, S. 6f] und wurde für dieses Experiment geringfügig modifiziert. Der vollständige Ablauf des verteilten Joins mit PARALLEL SECONDO ist in Listing E.9 auf Seite 237 zu finden.

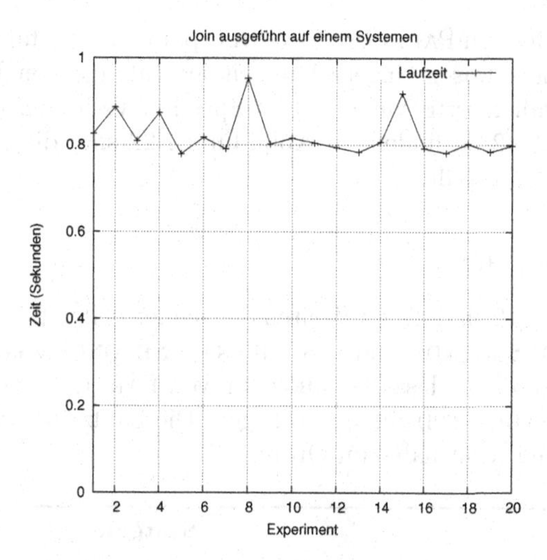

(a) Normaler Join.

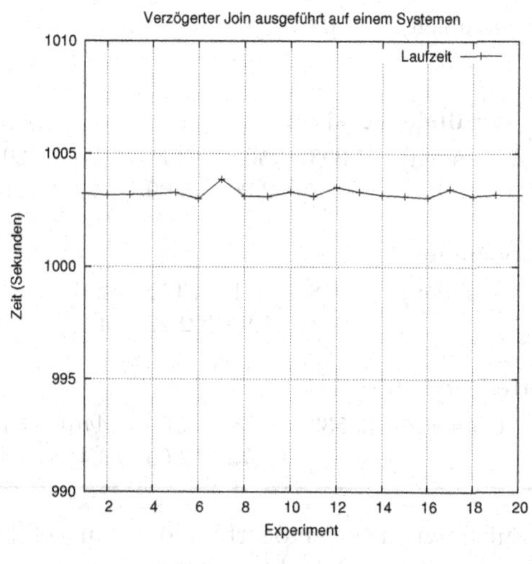

(b) Verzögerter Join.

Abbildung 7.21.: Laufzeiten eines Joins ausgeführt auf einem System.

Ergebnis: Der von Parallel Secondo parallel ausgeführte verzögerte Join weist eine etwas geringere Laufzeit auf, als die von Distributed Secondo parallelisierte Version. Das Speedup-Verhalten dieser Lösung ist in Tabelle 7.12 zu finden. In Abbildung 7.22 sind die Laufzeiten des Experiments dargestellt.

Zusammenfassung

In der Tabelle 7.12 sind die Laufzeiten der sequenziellen Lösung mit denen von Parallel Secondo und Distributed Secondo zusammen aufgeführt. Es ist zu sehen, dass die Laufzeiten von Parallel Secondo unter denen von Distributed Secondo liegen. Die Laufzeiten von Parallel Secondo liegen recht nahe am Optimum.

	Systeme					
	1	2	3	4	5	6
Sequenzielle Version:						
Laufzeit (Sekunden)	1 003	-	-	-	-	-
Speedup	-	-	-	-	-	-
Optimal parallele Version:						
Laufzeit (Sekunden)	1 003	502	334	251	201	167
Speedup	-	2,00	3,00	4,00	5,00	6,00
Parallel Secondo:						
Laufzeit (Sekunden)	1 048	541	372	291	237	200
Speedup	-	1,94	2,82	3,60	4,42	5,24
Distributed Secondo:						
Laufzeit (Sekunden)	1 533	888	577	446	347	295
Speedup	-	1,73	2,66	3,44	4,42	5,20

Tabelle 7.12.: Laufzeiten eines verzögerten Joins, ausgeführt auf einer unterschiedlichen Anzahl von Systemen und mit verschiedenen Strategien zur Parallelisierung. Die unter der Strategie »optimal parallele Version« angegebenen Laufzeiten ergeben sich aus der Laufzeit der sequenziellen Version geteilt durch die Anzahl der eingesetzten Systeme.

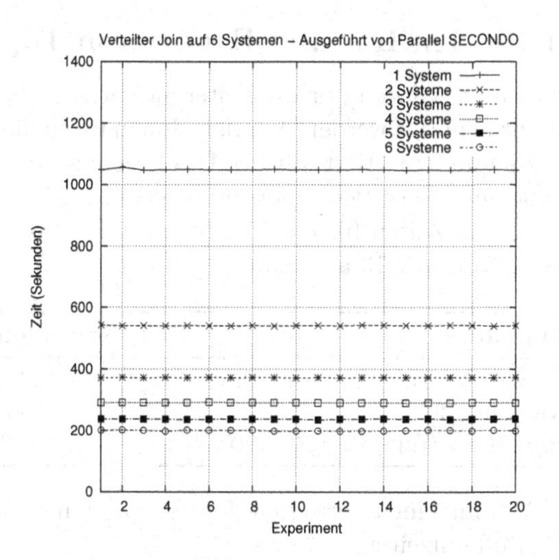

(a) Laufzeit pro Experiment.

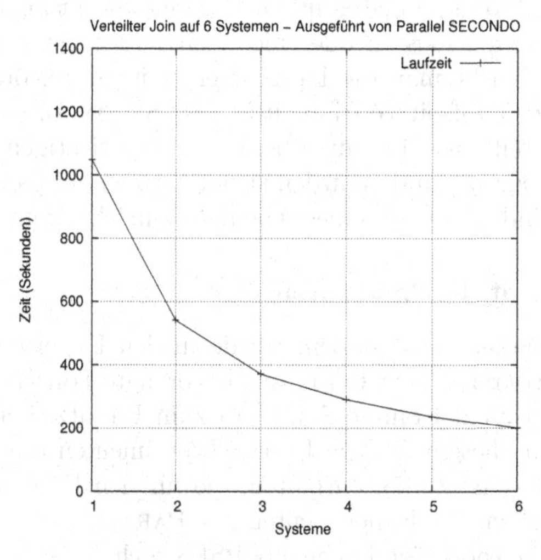

(b) Laufzeit mit n Systemen.

Abbildung 7.22.: Ein verlangsamter Join ausgeführt von Parallel SECONDO auf n Systemen.

7.6.5. Zeit für den Im- und Export von Tupeln

In den Experimenten wurden nur die Zeiten betrachtet, die für das Ausführen eines Joins benötigt werden. Vor dem Join müssen die zu vereinigen Tupel nach Cassandra exportiert werden. Das Ergebnis des Joins muss anschließend wieder in SECONDO importiert werden. All diese Tätigkeiten benötigen Zeit. Diese Zeiten für das in Abschnitt 7.6.3 beschriebene Experiment sind in Tabelle 7.13 aufgeführt.

Operation	Zeit (Sekunden)
Export der Tupel in Cassandra	166,80
Verteilter Join	86,00
Import der Tupel in SECONDO	5,21

Tabelle 7.13.: Alle für einen verteilten Join benötigten Operationen und ihre Laufzeiten.

Die Frage ist, ob diese Zeiten in einen Vergleich mit anderen Systemen eingerechnet werden müssen oder nicht. Dies ist nicht eindeutig zu beantworten. Vergleicht man die Laufzeit einer in SECONDO ausgeführten Abfrage mit der Laufzeit von DISTRIBUTED SECONDO, so ist es für SECONDO ein Vorteil, dass die Tupel bereits in dem richtigen Format in der *Berkeley DB* abgelegt sind. Würden sich die Tupel beispielsweise in einer CSV-Datei befinden, müssten diese ebenfalls zunächst konvertiert werden.

Vergleichbarkeit der Laufzeiten

Um Vergleichbarkeit herzustellen, wurde in den Experimenten die Zeit für das Konvertieren der Daten in das bevorzugte Format des jeweiligen Systems weggelassen. Kommt SECONDO zum Einsatz, befinden sich die Daten bereits in diesem DBMS. In den Experimenten mit DISTRIBUTED SECONDO sind keine Zeiten enthalten, die für den Export der Daten in Cassandra anfallen. Bei Experimenten mit PARALLEL SECONDO sind die Zeiten für den Export der Daten ins PSFS nicht aufgeführt. Hierdurch wird eine Vergleichbarkeit der drei Systeme untereinander erreicht.

7.6.6. Verteilter spatial Join

In diesem Experiment wurde untersucht, wie sich ein Partition based spatial merge join parallelisieren lässt. Dazu wurde der in Abschnitt 6.3 auf

Seite 139 beschriebene PBSM-Join mit den Geodaten des Bundeslandes Nordrhein-Westfalen durchgeführt. Die Ausführung des Joins wurde von DISTRIBUTED SECONDO vorgenommen.

Durchführung: Im Abschnitt 6.3 sind bereits für die Parallelisierung des PBSM-Joins erforderlichen Abfragen abgedruckt. Diese Abfragen wurden für dieses Experiment unverändert übernommen. Zu beachten ist, dass zunächst einige Vorbereitungen für den Join erforderlich sind. So werden zunächst auf einem System die Regionen in Gitterzellen einsortiert und anschließend nach Cassandra exportiert. Die hierfür benötigten Zeiten sind in Tabelle 7.14 zu finden.

Operation	**Zeit** (**Min**)
Verteilen der Regionen der Relation Roads auf das Gitter	4:43
Verteilen der Regionen der Relation Forest auf das Gitter	1:46
Exportieren der Relation RoadsCell in Cassandra	36:49
Exportieren der Relation ForestCell in Cassandra	5:13

Tabelle 7.14.: Vor der Parallelisierung eines PBSM-Joins durchgeführte Berechnungen.

Die Verteilung der Regionen auf das Gitter kann grundsätzlich auch verteilt durchgeführt werden. In dem in Abschnitt 7.6.1 auf Seite 181 beschriebenen Experiment wurde ermittelt, dass für das verteilte Abarbeiten mindestens eine zusätzliche Zeit von $\approx$ 73 Sekunden erforderlich ist. Zudem müssen die entsprechenden Tabellen zweimal nach Cassandra exportiert werden. Einmal unverändert und einmal nach dem Verteilen der Regionen auf das Gitter.

Hierdurch würde sich die Zeit für das Exportieren der Daten in Cassandra verdoppeln. Da das Verteilen der Regionen auf das Gitter deutlich weniger Zeit in Anspruch nimmt, als das Exportieren der Relationen nach Cassandra, wurde diese Berechnung auf nur einem einzigen System durchgeführt.

Ergebnis: Die Laufzeit des Experimentes ist in Abbildung 7.23 zu sehen. Der erreichte Speedup durch die Verteilung über mehrere Systeme ist in Tabelle 7.16 auf Seite 206 angegeben. Um so mehr Systeme an der Berechnung des Joins beteiligt waren, desto schneller konnte die Berechnung erfolgen.

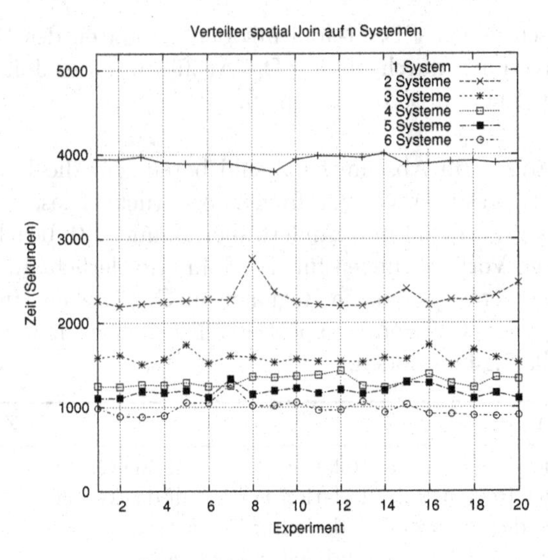

(a) Laufzeit pro Experiment.

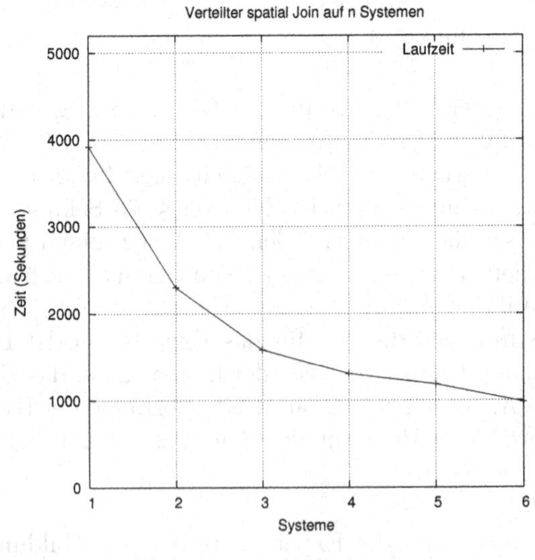

(b) Laufzeit mit n Systemen.

Abbildung 7.23.: Ein verteilter spatial Join ausgeführt auf n Systemen.

Vergleich mit Parallel SECONDO

Auch mit PARALLEL SECONDO wurde ein PBSM-Join durchgeführt. Die Abfragen für das Ausführen sind in Listing E.11 auf Seite 239 dargestellt. Diese Abfragen wurden, mit leichten Modifikationen, aus [LG13a, S. 26] entnommen.

Ergebnis: In Abbildung 7.24 sind die Laufzeiten des Experiments dargestellt. In Tabelle 7.16 auf Seite 206 finden sich die im Experiment gemessenen Laufzeiten.

Vergleich mit der sequenziellen Variante

In dem Listing E.10 auf Seite 238 sind zwei Varianten aufgeführt, einen PBSM-Join sequenziell auf einem System durchzuführen. Diese unterscheiden sich darin, ob die vom Operator `cellnumber` erzeugten Daten nur im Arbeitsspeicher gehalten werden oder ob diese als Zwischenergebnis auf einer Festplatte zwischengespeichert werden.

(i) In der *Variante 1* werden die Regionen zunächst auf das Gitter verteilt. Die entstehenden Relationen werden auf einer Festplatte abgelegt. Anschließend wird in einem zweiten Schritt der PBSM-Join durchgeführt.

(ii) In der *Variante 2* wird die Verteilung auf das Gitter sowie der PBSM-Join in einem einzigen Schritt durchgeführt. Zwischenergebnisse werden im Arbeitsspeicher gehalten.

Variante 1 weist gegenüber der Variante 2 eine deutlich höhere Laufzeit auf. Grund hierfür ist, dass die von der Festplatte gelesenen Zwischenergebnisse größer sind als die ursprünglichen Relationen. Jede Region, welche in zwei oder mehr Gitterzellen liegt, wird durch den Operator `cellnumber` dupliziert (siehe Tabelle 7.15).

Variante 1 ist am ehesten mit dem von DISTRIBUTED SECONDO und von PARALLEL SECONDO durchgeführten Join zu vergleichen. Beide Systeme müssen die Regionen gemäß ihrer Gitterzelle partitionieren, wenn die Regionen in Cassandra oder in das PSFS exportiert werden. In PSFS und Cassandra werden die Daten auf einer oder mehreren Festplatte(n) abgelegt. Hierdurch wird das in Variante 1 beschriebene Abspeichern des Zwischenergebnisses durchgeführt.

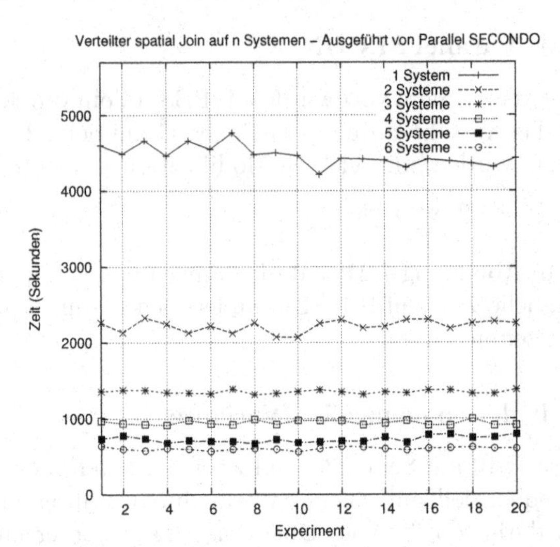

(a) Laufzeit pro Experiment.

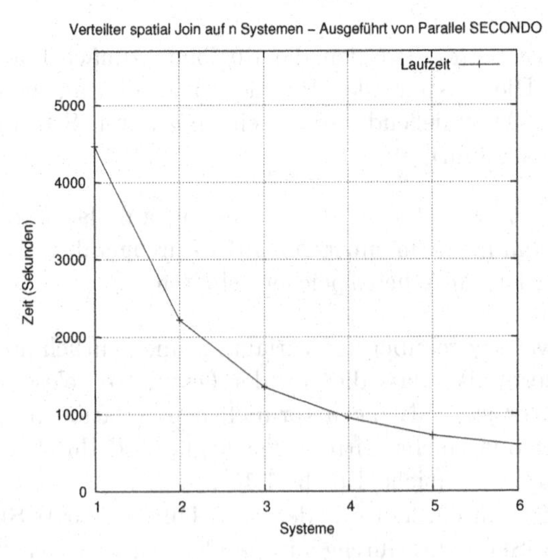

(b) Laufzeit mit n Systemen.

Abbildung 7.24.: Ein verteilter spatial Join ausgeführt auf n Systemen mit Parallel SECONDO.

Name der Relation	Tupel	Tupel nach Verteilung auf das Gitter
Roads	1 358 116	1 825 752
Forest	88 074	163 671

Tabelle 7.15.: Größe der Relationen in der Datenbank NRW vor und nach dem Verteilen auf ein Gitter.

Ergebnis: Führt man beide im Listing E.10 beschriebenen PBSM-Join Varianten lokal auf einem System aus, so ergeben sich durchschnittlich Laufzeiten von 2207 Sekunden für Variante 1 und 790 Sekunden für Variante 2. Die Laufzeiten des Experimentes sind in Abbildung 7.25 dargestellt.

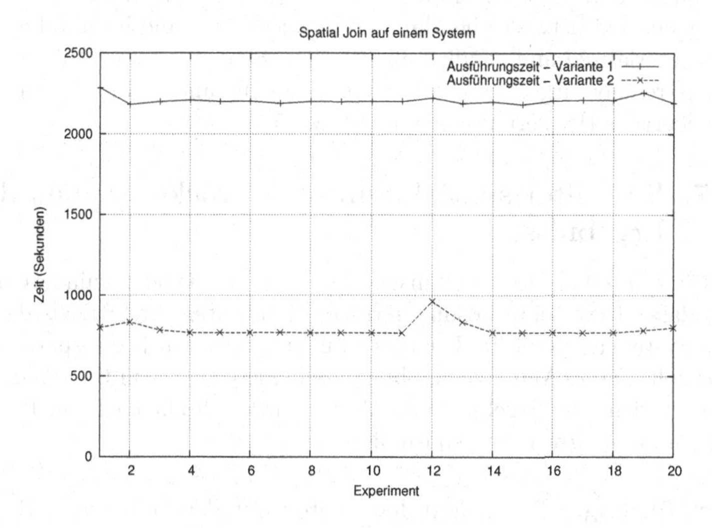

Abbildung 7.25.: Ein spatial Join ausgeführt auf einem System.

Der auf einem Computer ausgeführte PBSM-Join auf den Daten von Nordrhein-Westfalen ist in Variante 2 schneller als die parallele Lösung mittels DISTRIBUTED SECONDO oder PARALLEL SECONDO. Hierfür gibt es zwei Gründe:

(i) Es müssen weniger Daten von der Festplatte gelesen werden. Die vom Operator `cellnumber` duplizierten Tupel existieren nur im Arbeitsspeicher.

(ii) Das Ergebnis wird sofort von dem Operator `count` verarbeitet, es existiert ebenfalls nur im Arbeitsspeicher. Bei DISTRIBUTED SECONDO und PARALLEL SECONDO muss das Ergebnis nach Base64 konvertiert, über das Netzwerk versendet und wieder in Tupel umgewandelt werden.

Diese Umstände bereiten auch PARALLEL SECONDO Probleme bei der Parallelisierung des PBSM-Joins:

> »This approach is not efficient for the example problem. [...] This is mainly caused by the spatial join result, which are generated and accessed mainly in the memory during the sequential procedure. However in the parallel query, they are generated between the Map and Reduce stage, and have to be materialized and shuffled as disk files. Since the join result is extremely large, the overhead of exporting and loading them degrades the performance [Lu12, S. 15].«

7.6.7. Verteilter spatial Join ohne Rückschreiben der Ergebnisse

Das Rückschreiben des Ergebnisses der Join-Operation verhindert demnach, dass die verteilte Lösung geringere Laufzeiten erreicht, als die auf einem System ausgeführte. Um dies zu überprüfen, wurde der spatial Join wiederholt. Dieses Mal jedoch, ohne dass die Ergebnisse in Cassandra abgelegt wurden. Die Ergebnisse des Joins wurden direkt nach der Berechnung vom Operator `count` konsumiert.

Durchführung: Der spatial Join wurde mit der in Listing E.12 auf Seite 240 genannten Abfrage durchgeführt. Der restliche Ablauf blieb mit dem im Abschnitt 7.6.6 beschriebenen Experiment identisch.

Ergebnis: Es ist in der Abbildung 7.26 zu sehen, dass der Join ohne Rückschreiben der Ergebnisse erheblich schneller ausgeführt werden konnte. In Tabelle 7.16 sind die Speedup-Werte für dieses Experiment angegeben. Vergleicht man diese Werte mit den Werten des ursprünglichen spatial Joins (siehe ebenfalls Tabelle 7.16), so fällt auf, dass durch den Verzicht auf das Abspeichern der Ergebnisse der Join ≈ 2 mal so schnell durchgeführt werden konnte.

Vergleich mit Parallel SECONDO

Auch in PARALLEL SECONDO wurde eine vergleichbare Abfrage ausgeführt. In Listing E.13 auf Seite 240 ist die Abfrage zu finden. Die restlichen Abfragen bleiben mit denen aus Listing E.11 identisch. Die Abfrage aus dem Listing E.13 ermittelt sofort die Größe des Ergebnisses und verwirft danach die zusammengeführten Tupel. Die Größe des zu transportierenden Ergebnisses wird somit deutlich reduziert.

Ergebnis: In Abbildung 7.27 sind die Laufzeiten des Experimentes dargestellt. In der Tabelle 7.16 sind die Speedup-Werte für dieses Experiment angegeben.

Zusammenfassung

In den letzten Experimenten konnte gezeigt werden, dass die Parallelisierung eines PBSM-Joins mit einem großen Ergebnis einen hohen Overhead mit sich bringt. PARALLEL SECONDO und DISTRIBUTED SECONDO sind in der Lage, diesen Join zu parallelisieren. Die Zeiten für die sequenzielle Version des Joins können dabei jedoch nur schwer erreicht werden. In der Tabelle 7.16 sind die Laufzeiten der Experimente miteinander verglichen. In Abbildung 7.28 sind die Laufzeiten grafisch aufbereitet.

In allen Experimenten wurde die Kombination der Zellen des Gitters mit dem Operator `parajoin2` vorgenommen. Möglichkeiten den PBSM-Join durch den Einsatz von alternativen Operatoren, wie beispielsweise `itSpatialJoin`, zu beschleunigen, waren nicht Gegenstand der Experimente.

Fazit

Es konnte gezeigt werden, dass das Rückschreiben der Ergebnisse einen Großteil der Laufzeit eines parallelisierten PBSM-Joins ausmacht. Die Laufzeiten von DISTRIBUTED SECONDO ohne Rückschreiben der Ergebnisse liegen recht nahe an dem berechneten Optimum. Darauf folgen die

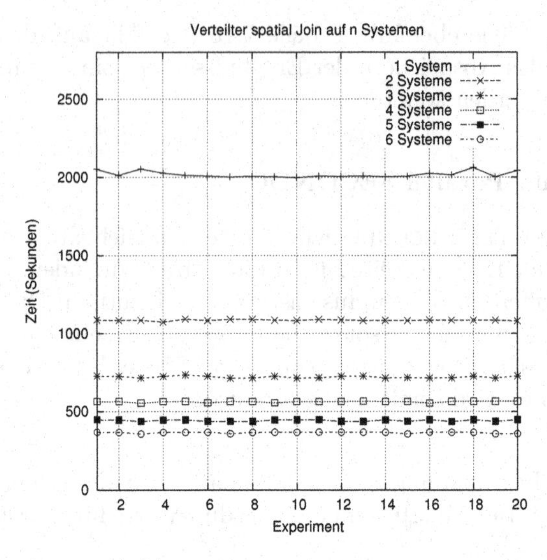

(a) Laufzeit pro Experiment.

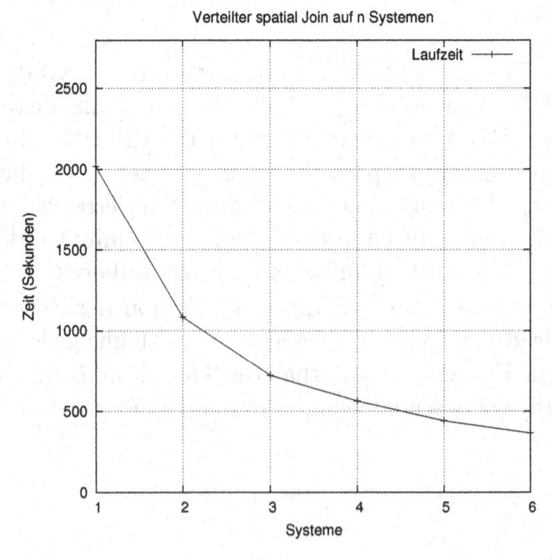

(b) Laufzeit mit n Systemen.

Abbildung 7.26.: Ein verteilter spatial Join ausgeführt auf n Systemen ohne Rückschreiben der Ergebnisse.

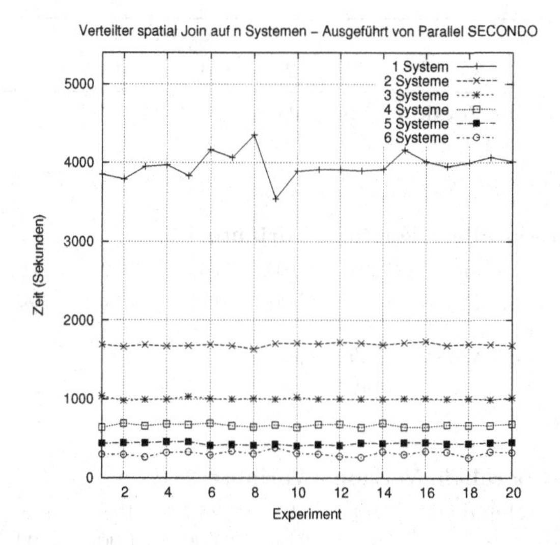

(a) Laufzeit pro Experiment.

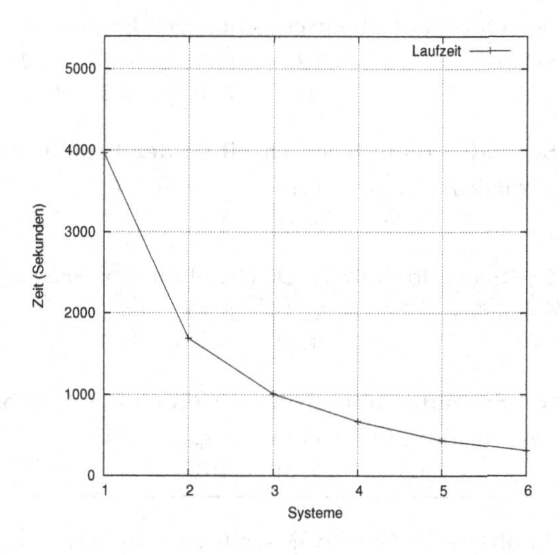

(b) Laufzeit mit n Systemen.

Abbildung 7.27.: Ein verteilter spatial Join ausgeführt auf n Systemen ohne Rückschreiben der Ergebnisse ausgeführt mit Parallel SECONDO.

	Systeme					
	1	2	3	4	5	6
Sequenzielle Version – Variante 1:						
Laufzeit (Sekunden)	2 207	-	-	-	-	-
Speedup	-	-	-	-	-	-
Optimal parallele Version – Variante 1:						
Laufzeit (Sekunden)	2 207	1 104	736	552	441	368
Speedup	-	2,00	3,00	4,00	5,00	6,00
Sequenzielle Version – Variante 2:						
Laufzeit (Sekunden)	790	-	-	-	-	-
Speedup	-	-	-	-	-	-
Optimal parallele Version – Variante 2:						
Laufzeit (Sekunden)	790	395	263	198	158	132
Speedup	-	2,00	3,00	4,00	5,00	6,00
Parallel Secondo – mit Rückschreiben der Ergebnisse:						
Laufzeit (Sekunden)	4 465	2 218	1 351	945	722	599
Speedup	-	2,01	3,30	4,72	6,18	7,45
Parallel Secondo – ohne Rückschreiben der Ergebnisse:						
Laufzeit (Sekunden)	3 963	1 691	1 007	665	435	309
Speedup	-	2,34	3,94	5,96	9,11	12,83
Distributed Secondo – mit Rückschreiben der Ergebnisse:						
Laufzeit (Sekunden)	3 918	2 298	1 583	1 305	1 184	981
Speedup	-	1,70	2,48	3,00	3,31	3,99
Distributed Secondo – ohne Rückschreiben der Ergebnisse:						
Laufzeit (Sekunden)	2 017	1 085	722	564	442	365
Speedup	-	1,86	2,79	3,58	4,56	5,53

Tabelle 7.16.: Laufzeiten eines PBSM-Joins, ausgeführt auf einer unterschiedlichen Anzahl von Systemen und mit verschiedenen Strategien zur Parallelisierung. Die unter der Strategie »optimal parallele Version« angegebenen Laufzeiten ergeben sich aus der Laufzeit der sequenziellen Version geteilt durch die Anzahl der eingesetzten Systeme.

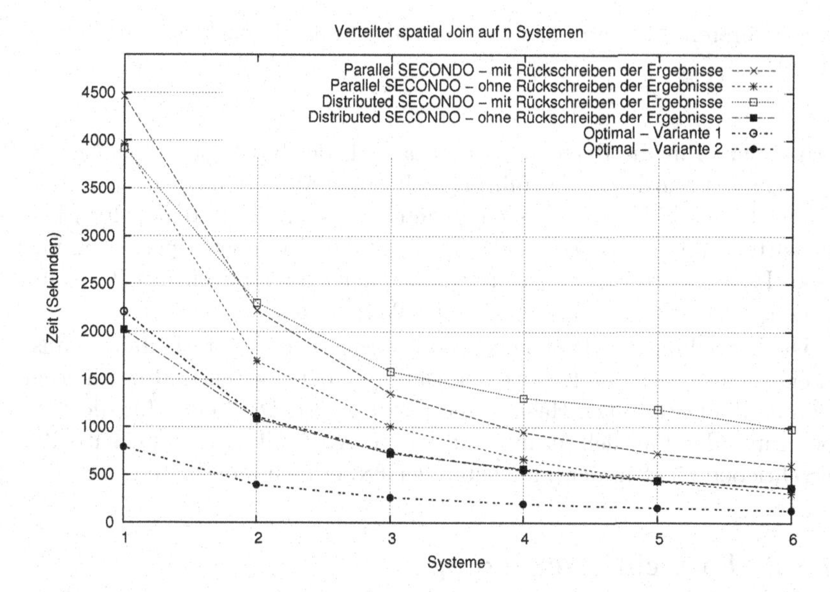

Abbildung 7.28.: Laufzeiten eines PBSM-Joins, ausgeführt auf einer unterschiedlichen Anzahl von Systemen und mit verschiedenen Strategien zur Parallelisierung.

Laufzeiten von PARALLEL SECONDO. Müssen die Ergebnisse zurückgeschrieben werden, weist DISTRIBUTED SECONDO die langsamste Ausführung auf.

Können die Ergebnisse des Joins verworfen werden, schneidet beim Einsatz von ein bis fünf Systemen DISTRIBUTED SECONDO gegenüber PARALLEL SECONDO besser ab. Die Begründung hierfür lässt sich im Operator `symmjoin` finden. Dieser besitzt eine Laufzeit von $\mathcal{O}(n^2)$.

DISTRIBUTED SECONDO verteilt die Daten über den logischen Ring und versorgt den Operator `symmjoin` mehrfach nur mit kleinen Datenmengen. PARALLEL SECONDO muss den Operator auf einem größeren Datenbestand durchführen. Dies führt zu höheren Laufzeiten.

Es ist zu sehen, dass beim Einsatz von sechs Systemen und dem PBSM-Join ohne Rückschreiben der Ergebnisse die Laufzeit von PARALLEL SECONDO unter der von DISTRIBUTED SECONDO liegt. Ab diesen Zeitpunkt werden die Eingabedaten so klein, dass das Ausführen einer Abfrage pro System auf einem größeren Datenbestand schneller ist, als das Ausführen von mehreren Abfragen pro System auf jeweils einem kleinen Datenbestand.

Hinweis: Für die Berechnung der Laufzeit der Strategie *optimal parallele Version* wurde die Ausführungszeit einer Abfrage auf einem System durch die Anzahl von m Systemen geteilt. Dieser Wert stellt jedoch keine harte untere Schranke für das Problem dar. Kommen Operatoren mit einer Laufzeit größer $\mathcal{O}(n)$ zum Einsatz, kann die Laufzeit des Problems bei einer Parallelisierung unter diesen Wert sinken.

Die Verteilung des Problems setzt jedoch gewisse Vorarbeiten voraus. Hierzu zählt u. a. der Export der Daten in den logischen Ring; hierbei werden die Daten nach Hashwerten partitioniert. Die Zeiten für die Vorbereitung der Parallelisierung sind wie in Abschnitt 7.6.5 auf Seite 196 beschrieben nicht in den Laufzeiten der Experimente enthalten.

7.6.8. Fortschrittschätzung

Dieses Experiment überprüft, wie präzise die Fortschrittschätzung des Operators `cquerywait` für die verteilte Ausführung von Abfragen funktioniert. Hierzu wurde die Fortschrittschätzung aus zwei Experimenten aufgezeichnet. Hierbei handelt es sich um den PBSM-Join ohne Rückschreiben der Ergebnisse (siehe Abschnitt 7.6.6), ausgeführt auf drei sowie sechs Systemen, sowie einen verteilten Join (siehe Abschnitt 7.6.3), ausgeführt auf einem und auf sechs Systemen. Auf eine Überprüfung der Kostenschätzung der Operatoren `cspread`, `sleep` und `statistics` wurde verzichtet, da diese lediglich die Kosten des vorgeschalteten Operators weiterleiten. Eine Beschreibung der Messmethode und der Berechnung der Abweichung zur idealen Fortschrittschätzung findet sich in [Nid12, S. 38f].

Ergebnis: Der Verlauf der Fortschrittschätzung für die vier Abfragen ist in der Abbildung 7.29 zu sehen. In Tabelle 7.17 ist die maximale Abweichung vom optimalen Verlauf angegeben. Es kam bei den vier Abfragen maximal zu einer Abweichung von 8,77% vom optimalen Verlauf.

Die in Distributed Secondo implementierte Fortschrittschätzung funktioniert für die in den Experimenten untersuchten Abfragen sehr gut, unabhängig davon, wie viele Knoten an der Berechnung teilgenommen haben.

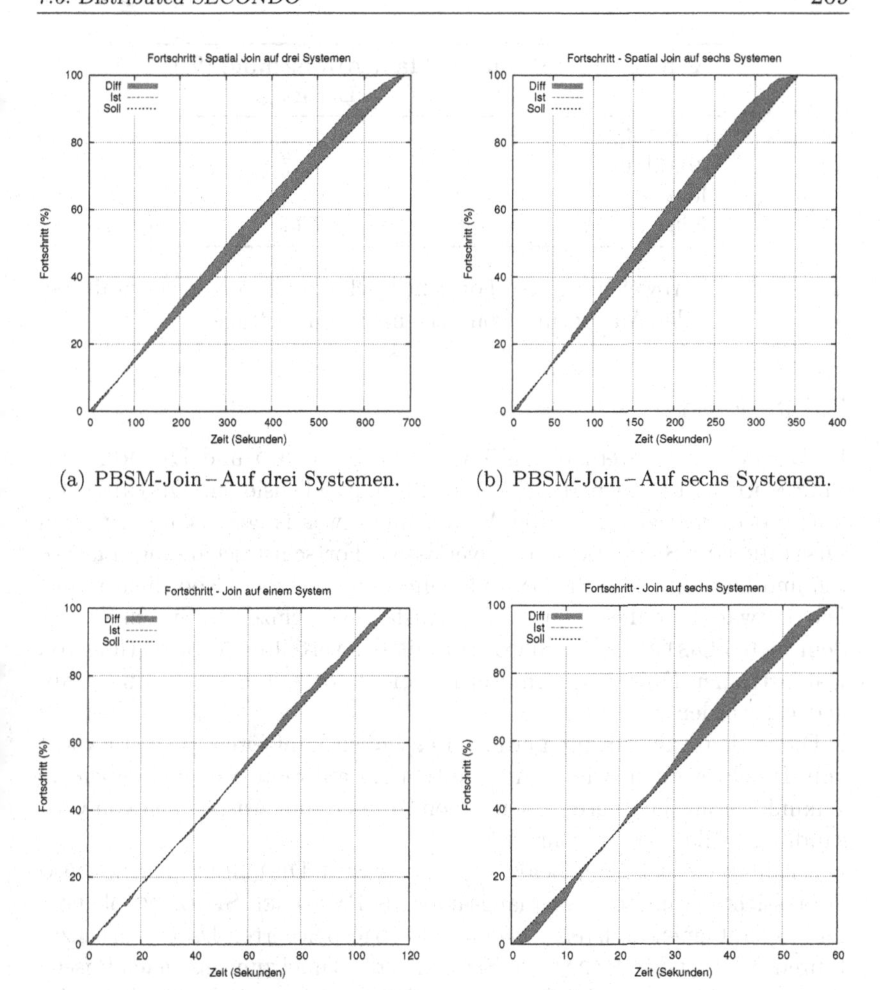

(a) PBSM-Join – Auf drei Systemen.

(b) PBSM-Join – Auf sechs Systemen.

(c) Join – Auf einem Systemen.

(d) Join – Auf sechs Systemen.

Abbildung 7.29.: Fortschrittschätzung von cquerywait bei der Ausführung von verschiedenen Abfragen.

Abfrage	Systeme	Max. Abweichung (%) $\text{Error}_{\text{Max}}$
PBSM-Join	3	7,25
PBSM-Join	6	8,77
Join	1	3,19
Join	6	7.14

Tabelle 7.17.: Abweichung der Fortschrittschätzung von cquerywait bei der Ausführung von verschiedenen Abfragen.

7.6.9. Fazit

Es konnte gezeigt werden, das Parallel Secondo und Distributed Secondo in der Lage sind, Abfragen zu parallelisieren. Distributed Secondo benötigt oft für die Ausführung etwas länger. Dafür wird von Distributed Secondo eine zuverlässige Fortschrittschätzung angeboten und Distributed Secondo kommt ohne zentralen Koordinator aus. Die Software ist daher robust gegen Ausfälle von einzelnen Systemen. Zudem bietet Distributed Secondo mit der verteilten Verarbeitung von Datenströmen Funktionen an, welche von Parallel Secondo nicht abgedeckt werden.

Die in den Experimenten ermittelten hohen Laufzeiten für den Export von Tupeln werden, wie in Abschnitt 4.2.9 auf Seite 87 beschrieben, in Zukunft vermutlich durch einen neuen Treiber zum Ansprechen von Cassandra gesenkt werden können.

Im direkten Vergleich beider Lösungen wird Distributed Secondo voraussichtlich immer etwas langsamer als Parallel Secondo bleiben. Dies ist auf einen anderen Umgang mit abgespeicherten Daten zurückzuführen. Während in Parallel Secondo die Tupel zunächst nach Base64 umgewandelt und anschließend in das PSFS kopiert werden, ist beim Zugriff auf Cassandra ein weiterer Konvertierungsschritt erforderlich: Die Tupel werden ebenfalls zunächst nach Base64 umgewandelt, dann mittels einer CQL-Anweisung an Cassandra übergeben. Cassandra wertet die CQL-Anweisung aus und legt die Daten in einer SSTable ab.

8. Zusammenfassung und Ausblick

In dieser Arbeit wurde das Datenbanksystem SECONDO um die Möglichkeit erweitert, Datenströme zu verarbeiten. Hierzu wurde der Operator `csvimport` so modifiziert, dass dieser Daten von einem Netzwerksocket lesen kann. Zusätzlich wurde ein Loadbalancer entwickelt, welcher es erlaubt, Datensströme auf mehrere Systeme zu verteilen.

Zudem wurde eine Algebra in SECONDO implementiert, welche den Datenaustausch mit der hochverfügbaren NoSQL-Datenbank Cassandra ermöglicht. Aufbauend auf dieser Algebra wurde ein System mit dem Namen DISTRIBUTED SECONDO entwickelt. Dieses System ergänzt die Cassandra-Algebra um die Möglichkeit, Abfragen an mehrere SECONDO Instanzen zu senden. Hierdurch kann die Verarbeitung von Daten parallelisiert werden. Die Hochverfügbarkeit von Cassandra sorgt dafür, dass Daten auch bei einem Ausfall von Systemen verfügbar bleiben. DISTRIBUTED SECONDO und Cassandra bieten beide die Möglichkeit, die Anzahl der eingesetzten Systeme zu variieren. Können Daten im logischen Ring zu langsam gelesen oder geschrieben werden, können weitere Cassandra-Knoten hinzugefügt werden. Benötigt DISTRIBUTED SECONDO zu lange um ein Problem zu Berechnen, können weitere SECONDO-Instanzen gestartet werden.

Die Ausführungskontrolle von DISTRIBUTED SECONDO bietet Fehlertrolleranz auf Ebene von Datenbank-Abfragen. Es wird dafür gesorgt, dass alle Daten von einem System verarbeitet werden. Fällt ein System bei der Verarbeitung einer Abfrage aus, wird die gleiche Abfrage auf einem anderen System erneut gestartet. Über den Operator `ccollectquery` können die Ergebnisse von Abfragen wieder in SECONDO importiert werden. Hierbei wird darauf geachtet, dass von fehlerhaft arbeitenden Systemen eingebrachte Tupel nicht importiert werden.

8.1. Erweiterungen

DISTRIBUTED SECONDO ist eines der ersten Systeme (wenn nicht sogar das erste System), welches die bestehenden Operatoren eines relationalen DBMS mit einer Distributed Hash Table kombiniert, um Skalierbarkeit und Hochverfügbarkeit zu erreichen. Die vorliegende Implementation von DISTRIBUTED SECONDO ist ein erster Ansatz um die Wechselwirkungen dieser beiden Technologien zu untersuchen. Es existieren Konzepte, welche zu einer Verbesserung im Zusammenspiel der beiden Technologien führen könnten. Fünf dieser Konzepte werden in den folgenden Unterabschnitten vorgestellt.

8.1.1. Anzahl der Distributed SECONDO-Knoten

Die Anzahl der DISTRIBUTED SECONDO-Knoten ist aktuell durch die Anzahl der Cassandra-Knoten beschränkt. Eine zukünftige Erweiterung könnte es ermöglichen, diese Einschränkung aufzuheben. Jedem physikalischen Cassandra-Knoten sind durch die virtuellen Knoten mehrere Token-Bereiche zugeordnet. Aktuell bearbeitet jeder DISTRIBUTED SECONDO-Knoten zunächst die lokalen Token-Bereiche eines Cassandra-Knotens. Dies könnte so abgeändert werden, dass die lokalen Token-Bereiche eines Cassadra-Knotens auf mehrere DISTRIBUTED SECONDO-Knoten aufgeteilt werden. Danach bearbeiten diese DISTRIBUTED SECONDO-Knoten, wie im aktuellen Algorithmus auch, die noch ausstehenden Token-Bereiche auf dem logischen Ring. Hierdurch wäre die Anzahl der DISTRIBUTED SECONDO-Knoten nur durch die Anzahl der Token-Bereiche beschränkt.

8.1.2. Automatische Skalierung

Das in dieser Arbeit vorgestellte System ist an drei Stellen skalierbar: (i) Durch den Loadbalancer können Datenströme auf beliebig viele Systeme verteilt werden. (ii) Mit dem Hinzufügen neuer Systeme in den Cassandra Cluster können Lese-/Schreib-Operationen beschleunigt werden. (iii) Es können unterschiedlich viele DISTRIBUTED SECONDO-Knoten für Berechnungen eingesetzt werden.

Aktuell muss die Erweiterung des Systems manuell durch einen Systemadministrator durchgeführt werden. Alle Komponenten in diesem System ließen sich so erweitern, dass diese ihre Auslastung überwachen und automatisch neue Systeme einrichten und hinzufügen, sobald diese benötigt würden. Das im Anhang dieser Arbeit befindliche Script zur automatischen Installation von Cassandra (siehe Listing G.1 auf Seite 265) stellt einen ersten Ansatz dar, Systeme automatisiert einzurichten. Es ist denkbar, ein ähnliches Script auch für die Installation von SECONDO zu erstellen. Hiermit ließen sich weitere Systeme für DISTRIBUTED SECON-

DO einrichten oder weitere SECONDO Installationen erstellen, welche einen vom Loadbalancer gelieferten Datenstrom verarbeiten.

Heutzutage werden für skalierbare Systeme oft die Dienste von Cloud-Computing Anbietern in Anspruch genommen[1]. Diese Anbieter stellen auf Wunsch vollständige Computersysteme bereit. Das Bestellen von neuen Systemen kann meist automatisiert über eine Schnittstelle geschehen. Die Einrichtung dieser Systeme erfolgt innerhalb von wenigen Minuten. Oft lässt sich das gewünschte Betriebssystem wählen und es lassen sich Scripte angeben, welche die Einrichtung des Systems übernehmen. Die Abrechnung erfolgt aufgrund der Ressourcen der bereitgestellten Computersysteme und ihrer Laufzeit.

In Zusammenarbeit mit einem solchen Anbieter könnte eine Lösung entwickelt werden, welche sich selbst überwacht und sich bei Bedarf selbstständig um neue Systeme erweitert. Ebenfalls könnte diese Lösung nicht mehr benötige Systeme deaktivieren und mittels eines Schnittstellen-Aufrufes beim Cloud-Computing Anbieter löschen.

8.1.3. Prepared Statements in SECONDO

DISTRIBUTED SECONDO übergibt eine auszuführende Abfrage mehrfach an SECONDO. Es ist keine Seltenheit, dass DISTRIBUTED SECONDO eine Abfrage mehrere 100 mal in SECONDO zur Ausführung bringt, einmal für jeden Token-Bereich des logischen Ringes von Cassandra[2]. Bei jeder Ausführung wird in der Abfrage der zu lesende Token-Bereich angepasst. Bis auf diesen geänderten Parameter sind die Abfragen identisch.

SECONDO muss die Abfrage bei jeder Ausführung erneut parsen und einen neuen Operatorbaum konstruieren. Beides sind kostspielige Operationen. Viele DBMS bieten *Prepared Statements* (*vorbereitete Anweisungen*) an, um das Parsen der Abfrage und die erneute Konstruktion des Operatorbaums zu umgehen. Bei Prepared Statements wird die Abfrage nur einmal an das DBMS übermittelt. Dieses konstruiert einmalig einen Operatorbaum und kann die gleiche Abfrage dann mehrfach ausführen. Es ist meist möglich, nach der Konstruktion des Operatorbaums die Parameter einiger Operatoren anzupassen.

[1] Beispielsweise Amazon Web Services [Ser14] oder Microsoft Azure [Azu14].

[2] Im für die Experimente verwendeten Cluster: 6 physikalische Systeme mit 256 virtuellen Knoten in Cassandra = 1536 Token-Bereiche = 1536 mal wird die gleiche Abfrage mit einem unterschiedlichen Token-Bereich an SECONDO übergeben.

Würden Prepared Statements von SECONDO angeboten, so ist davon auszugehen, dass die Ausführungszeiten von DISTRIBUTED SECONDO reduziert werden könnten. Der notwendige Aufwand eine Abfrage mehrfach zu parsen und in einen Operatorbaum zu überführen würde damit entfallen.

8.1.4. Laden von einzelnen Token

In der aktuellen Implementation von DISTRIBUTED SECONDO werden größere Token-Bereiche geladen und SECONDO zur Bearbeitung übergeben. Es sollte untersucht werden, wie sich die Laufzeit der Operatoren verändert, wenn nur jeweils ein einzelnes Token aus dem logischen Ring geladen und SECONDO zur Verarbeitung übergeben wird. Es ist zu erwarten, dass viele Operatoren eine geringere Laufzeit aufweisen würden.

Einem Join-Operator würden mit dieser Änderung nur die Tupel präsentiert, welche mit einer sehr hohen Wahrscheinlichkeit auch zusammengehören, da sie den gleichen Hashwert besitzen – sie liegen an der gleichen Stelle im logischen Ring von Cassandra. Durch das Laden von größeren Token-Bereichen werden aktuell Tupel miteinander vermischt, welche nicht zusammengehören.

Zu beachten ist jedoch, dass jede Abfrage an Cassandra und an SECONDO mit gewissen Grundkosten verbunden ist. Es sollte untersucht werden, ob das Verkleinern der Token-Bereiche auf einen einzelnen Token und die damit verbesserte Laufzeit von Operatoren nicht von den Grundkosten übertroffen wird. Wird jedes Token des logischen Ringes einzeln geladen und für jedes Token eine Abfrage in SECONDO gestartet, so sind 2^{127} Abfragen für das Verarbeiten des logischen Ringes erforderlich. Durch den Entwurf eines eigenen Partitionierers (siehe Abschnitt F.2.2 auf Seite 249) könnte die Größe des logischen Ringes von Cassandra reduziert werden. Entsprechend weniger Abfragen müssten durchgeführt werden. Durch die im letzten Abschnitt vorgestellten Prepared-Statements könnten zudem die Grundkosten pro Abfrage gering gehalten werden.

8.1.5. Umstellung auf einen neuen Cassandra-Treiber

Ende Juni 2014 wurde eine neue Version des cpp-drivers zum Ansprechen von Cassandra veröffentlicht. Bei dieser Version handelt es sich um eine vollständige Neuimplementation des 2013 veröffentlichten Treibers. Die neue Version ist in *C* anstatt *C++* geschrieben. Durch diese Änderung ist die Schnittstelle der neuen Version nicht mit der in dieser Arbeit verwendeten Version des Treibers kompatibel. Die Arbeiten an dem C++ Treiber wurden ohne Vorankündigung eingestellt. Neue Funktionen und Fehlerkorrekturen fließen nur noch in den Treiber für die Programmiersprache C ein. Die Cassandra-Algebra sollte daher auf den Treiber für C umgestellt werden. Trotz einiger Patches besitzt der momentan verwendete Treiber ein paar Fehler (siehe Abschnitt 4.2.9 auf Seite 87).

Dem neuen Treiber fehlen aktuell noch Funktionen, welche der alte C++ Treiber angeboten hat. So kann momentan keinen Einfluss auf die Loadbalancing-Policy genommen werden. Es kann daher nicht festgelegt werden, mit welchen Knoten sich dieser Treiber verbindet. Diese Funktion wird jedoch benötigt, um die Struktur des logischen Ringes ermitteln zu können. Die Cassandra-Algebra muss hierfür zwei Systemtabellen von Cassandra auslesen. Wechselt der Treiber zwischen diesen Zugriffen den Knoten, so passen die Informationen der Systemtabellen nicht zusammen.

Aufgrund des Fehlens von Funktionen konnte die Umstellung auf den neuen Treiber im Rahmen dieser Arbeit nicht erfolgen. Diese Funktionen sollen in den nächsten Monaten nachgerüstet werden. Für die finale Version 1.0 des Treibers sind diese Funktionen bereits angekündigt[3].

8.2. Ausblick

Die Entwicklung neuer Techniken für das Verarbeiten großer Datenmengen schreitet rasant voran. Diese neuen Techniken bewältigen Datenmengen, welche noch vor einigen Jahren als unvorstellbar galten. Das soziale Netzwerk *Facebook* gibt an, im Jahr 2012 einen Zuwachs von 500 TB an Daten pro Tag zu haben [FAC12]. Zur Aufnahme der Daten stehen mehr als 100 PB an Speicherplatz in einem HDFS-Cluster bereit.

Im Jahre 2013 hat sich der Internethändler *Amazon* unter dem Namen »*Method and system for anticipatory package shipping*« [SMLN13] ein System patentieren lassen, welches Waren zusammenstellt und für den Versand vorbereitet, bevor diese überhaupt bestellt sind. Die Entscheidung wann welche Waren zusammengestellt werden, basiert auf den Informationen die bislang über den Kunden vorliegen.

Durch BigData-Technologien lassen sich Daten in bislang unbekanntem Umfang analysieren und aufbereiten. Es können aus den Datenbeständen

[3]Siehe geplante Funktionen für die Version 1.0 des cpp-drivers [CPP14e] im Bug Tracker des Projektes.

neue Arten von Informationen gewonnen werden. Die Grenzen des technisch Machbaren verschieben sich ständig. Es ist auch in den folgenden Jahren damit zu rechnen, dass die zu verarbeitenden Datenmengen rasant wachsen und neue Techniken für die Verarbeitung dieser entwickelt werden müssen.

Anhang A. Veränderungen am DataStax cpp-driver

Ende 2013 hat die Firma *DataStax, Inc.* unter den Namen *cpp-driver* einen C++ Treiber für Cassandra veröffentlicht. Dieser Treiber steht unter der *Apache License, Version 2.0.* Aktuell ist eine Beta-Version des Treibers verfügbar. Auf der Plattform *GitHub* wird die Entwicklung dieses Treiber koordiniert [GIT14].

Im Rahmen dieser Arbeit sind einige Fehler in dem Treiber bemerkt worden. Diese Fehler wurden, meist zusammen mit einem Patch, an das Projekt gemeldet. Viele dieser Patches sind mittlerweile in den Treiber aufgenommen worden. Die eingereichten Patches sind mit einer kurzen Erklärung und, sofern in den offiziellen Treiber übernommen, mit ihrer Commit-ID[1] in der Tabelle A.1 aufgeführt.

Commit-ID	Beschreibung
-	Debian Pakete konnten durch die im Projekt enthaltenen Scripte nicht gebaut werden. Der Treiber wurde von *libcassandra* in *libcql* umbenannt. Die Debian-Pakete erwarten noch den alten Namen als Ergebnis des Build-Vorgangs. Patch zurückgezogen, da ein konkurrierender Patch akzeptiert wurde.

[1] Die Commit-ID des Versionsverwaltungssystems *git* ist mit einer Versionsnummer in den Versionsverwaltungssystemen *CVS* oder *SVN* vergleichbar.

`211b760`	Die Verwendung von Prepared-Statements in einem Cassandra-Cluster mit mehreren Knoten schlug fehl. Um eine Lastverteilung zu erreichen, sendet der Treiber Abfragen an unterschiedliche Cassandra-Knoten. Nach einem Wechsel des Cassandra-Knotens müssen Prepared-Statements auf dem neuen Knoten verfügbar gemacht werden. Dies schlug fehl, da der Treiber versuchte die CQL-Statements auszuführen (execute) anstatt vorzubereiten (prepare).
`8d2797d`	Die Funktion zum Abgleich des Cluster-Status enthielt ein Speicherleck. Angeforderter Speicher wurde nicht wieder freigegeben.
`5be2b5e`	Prepared Statements konnten nach einiger Zeit nicht mehr genutzt werden. Der Treiber besitzt eine Map, welche von einer eindeutigen Query-ID auf das zugehörige CQL-Statement abbildet. Diese Map wurde durch einen Fehler inkonsistent. Die IDs von Prepared-Statements zeigen nach einiger Zeit auf falsche CQL-Statements. Nach einem Wechsel des Cassandra-Knotens wurden somit falsche Statements vorbereitet. Dieser Patch wurde mittlerweile durch den Patch eines anderen Entwicklers mit der Commit-ID `5725603` abgelöst. Der neue Patch korrigiert den Fehler an einer anderen Stelle.
-	Kann eine Verbindung zu einem Cassandra-Knoten nicht erfolgreich aufgebaut werden, gerät der Treiber in einen Deadlock. Dieser Patch führt einen Timeout beim Aufbau neuer Verbindungen ein. Patch zurückgezogen, da ein konkurrierender Patch akzeptiert wurde.
`877c72c`	Im Treiber sollen keine Funktionen aus dem C++11 Sprachstandard benutzt werden. An einigen Stellen wurde dennoch das Schlüsselwort `nullptr` aus C++11 verwendet. Dieser Patch ersetzt das Schlüsselwort `nullptr` durch das Makro `NULL`. Durch diese Änderung ist der cpp-driver auch mit älteren C++ Compilern übersetzbar.
`0d2e26d`	Nach einer Umstrukturierung konnte das Include-File `cql_connection.hpp` nicht mehr genutzt werden. Dieses versuchte, ein nicht vorhandenes Include-File einzubinden. Diese Änderung korrigiert diesen Fehler.

-	Der cpp-Treiber prüft, wie viele parallele Operationen auf einer Netzwerk-Verbindung zu einem Cassandra-Knoten parallel ausgeführt werden. Wird dieser Schwellwert überschritten, wird eine Verbindung zu einem anderen Cassandra-Knoten aufgebaut. Durch einen Fehler wurde der Schwellwert nicht ausgewertet. Alle Abfragen wurden vom Treiber über nur eine TCP-Verbindung abgewickelt. Patch zurückgezogen, da ein konkurrierender Patch akzeptiert wurde.

Tabelle A.1.: Am DataStax cpp-driver vorgenommene Änderungen.

Anhang B. Verwendete Bibliotheken

In dieser Arbeit werden verschiedene Softwarebibliotheken eingesetzt. Diese sind zusammen mit ihrer Lizenz in der Tabelle B.1 aufgeführt. Ein Großteil der Bibliotheken wird vom Datastax cpp-Driver zum Ansprechen von Cassandra benötigt. Lediglich der cpp-Driver und die Bibliothek *pthread* zum Erzeugen von Threads werden direkt angesprochen. Alle weiteren Bibliotheken stellen Abhängigkeiten dieser beiden Komponenten dar.

Die eingesetzten Bibliotheken stehen unter verschiedenen Lizenzen. Bedingungen von Softwarelizenzen können miteinander inkompatibel sein. Viele Lizenzen von Open-Source-Projekten fordern, dass der Quellcode einer Anwendung frei verfügbar sein muss, sobald die Anwendung diese Bibliothek nutzt. Lizenzen wie die *GNU General Public License* [GPL07] haben einen vererbenden Charakter. Wird eine solche Bibliothek in eine Software eingebunden, fällt die Software ebenfalls automatisch unter die GPL (umgangssprachlich *Copyleft*).

SECONDO steht aktuell unter der Lizenz GPL (Version 2) [GPL91] [SEC06]. Die von den Bibliotheken verwendeten Lizenzen sind mit dieser Lizenz kompatibel. Da SECONDO bereits unter GPL lizenziert und im Quellcode verfügbar ist, werden die Forderungen der anderen Lizenzen erfüllt. Sollte geplant sein, die Lizenz von SECONDO zu ändern oder diese Software kommerziell zu vertreiben, wird empfohlen ein Rechtsgutachten einzuholen, welches überprüft, ob die Lizenzen dies gestatten.

Bibliothek	Lizenz	Beschreibung
pthread	LGPL	Die Bibliothek ermöglicht es, Threads zu erzeugen und zu kontrollieren. Diese Bibliothek ist Bestandteil der GNU C Library, welche auf vielen Unix-Systemen die Systembibliothek darstellt.
cpp-driver	Apache License 2.0	Mit dieser Bibliothek kann aus C++ Programmen heraus Apache Cassandra angesprochen werden.
Boost	Boost Software License	Boost stellt eine Reihe von Bibliotheken für C++ zur Verfügung. Diese Bibliotheken ergänzen die von C++ mitgelieferte *Standard Template Library* um viele Funktionen.
OpenSSL	Apache License 1.0 / SSLeay License	OpenSSL stellt eine Reihe von Funktionen zum Verschlüsseln von Daten zur Verfügung. Diese Bibliothek wird vom cpp-Driver dazu eingesetzt, Daten verschlüsselt mit Cassandra auszutauschen.
LibSSH	LGPL	Diese Bibliothek ermöglicht es, die Funktionen der *Secure Shell* (*SSH*) in eigenen Anwendungen zu verwenden. Diese Bibliothek wird vom cpp-Driver dazu verwendet, Testfälle zu automatisieren und Funktionen auf mehreren Systemen auszuführen.

Tabelle B.1.: Eingesetzte Bibliotheken und ihre Lizenzen.

Anhang C. Im Cluster eingesetzte Festplatten

Es wurde untersucht, wie sich die Festplatten hinsichtlich der Lese- und Schreibgeschwindigkeit verhalten. Dazu wurden mehrfach auf alle Festplatten 500 MB Daten geschrieben und sequenziell gelesen. Das Experiment wurde mit dem im Listing G.8 auf Seite 281 abgedruckten Programm durchgeführt. Es wurde bei dem Experiment darauf geachtet, dass die Dateien unter Umgehung des *IO-Puffers*[1] des Betriebssystems geschrieben werden. Dazu wurde beim Öffnen der Zieldatei die Option `O_SYNC` [Ker10, S. 74] gesetzt. Diese sorgt dafür, dass das Betriebssystem zu schreibende Daten wirklich auf den Datenträger durchschreiben muss, bevor diese der Anwendung als erfolgreich geschrieben gemeldet werden dürfen.

Hinweis: Es ist durch setzten der Option `O_SYNC` möglich, den IO-Puffer des Betriebssystems und weitere Zwischenspeicher für Schreibzugriffe zu umgehen. Eine Möglichkeit, diese auch beim Lesen einer Datei zu umgehen, ist ungleich schwieriger. Da auf die Knoten des Clusters kein Root-Zugriff möglich war, konnte nicht dafür gesorgt werden, dass der IO-Puffer kontrolliert geleert wird[2]. Beim Aufruf von `read()` können daher Daten aus dem IO-Puffer stammen. Durch das sequenzielle Lesen der Datei kann der IO-Puffer und das vorausschauende Lesen von Sektoren eine hohe Wirkung entfalten.

Zudem besitzen Festplatten einen eigenen Puffer (16 MB oder 128 MB wie in Abschnitt 7.1.2 auf Seite 147 beschrieben), welcher beim Lesen

[1] Bei dem IO-Puffer des Betriebssystems handelt es sich um einen Bereich im Arbeitsspeicher, in welchem Daten abgelegt werden, welche auf langsame Datenspeicher geschrieben werden. Dies bringt zwei Vorteile mit sich: (i) Das Betriebssystem kann bei Schreibzugriffen frühzeitig signalisieren, dass die Daten geschrieben worden sind. Anwendungen können weiterarbeiten und müssen nicht auf den langsamen Datenträger warten. Im Hintergrund schreibt das Betriebssystem die Daten vom Arbeitsspeicher auf den Datenträger. (ii) Lesezugriffe können direkt aus dem Arbeitsspeicher bedient werden, sofern die angeforderten Daten im IO-Puffer vorhanden sind [Tan09, S. 454].

[2] Beispielsweise über den Befehl: »`echo 3 > /proc/sys/vm/drop_caches`«.

ebenfalls nicht umgangen werden kann. Die ermittelten Lesezeiten sollten daher nur als Vergleichswert der Festplatten untereinander, nicht jedoch als in der Praxis zu erreichende Zeiten angesehen werden. In der Praxis erreichen Festplatten ungefähr gleiche Werte in der Lese- und Schreibgeschwindigkeit.

Ergebnis: In der Abbildung C.1 sind die Ergebnisse dieses Experiments dargestellt. Das Experiment brachte vier Erkenntnisse über die eingesetzten Festplatten zu Tage:

(i) Die zweite Festplatte in den Systemen *node5* und *node6* weist eine deutlich schlechtere Leseperformance auf als die anderen Festplatten.

(ii) Die zweite Festplatte im System *node3* besitzt eine deutlich schlechtere Schreibperformance als die anderen Festplatten.

(iii) Die Festplatten des Herstellers Seagate im System *node1* weisen eine bessere Schreibperformance auf, als die Festplatten von Western Digital.

(iv) Die neue zweite Festplatte im System *node1* weist eine deutlich höhere Leseperformance auf, als alle anderen Festplatten in diesem Cluster.

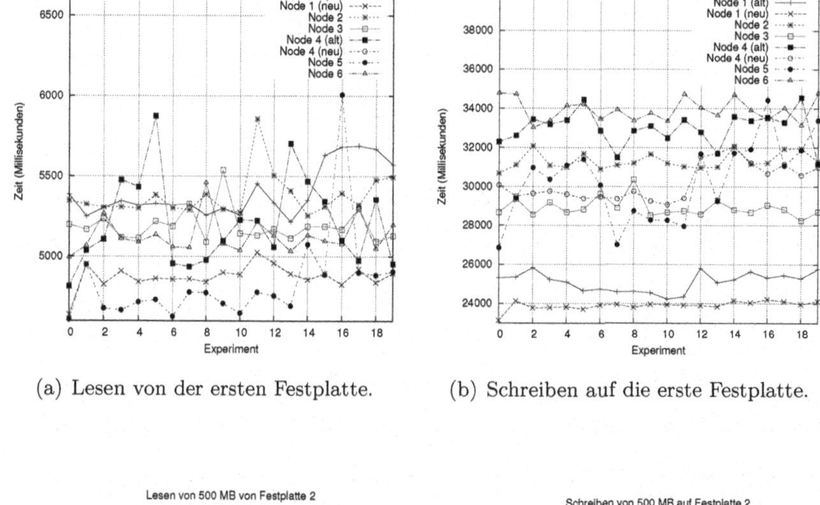

(a) Lesen von der ersten Festplatte.

(b) Schreiben auf die erste Festplatte.

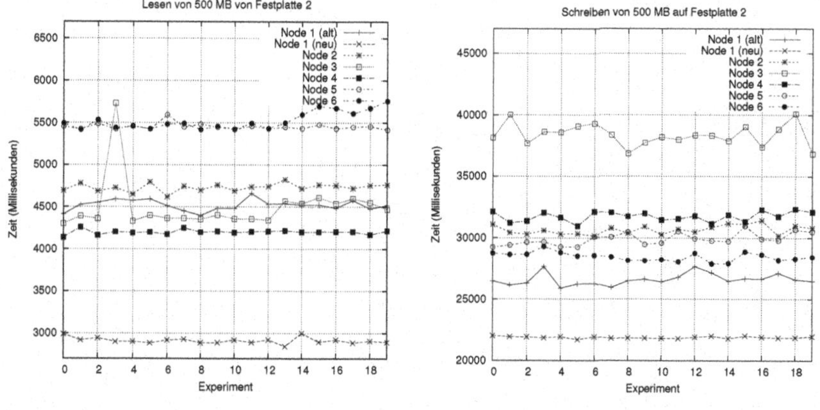

(c) Lesen von der zweiten Festplatte.

(d) Schreiben auf die zweite Festplatte.

Abbildung C.1.: Lesen und Schreiben von 500 MB auf die Festplatten des Clusters.

Anhang D. UML-Diagramme

D.1. CSV-Parser

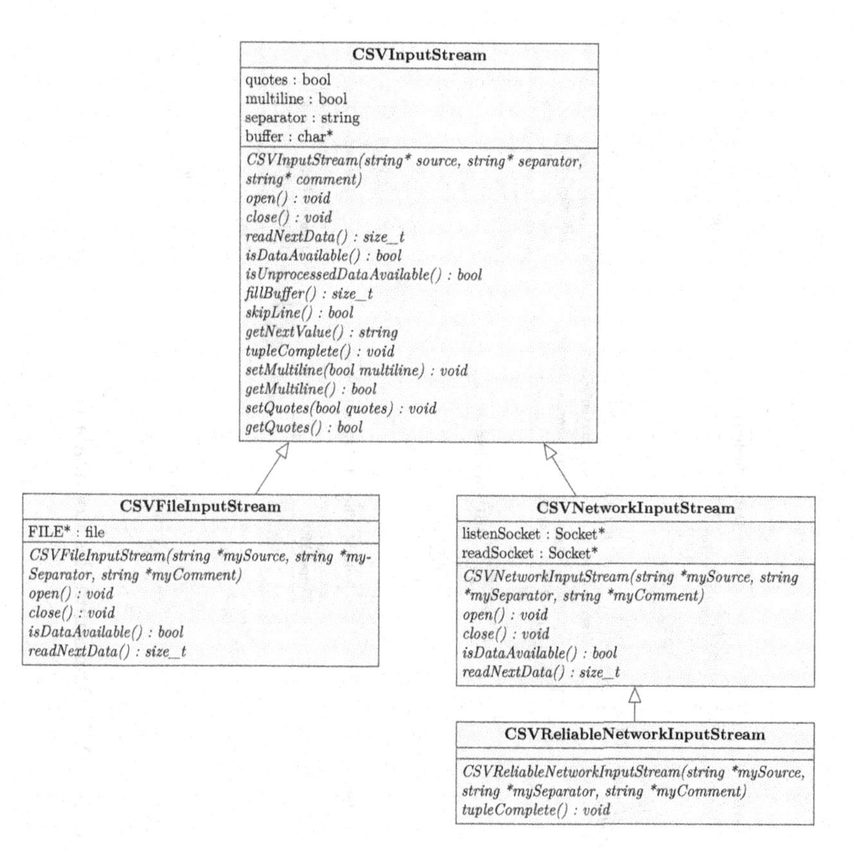

Abbildung D.1.: UML-Diagramm des CSV-Parsers.

D.2. Loadbalancer

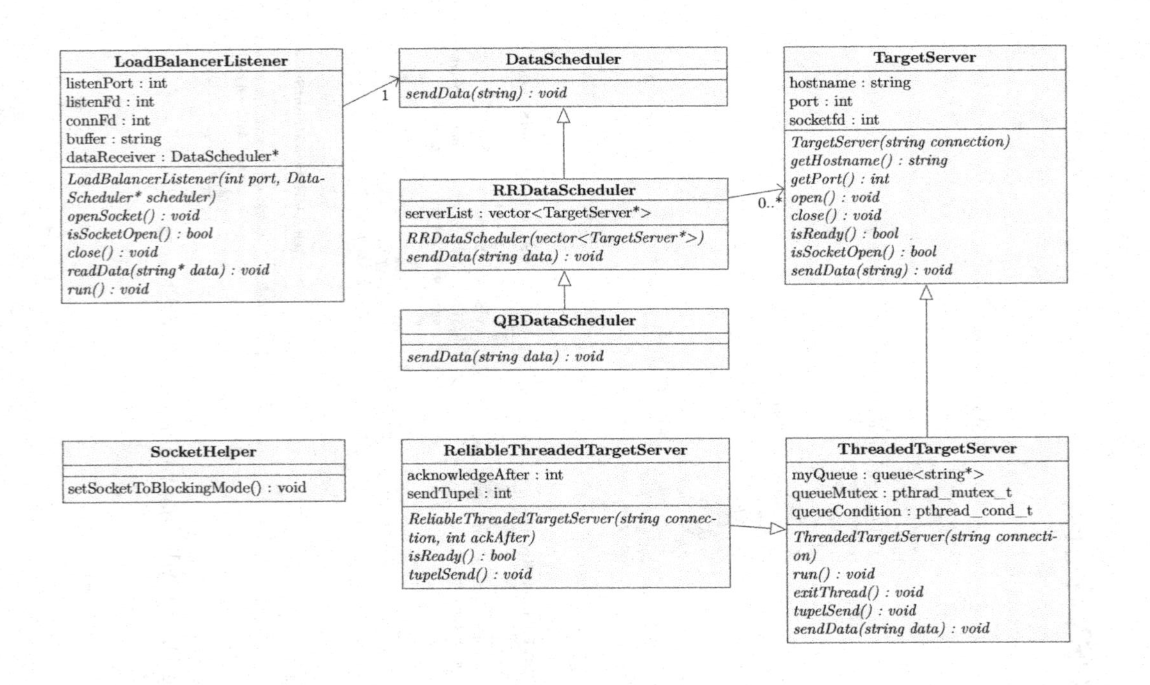

Abbildung D.2.: UML-Diagramm des Loadbalancers.

Anhang E. Codeblöcke

E.1. Zu Kapitel 5 gehörende Codeblöcke

Listing E.1: Robuste Partitionierung des logischen Ringes

```
1 # Definition der Variablen
2 allTokenRanges   := Alle Token-Bereiche im logischen Ring
3 localTokenRanges := Lokale Token-Bereiche des aktuellen
      Knotens
4 heartbeatData    := Heartbeat-Informationen aus der Tabelle
      system_state
5
6 # Phase 1: Verarbeiten der lokalen Token-Bereiche
7 for tokenRange ∈ localTokenRanges; do
8     Führe Abfrage für Token-Bereich tokenRange aus
9 done
10
11 # Phase 2: Prüfen und Verarbeiten der restlichen Token-
      Bereiche
12 while(true) {
13
14   # VERANTWORTLICH       - Für diesen TokenRange ist dieser
15   #                        Knoten verantwortlich
16   # NICHT-VERANTWORTLICH - Für diesen TokenRange ist ein
17   #                        anderer Knoten verantwortlich
18
19   mode := VERANTWORTLICH;
20
21   # Durchlaufe allTokensRanges ab position "offset"
22   # gegen den Uhrzeigersinn vollständig. Offset ist der erste
23   # lokale Token-Bereich dieses Knotens.
24
25   sortiere allTokenRanges absteigend
26
27   for(i := offset; i < allTokenRanges.size() + offset; ++i) {
28      pos := i % allTokenRanges.size();
29
30        currentTokenRange :=  allTokenRanges[pos];
31
32      if(currentTokenRange ∈ localTokenRanges) {
```

```
33          mode := VERANTWORTLICH;
34       } else {
35          # Falls der verantwortliche Knoten lebt, wird der
36          # folgende TokenRange von dem verantwortlichen
37          # Knoten verarbeitet, anderenfalls von diesem
38          # Knoten
39
40          node := für currentTokenRange verantwortlicher Knoten;
41
42          if(heartbeat von node vorhanden und aktuell) {
43              mode := NICHT-VERANTWORTLICH;
44          }
45       }
46
47       if(mode == VERANTWORTLICH) {
48          if(currentTokenRange in einer vorhergehenden Iteration
                 noch nicht verarbeitet) {
49               Führe Abfrage für Token-Bereich currentTokenRange
                      aus
50          }
51       }
52     }
53
54     if(Logischer Ring vollständig verarbeitet) {
55        break;
56     }
57
58     # Einige Sekunden auf den Fortschritt der anderen Knoten
59     # warten und den Ring erneut durchlaufen
60     sleep 5;
61 }
```

E.2. Zu Kapitel 6 gehörende Codeblöcke

Listing E.2: Herunterladen der OSM Daten

```
1 # Wechseln in das Verzeichnis bin/ von SECONDO:
2 cd $SECONDO_BUILD_DIR/bin
3
4 # Herunterladen der OSM-Daten von Nordrhein-Westfalen:
5 wget http://download.geofabrik.de/europe/germany/nordrhein-
      westfalen-latest.shp.zip
6
7 # Anlegen des Verzeichnisses nrw:
8 mkdir nrw
9
10 # Auspacken dieser Daten in das Verzeichnis nrw:
11 unzip -d nrw nordrhein-westfalen-latest.shp.zip
```

Listing E.3: Import der OSM Daten

```
1 # Anlegen einer neuen Datenbank in SECONDO:
2 create database nrw;
3
4 # Öffnen dieser Datenbank:
5 open database nrw;
6
7 # Einlesen der Straßen:
8 let Roads = dbimport2('../bin/nrw/roads.dbf') addcounter[No,
      1]} shpimport2('../bin/nrw/roads.shp')
      namedtransformstream[GeoData] addcounter[No2, 1] mergejoin
      [No, No2] remove[No, No2] filter[isdefined(bbox(.GeoData))
      ] validateAttr consume;
9
10 # Einlesen der Informationen über die Natur:
11 let Natural = dbimport2('../bin/nrw/natural.dbf') addcounter[
      No, 1] shpimport2('../bin/nrw/natural.shp')
      namedtransformstream[GeoData] addcounter[No2, 1] mergejoin
      [No, No2] remove[No, No2] filter[isdefined(bbox(.GeoData))
      ] validateAttr consume;
12
13 # Filtern der Wälder aus der Relation Natural und Abspeichern
      dieser in der Relation Forest:
14 let Forest = Natural feed filter[.Type contains 'forest']
      consume;
15
16 # Hierzu wird zunächst ein Gitter angelegt:
```

```
17 let Roads_CellGrid = createCellGrid2D(5.8, 50.3, 0.01, 0.01,
       370);
18
19 # Ausführen des Partition based spatial merge join:
20 query Roads feed extend[Box: bbox(.GeoData)]
       projectextendstream[Name, Osm_id, Box, GeoData; Cell:
       cellnumber(.Box, Roads_CellGrid)] sortby[Cell] {r1} Forest
        feed extend[Box: bbox(.GeoData)] projectextendstream [
       Name, Osm_id, Box, GeoData; Cell: cellnumber (.Box,
       Roads_CellGrid)] sortby[Cell] {r2} parajoin2[Cell_r1,
       Cell_r2; . .. symmjoin} [gridintersects(Roads_CellGrid, .
       Box_r1, ..Box_r2, .Cell_r1) and (.GeoData_r1 intersects ..
       GeoData_r2)]] count;
```

Listing E.4: Der Verteilte PBSM

```
1 # 1) Import der Relationen
2 let Roads = dbimport2('../bin/nrw/roads.dbf') addcounter[No,
      1] shpimport2('../bin/nrw/roads.shp') namedtransformstream
      [GeoData] addcounter[No2, 1] mergejoin[No, No2] remove[No,
       No2] filter[isdefined(bbox(.GeoData))] validateAttr
      consume;
3
4 let Natural = dbimport2('../bin/nrw/natural.dbf') addcounter[
      No, 1] shpimport2('../bin/nrw/natural.shp')
      namedtransformstream[GeoData] addcounter[No2, 1] mergejoin
      [No, No2] remove[No, No2] filter[isdefined(bbox(.GeoData))
      ] validateAttr consume;
5
6 let Forest = Natural feed filter[.Type contains 'forest']
      consume;
7
8 # 2) Erstellen des Gitters
9 let CellGrid = createCellGrid2D(5.8, 50.3, 0.01, 0.01, 370);
10
11 # 3) Verteilen der Regionen auf das Gitter
12 let RoadsCell = Roads feed extend[Box: bbox(.GeoData)]
      projectextendstream[Name, Osm_id, Box, GeoData; Cell:
      cellnumber(.Box, CellGrid)] consume;
13
14 let ForestCell = Forest feed extend[Box: bbox(.GeoData)]
      projectextendstream[Name, Osm_id, Box, GeoData; Cell:
      cellnumber(.Box, CellGrid)] consume;
15
16 # 4) Export der Relationen nach Cassandra
17 query RoadsCell feed cspread['127.0.0.1', 'keyspace', '
      RoadsCell', 'ONE', 'Node1', Cell];
18
```

```
19 query ForestCell feed cspread['127.0.0.1', 'keyspace', '
       ForestCell', 'ONE', 'Node1', Cell];
20
21 # Erzeugen eines globalen Ausführungsplanes
22 # 5) Öffnen der Datenbank
23 query cqueryexecute('127.0.0.1', 'keyspace', 1, 'open database
       opt;');
24
25 # 6) Anlegen des Gitters
26 query cqueryexecute('127.0.0.1', 'keyspace', 2, 'let CellGrid
       = createCellGrid2D(5.8, 50.3, 0.01, 0.01, 370);');
27
28 # 7) Herunterladen, Vereinigen und Zurückschreiben der Daten
29 query cqueryexecute('127.0.0.1', 'keyspace', 3, <text>query
       ccollectrange('__CASSANDRAIP__', '__KEYSPACE__', '
       RoadsCell', 'ONE', __TOKENRANGE__) sortby[Cell] {r1}
       ccollectrange('__CASSANDRAIP__', '__KEYSPACE__', '
       ForestCell', 'ONE', __TOKENRANGE__) sortby[Cell] {r2}
       parajoin2[Cell_r1, Cell_r2; . .. symmjoin[gridintersects(
       CellGrid, .Box_r1, ..Box_r2, .Cell_r1) and (.GeoData_r1
       intersects ..GeoData_r2)]] cspread['__CASSANDRAIP__', '
       __KEYSPACE__', 'JoinedRF', 'ONE', '__QUERYUUID__', Cell_r1
       ];</text--->);
30
31 # 8) Warten auf Beendigung der Abfrage mit der ID 3
32 query cquerywait('127.0.0.1', 'keyspace', 3);
33
34 # 9) Einsammeln der Ergebnisrelation
35 let TripsDistance = ccollectquery('127.0.0.1', 'keyspace', '
       JoinedRF', 'ONE', 3) consume;
36
37 # 10) Zählen der Tupel in der Ergebnisrelation
38 query TripsDistance feed count;
```

E.3. Zu Kapitel 7 gehörende Codeblöcke

Listing E.5: Paralleles Einlesen einer Relation

```
1 query cqueryreset('127.0.0.1', 'keyspace_r3');
2 query cqueryexecute('127.0.0.1', 'keyspace_r3', 1,'open
     database opt;');
3 query cqueryexecute('127.0.0.1', 'keyspace_r3', 2, <text>query
      ccollectrange('__CASSANDRAIP__', '__KEYSPACE__', '
     C5L1S100', 'ONE', __TOKENRANGE__) count;</text--->);
4 query cquerywait('127.0.0.1', 'keyspace_r3', 2 );
```

Listing E.6: Vorbereiten des verteilten Joins

```
1 # Anlegen von zwei Relationen mit jeweils 100.000 Tupeln
2 let relation1 = intstream(1, 100000) transformstream extend[N:
      randint(1000000)] project[N] extend[N2: randint(1000000),
      N3: randint(1000000), N4: randint(1000000), N5: randint
     (1000000), N6: randint(1000000), N7: randint(1000000), N8:
      randint(1000000), N9: randint(1000000), N10: randint
     (1000000)] consume;
3
4 let relation2 = intstream(1, 100000) transformstream extend[N:
      randint(1000000)] project[N] extend[N2: randint(1000000),
      N3: randint(1000000), N4: randint(1000000), N5: randint
     (1000000), N6: randint(1000000), N7: randint(1000000), N8:
      randint(1000000), N9: randint(1000000), N10: randint
     (1000000)] consume;
5
6 # Exportieren dieser Relationen nach Cassandra
7 query relation1 feed cspread['127.0.0.1', 'keyspace_r3', '
     relation1', 'ONE', 'node1', N];
8
9 query relation2 feed cspread['127.0.0.1', 'keyspace_r3', '
     relation2', 'ONE', 'node1', N];
```

Listing E.7: Verteilter Join – für Distributed SECONDO

```
1 # Öffnen der Datenbank opt
2 query cqueryexecute('127.0.0.1', 'keyspace_r3', 1, 'open
      database opt;');
3
4 # Ausführen des Joins
5 query cqueryexecute('127.0.0.1', 'keyspace_r3', 2, <text>query
       ccollectrange('__CASSANDRAIP__', '__KEYSPACE__', '
      relation1', 'ONE', __TOKENRANGE__) {r1} ccollectrange('
      __CASSANDRAIP__', '__KEYSPACE__', 'relation2', 'ONE',
      __TOKENRANGE__) {r2} itHashJoin[N_r1, N_r2] cspread['
      __CASSANDRAIP__', '__KEYSPACE__', 'relation12', 'ONE', '
      __QUERYUUID__', N_r1]</text--->);
6
7 # Warten auf die Fertigstellung des Joins
8 query cquerywait('127.0.0.1', 'keyspace_r3', 2);
9
10 # Lesen des Ergebnisses
11 query ccollectquery('127.0.0.1', 'keyspace_r3', 'relation12',
      'ONE', 2) count;
```

Listing E.8: Verlangsamter verteilter Join (DSECONDO)

```
1 # Ein verteilter Join mit einer Verzögerung von 100 ms pro
      erzeugtem Tupel
2 query cqueryexecute('127.0.0.1', 'keyspace_r3', 2, <text>query
       ccollectrange('__CASSANDRAIP__', '__KEYSPACE__', '
      relation1', 'ONE', __TOKENRANGE__) {r1} ccollectrange('
      __CASSANDRAIP__', '__KEYSPACE__', 'relation2', 'ONE',
      __TOKENRANGE__) {r2} itHashJoin[N_r1, N_r2] sleep[100]
      cspread['__CASSANDRAIP__', '__KEYSPACE__', 'relation12', '
      ONE', '__QUERYUUID__', N_r1]</text--->);
```

Listing E.9: Verlangsamter verteilter Join (PSECONDO)

```
1 # Anzahl der Datanodes
2 let CLUSTER_SIZE = 6;
3
4 # Anzahl der Prozesse im Laufe des Experiments von 1-6
      variiert
5 let PS_SCALE = 6;
6
7 let relation1_p = relation1 feed spread[; N, CLUSTER_SIZE,
      TRUE;];
8
9 let relation2_p = relation2 feed spread[; N, CLUSTER_SIZE,
      TRUE;];
10
11 query relation1_p relation2_p hadoopReduce2[ N, N, DLF,
      PS_SCALE; . {r1} .. {r2} itHashJoin[N_r1, N_r2] sleep[100]
       ] collect[] count;
```

Listing E.10: PBSM-Join – ausgeführt auf einem System

```
1 # 1) Erstellen des Gitters
2 let CellGrid = createCellGrid2D(5.8, 50.3, 0.01, 0.01, 370);
3
4 ##
5 # Variante 1
6 ##
7
8 # 1.2) Verteilen der Regionen auf das Gitter
9 let Roads_Cell = Roads feed extend[Box: bbox(.GeoData)]
      projectextendstream [Name, Osm_id, Box, GeoData; Cell:
      cellnumber (.Box, CellGrid)] consume;
10
11 let Forest_Cell = Forest feed extend[Box: bbox(.GeoData)]
      projectextendstream [Name, Osm_id, Box, GeoData; Cell:
      cellnumber (.Box, CellGrid)] consume;
12
13 # 1.3) Ausführen des PBSM-Joins
14 query Roads_Cell feed sortby[Cell] {r1} Forest_Cell feed
      sortby[Cell] {r2} parajoin2[Cell_r1, Cell_r2; . ..
      symmjoin[gridintersects(CellGrid, .Box_r1, ..Box_r2, .
      Cell_r1) and (.GeoData_r1 intersects ..GeoData_r2)]] count
      ;
15
16 ##
17 # Variante 2
18 ##
19
20 # 2.2) Ausführen des PBSM-Joins
21 query Roads feed extend[Box: bbox(.GeoData)]
      projectextendstream [Name, Osm_id, Box, GeoData; Cell:
      cellnumber (.Box, CellGrid)] sortby[Cell] {r1} Forest feed
       extend[Box: bbox(.GeoData)] projectextendstream [Name,
      Osm_id, Box, GeoData; Cell: cellnumber (.Box, CellGrid)]
      sortby[Cell] {r2} parajoin2[Cell_r1, Cell_r2; . ..
      symmjoin[gridintersects(CellGrid, .Box_r1, ..Box_r2, .
      Cell_r1) and (.GeoData_r1 intersects ..GeoData_r2)]] count
      ;
```

Listing E.11: PBSM-Join – für Parallel SECONDO

```
1 # Number of datanodes
2 let CLUSTER_SIZE = 6;
3
4 # Number of tasks
5 let PS_SCALE = 6;
6
7 # 1) Import der Relationen
8 let Roads = dbimport2('../bin/nrw/roads.dbf') addcounter[No,
      1] shpimport2('../bin/nrw/roads.shp') namedtransformstream
      [GeoData] addcounter[No2, 1] mergejoin[No, No2] remove[No,
       No2] filter[isdefined(bbox(.GeoData))] validateAttr
      consume;
9
10 let Natural = dbimport2('../bin/nrw/natural.dbf') addcounter[
      No, 1] shpimport2('../bin/nrw/natural.shp')
      namedtransformstream[GeoData] addcounter[No2, 1] mergejoin
      [No, No2] remove[No, No2] filter[isdefined(bbox(.GeoData))
      ] validateAttr consume;
11
12 let Forest = Natural feed filter[.Type contains 'forest']
      consume;
13
14 # 2) Erstellen des Gitters
15 let CellGrid = createCellGrid2D(5.8, 50.3, 0.01, 0.01, 370);
16
17 # 3) Verteilen der Relationen
18 let Roads_List = Roads feed extend[Box: bbox(.GeoData)]
      projectextendstream[Osm_id, GeoData, Box; Cell: cellnumber
      (.Box, CellGrid)] spread[; Cell, CLUSTER_SIZE, TRUE;];
19
20 let Forest_List = Forest feed extend[Box: bbox(.GeoData)]
      projectextendstream[Osm_id, GeoData, Box; Cell: cellnumber
      (.Box, CellGrid)] spread[; Cell, CLUSTER_SIZE, TRUE;];
21
22 # 4) Ausführen des Joins
23 query Roads_List Forest_List hadoopReduce2[Cell, Cell, DLF,
      PS_SCALE ; . sortby[Cell] {r1} .. sortby[Cell] {r2}
      parajoin2[Cell_r1, Cell_r2; . .. symmjoin[ gridintersects(
      CellGrid, .Box_r1, ..Box_r2, .Cell_r1) and (.GeoData_r1
      intersects ..GeoData_r2)]]] collect[] count;
```

Listing E.12: PBSM-Join – für Distributed SECONDO

```
1 # Verteilter PBSM-Join - ohne Rückschreiben der Ergebnisse
2 query cqueryexecute('127.0.0.1', 'keyspace', 3, <text>query
      ccollectrange('__CASSANDRAIP__', '__KEYSPACE__', '
      RoadsCell', 'ONE', __TOKENRANGE__) sortby[Cell] {r1}
      ccollectrange('__CASSANDRAIP__', '__KEYSPACE__', '
      ForestCell', 'ONE', __TOKENRANGE__) sortby[Cell] {r2}
      parajoin2[Cell_r1, Cell_r2; . .. symmjoin[gridintersects(
      CellGrid, .Box_r1, ..Box_r2, .Cell_r1) and (.GeoData_r1
      intersects ..GeoData_r2)]] count;</text--->);
```

Listing E.13: PBSM-Join – für Parallel SECONDO

```
1 # Verteilter PBSM-Join - ohne Rückschreiben der Ergebnisse
2 query Roads_List Forest_List hadoopReduce2[Cell, Cell, DLF,
      PS_SCALE ; . sortby[Cell] {r1} .. sortby[Cell] {r2}
      parajoin2[Cell_r1, Cell_r2; . .. symmjoin[ gridintersects(
      CellGrid, .Box_r1, ..Box_r2, .Cell_r1) and (.GeoData_r1
      intersects ..GeoData_r2)]] count feed namedtransformstream
      [PartCnt]] collect[] sum[PartCnt];
```

Anhang F. Übersicht über Cassandra

Dieser Abschnitt entstammt aus der Seminararbeit *Cassandra* [Nid13], welche im Jahr 2013 am Lehrgebiet *Datenbanksysteme für neue Anwendungen* geschrieben worden ist. Er gibt eine Übersicht über die Grundlagen und Konzepte von Apache Cassandra. Der Inhalt wurde leicht überarbeitet und aktualisiert.

Abstract

Apache Cassandra ist eine *NoSQL-Datenbank*, welche darauf ausgelegt ist, große Datenmengen auf einem Verbund von Servern zu verarbeiten. Die Ziele von Apache Cassandra sind hohe Verfügbarkeit, sowie gute Skalierbarkeit. Daten werden dazu redundant gespeichert und es existiert kein *single point of failure* in der Architektur der Software. Mittels *Tunable Consistency* kann bei jedem Lese- oder Schreibzugriff festgelegt werden, wie viele Server an diesem beteiligt sein müssen. Dies erlaubt, für jeden Zugriff zu entscheiden, ob Performance oder Konsistenz im Vordergrund stehen.

In der vorliegenden Arbeit wird die Software Cassandra vorgestellt. Ebenso wird kurz auf einige neuere Funktionen, wie die Abfragesprache *CQL – Cassandra Query Language* und die Anbindung an das Map-Reduce Framework *Hadoop*, eingegangen.

F.1. Einleitung

Die Menge der weltweit gespeicherten Daten nimmt rasant zu. Diese Datenmenge ist mit traditionellen *Relationalen Datenbank Management Systemen* (*RDBMS*) nur schwer zu verarbeiten. Seit einigen Jahren erfreuen sich sogenannte *NoSQL-Datenbanken* großer Beliebtheit. NoSQL-Datenbanken verzichten auf einige Eigenschaften, welche RDBMS bieten. Beispielsweise fehlen oft Transaktionen oder eine durchgängig konsistente Sicht auf den Datenbestand. Dafür bieten NoSQL-Datenbanken häufig bessere Skalierbarkeit und Ausfallsicherheit.

In der folgenden Arbeit wird das Datenbankmanagementsystem Cassandra vorgestellt. Diese Software gehört zu der Familie der NoSQL-Datenbanken und wird heutzutage von vielen Firmen eingesetzt, um große Mengen von Daten zu verarbeiten.

F.1.1. Geschichte

Das Cassandra Projekt wurde im Jahr 2007 von dem Betreiber der Social-Network Webseite *Facebook* initiiert. Facebook bietet Benutzern auf der gleichnamigen Webseite die Möglichkeit, Nachrichten auszutauschen. Mit mehr als 10 Millionen Nutzern im Jahr 2007 stieß Facebook an die Grenzen traditioneller RDBMS. Diese konnten die Nachrichten nur mit einiger Verzögerung bereitstellen und skalierten nicht sonderlich gut [LM10] [LM09].

Facebook stellte ein Team von Entwicklern zusammen, um dieses Problem zu lösen. Das Team entwickelte in den darauf folgenden Monaten die Software Cassandra. Die Software wurde im Juli 2008 in ein Projekt bei *Google Code* überführt. Der Quelltext war ab diesem Zeitpunkt frei verfügbar, jedoch konnten zunächst nur Mitarbeiter von Facebook Veränderungen vornehmen. Im Jahr 2009 wurde das Projekt an die *Apache Software Foundation* übergeben [Hew10, S. 24]. Die Software wurde in *Apache Cassandra* umbenannt und steht mittlerweile unter der Lizenz *Apache License 2.0* [WIK13].

Apache Cassandra weist eine aktive Entwicklergemeinde auf und es erscheinen fortlaufend neue Versionen der Software. Zum aktuellen Zeitpunkt, Mai 2013, steht die Version 1.2.2 auf den Seiten des Projektes zum Download bereit.

Im Jahr 2010 entwickelte Facebook sein Nachrichten-System von Grund auf neu. In dem neuen System wurde auf den Einsatz von Cassandra verzichtet. Die Ablage und das Durchsuchen der Nachrichten erfolgt nun auf der Basis der Software *HBase* [FAC13].

F.1.2. Grundlagen

Die Software Cassandra ist ein verteiltes Datenbankmanagementsystem. Cassandra ist mit dem Ziel entwickelt worden, große Mengen an Daten auf Standardhardware (*Knoten*) zu verarbeiten. Weitere Ziele von Cassandra sind: hohe Verfügbarkeit, Skalierbarkeit und Fehlertoleranz. Darüber hinaus ist das Konzept der *Tunable Consistency* umgesetzt: Clients können bei jeder Lese- oder Schreiboperationen festlegen, auf wie vielen Knoten diese stattfinden soll. Eine größere Anzahl von Knoten führt zu höherer Konsistenz, jedoch auch zu schlechterer Performance (siehe Abschnitt F.2.3) [CAS13b].

Geschrieben ist Cassandra in der Programmiersprache *Java*. Die Architektur von Cassandra orientiert sich an der Software *Google Bigtable* [CDG+08], das Datenmodell an der Software *Amazon Dynamo* [DHJ+07]. Architektur und Datenmodell werden in Abschnitt F.2 genauer beschrieben.

Der Autor Eben Hewitt beschreibt in seinem Buch *Cassandra: The Definitive Guide* die Software Cassandra in 50 Wörtern wie folgt [Hew10, S.14]:

> „*Apache Cassandra is an open source, distributed, decentralized, elastically scalable, highly available, fault-tolerant, tuneably consistent, column-oriented database that bases its distribution design on Amazon's Dynamo and its data model on Google's Bigtable. Created at Facebook, it is now used at some of the most popular sites on the Web.*“

F.1.3. Einsatzbereiche

Heutzutage setzen viele Unternehmen Cassandra ein. Insbesondere Unternehmen, welche große Mengen an Daten zu speichern haben oder ein großes Wachstum der Daten erwarten, setzten auf Cassandra. Hierzu zählen unter anderem [CAS13a]:

eBay: Die Internet Auktionsplattform *eBay* speichert Informationen über verkaufte Produkte in Cassandra.

IBM: Die Firma *IBM* bietet mit ihrem Produkt *BlueRunner* eine auf Cassandra basierende E-Mail Anwendung an.

Next Big Sound: Der Musikanbieter *Next Big Sound* speichert die Hörgewohnheiten seiner Nutzer in Cassandra ab.

Rackspace: Der Serverhoster *Rackspace* nutzt Cassandra zum Speichern und Auswerten von Logfiles.

Twitter: Der Kurznachrichtendienst *Twitter* setzt Cassandra zur Analyse von Nachrichten ein.

ZipZapPlay: Der Spieleanbieter *ZipZapPlay* speichert Spielstände und ähnliche Informationen in *Cassandra.*

Häufig wird Cassandra in Kombination mit Hadoop eingesetzt. Cassandra übernimmt das Bereitstellen der Daten, Hadoop wird für die Auswertung der Daten eingesetzt (siehe Abschnitt F.3.2).

F.2. Cassandra

Zu Beginn dieses Abschnitts wird das Datenmodell von Cassandra beschrieben. Anschließend wird die Architektur von Cassandra vorgestellt.

F.2.1. Datenmodell

Cassandras Datenmodel wird zu den *Spaltenorientierten Datenmodellen* (*Column oriented data models*) gezählt. Zum Überblick: in einem *Schlüsselraum* werden *Spaltenfamilien* definiert. Jede Spaltenfamilie besitzt eine oder mehrere *Spalten.* Zusammengehörende Werte werden in *Zeilen* mit eindeutigem *Zeilenschlüssel* zusammengefasst (Abbildung F.1). In den folgenden Abschnitten werden diese Begriffe genauer beschrieben.

Schlüsselräume

Schlüsselräume (*Keyspaces*) werden in Cassandra dazu eingesetzt, unterschiedliche Daten voneinander zu trennen. Ein Schlüsselraum ist mit einer Datenbank in einem RDBMS zu vergleichen. Schlüsselräume besitzen *Metadaten,* welche das Verhalten des Schlüsselraumes festlegen. Hierzu zählen unter anderem [Hew10, S.46]:

Replikationsfaktor: Dieser Faktor legt fest, auf wie viele Knoten im Schlüsselraum gespeicherte Daten repliziert werden (siehe Abschnitt F.2.2).

Platzierungsstategie für Replikate: Diese Strategie legt fest, wie Replikate auf unterschiedliche Knoten verteilt werden (siehe Abschnitt F.2.2).

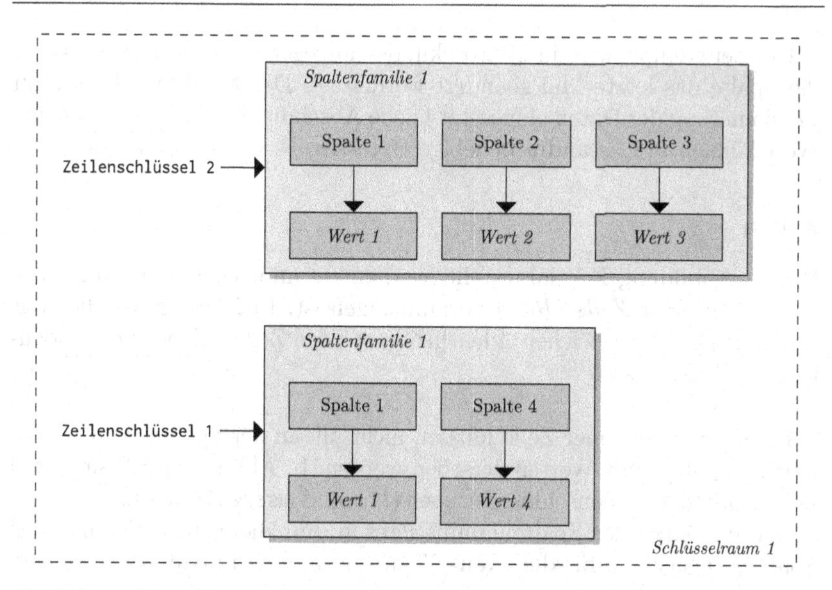

Abbildung F.1.: Datenmodell von Cassandra (nach [Hew10, S.44]). Im Schlüsselraum `Schlüsselraum 1` existieren zwei Zeilen mit den Zeilenschlüsseln `Zeilenschlüssel 1` und `Zeilenschlüssel 2`. Beide Zeilen gehören zur Spaltenfamilie `Spaltenfamilie 1`. Ihnen sind verschiedene Spalten mit Werten zugeordnet.

Spaltenfamilien

Spaltenfamilien (*Column Families*) beschreiben das Format der abgelegten Daten. Sie sind mit *Tabellen* in RDBMS zu vergleichen, weisen jedoch grundlegende Unterschiede auf. So können in Spaltenfamilien jederzeit neue Spalten eingefügt werden, ohne die bestehenden Daten zu beeinflussen. Eine Spaltenfamilie besteht aus einem Namen und einem *Comperator*, welcher festlegt, wie Daten in dieser sortiert werden sollen [Inc14a].

Spalten

Vergleichbar zu Attributwerten in RDBMS besitzt das Datenmodell *Spalten* (*Columns*). Diese bilden die kleinste Einheit im Datenmodel und sind für das Speichern von Name-/Wert-Paaren zuständig. Eine Spalte besteht aus einem Namen, dem dazugehörigen Wert und einen Zeitstempel.

Der Zeitstempel wird in Mikrosekunden angegeben. Er beschreibt, wann die Spalte das letzte Mal geändert worden ist. Der Zeitstempel wird zur Versionierung der Daten eingesetzt (siehe Abschnitt F.2.3). Für Name und Wert können in Cassandra beliebige Byte-Arrays verwendet werden.

Zeilen

Wie in Abbildung F.1 dargestellt, werden zusammengehörige Werte von Spalten in einer *Zeile* (*Row*) zusammengefasst. In RDBMS ist dies mit einem Tupel zu vergleichen. Identifiziert werden Zeilen über einen eindeutigen Zeilenschlüssel.

Beim Erzeugen einer Zeile müssen nicht alle in der Spaltenfamilie definierten Spalten mit Werten versehen werden. In Abbildung F.2 sind zwei Zeilen mit den Zeilenschlüsseln `user4711` und `user0815` definiert. Beide enthalten Daten der Spaltenfamilie `Person`. Für die erste Zeile sind drei Spalten angegeben; für die zweite Zeile sind nur zwei Spalten angegeben.

Um in Cassandra auf Zeilen zuzugreifen, muss ihr Zeilenschlüssel bekannt sein. Alternativ lassen sich *Sekundärindizes* anlegen, um Zeilen mit bestimmten Eigenschaften finden zu können. Würde man für die Spalte `Nachname` in Abbildung F.2 einen solchen Index anlegen, ließen sich alle Zeilen ermitteln, in denen `Nachname` z. B. den Wert »Müller« annimmt.

Superspalten

Neben den vorgestellten Spalten existieren in Cassandra noch *Superspalten* (*Super Colums*). Superspalten weichen von dem bisher vorgestellten Name-/Wert-Modell ab. In Superspalten wird der Wert durch ein Array von Spaltenfamilien repräsentiert.

Superspalten werden eingesetzt, wenn Sammlungen von strukturierten Informationen gespeichert werden sollen. In der aktuellen Dokumentation von Cassandra werden Superspalten als »*Anti-Pattern*« aufgeführt. Diese gelten als veraltet, liefern eine schlechte Performance und werden eventuell in zukünftigen Versionen nicht mehr unterstützt[1].

[1] »*Do not use super columns. They are a legacy design from a pre-open source release. This design was structured for a specific use case and does not fit most use cases. [...] Additionally, super columns are not supported in CQL 3.*« [Inc14a]

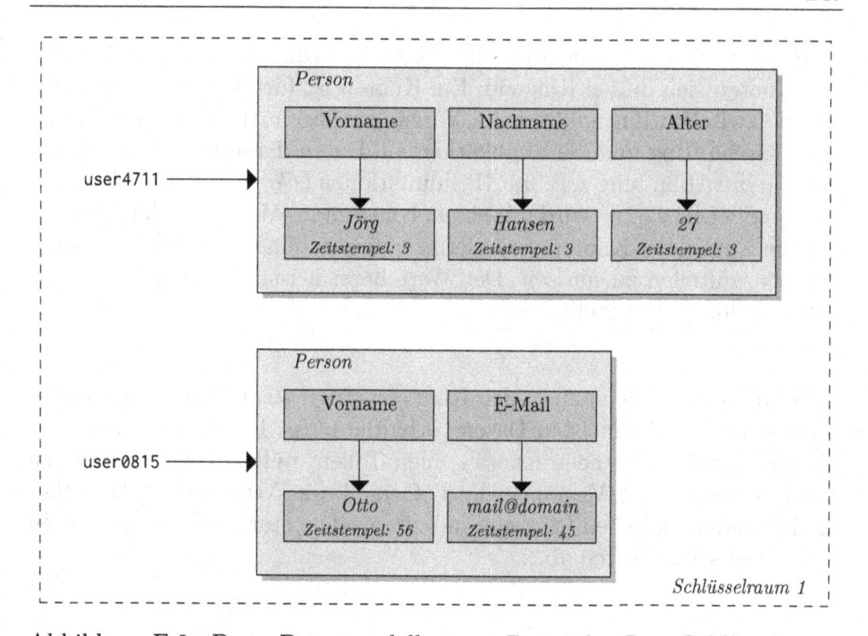

Abbildung F.2.: Das Datenmodell am Beispiel: Im Schlüsselraum `Schlüsselraum 1` existieren zwei Zeilen mit den Zeilenschlüsseln `user0815` und `user4711`. Beide Zeilen gehören zur Spaltenfamilie `Person`. In beiden Zeilen sind verschiedene Spalten angegeben: `Vorname`, `Nachname`, `Alter` und `E-Mail`. In jeder Spalte ist durch einen Zeitstempel vermerkt, wann diese das letzte Mal geändert worden ist.

F.2.2. Architektur von Cassandra

Ein Ziel von Cassandra ist es, die Verfügbarkeit von Daten auch dann sicherzustellen, wenn einzelne Knoten ausfallen. Hierzu wird ein Verbund von mehreren Knoten (ein *Cluster*) gebildet. Die Daten werden redundant auf mehreren Knoten abgelegt. Die Verteilung der Daten auf die Server wird durch einen *Partitionierer* (siehe Abschnitt F.2.2) gesteuert.

Der Partitionierer bildet den Zeilenschlüssel einer Zeile in einen konstanten Wertebereich ab. Dieser Wertebereich wird in Cassandra in einem logischen Ring angeordnet. Zeilen werden gemäß des Partitionierers im Ring platziert. Jeder Knoten erhält beim ersten Start einen Identifizierer, den *Token*, aus dem gleichen Wertebereich. An diese Position fügt der Knoten sich in den Ring ein. Ein Knoten ist für die Werte zuständig, welche zwischen ihm und seinem Vorgänger liegen. In Abbildung F.3 ist der logische Ring und die Replikation von Daten dargestellt. Partionierer können die Abbildung z. B. mit Hashfunktionen (*Consistent Hashing*) vornehmen [KLL+97]. Es wird mit einem konstanten Wertebereich gearbeitet um die Anzahl der Knoten verändern zu können ohne die Daten aller Knoten neu aufteilen zu müssen. Der Wertebereich ist in Abbildung F.3 als Intervall [0, 1] dargestellt.

Wird ein neuer Knoten in den Ring eingefügt, so analysiert er, welcher Knoten derzeit die meisten Daten vorhalten muss. Um diesen Knoten zu entlasten, wählt der neue Knoten einen Token, welcher zwischen diesem Knoten und seinem Vorgänger liegt. Gemäß des Wertes des Tokens fügt er sich in den logischen Ring ein und nimmt dem stark belasteten Knoten einen Teil seiner Daten ab.

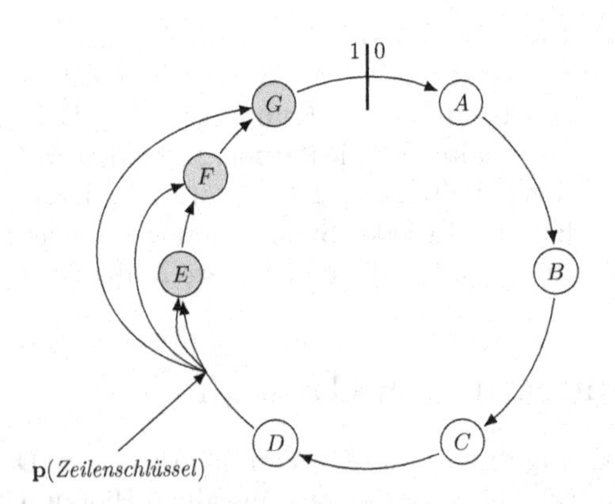

Abbildung F.3.: Ablage und Replikation von Zeilen: Die Knoten eines Clusters teilen die Werte des logischen Rings untereinander auf. Zeilen werden gemäß des Partionierers P im Ring abgelegt. Die Zeile mit dem Wert p(*Zeilenschlüssel1*) wird auf den nachfolgenden Knoten E abgelegt. Zusätzlich wird ein Replikat auf den Knoten F und G abgelegt.

Partitionierer

Partitionierer sind dafür zuständig, aus dem Zeilenschlüssel einer Zeile die Position im logischen Ring zu berechnen. Sie legen damit fest, wie Daten auf die Knoten aufgeteilt werden. Cassandra stellt in der Version 1.1 zwei Partitionierer zur Verfügung. Ebenfalls können durch die Implementierung der Schnittstelle `org.apache.cassandra.dht.IPartitioner` eigene Partitionierer implementiert werden.

Random Partitioner: Dieser Partitionierer wird im Standardfall verwendet. Er berechnet den MD5-Hash eines Zeilenschlüssels. Hierdurch werden die Zeilen gleichmäßig über alle Knoten im Cluster verteilt. Der Wertebereich dieses Partitionierers beträgt 0 bis $2^{127} - 1$.

Byte-Ordered Partitioner: Zeilenschlüssel werden durch Byte-Arrays dargestellt. Dieser Partitionierer verwendet dieses Byte-Array für die Positionierung der Zeilen im Ring. Daten mit ähnlichen Zeilenschlüssel werden nah beieinander gespeichert. Dies kann sich positiv auf Abfragen auswirken, welche auf einem Bereich von Zeilenschlüssel operieren. Die benachbarte Speicherung ähnlicher Zeilen kann sich auch nachteilig auswirken, da bestimmte Bereiche im Ring stärker genutzt werden als andere. Dies führt zu sogenannten *hot spots*: Knoten die stärker belastet sind als andere.

Replikation

Der Partitionierer legt fest, auf welchen Knoten Zeilen primär gespeichert werden. Um Ausfallsicherheit zu erreichen, wird jede Zeile mehrfach gespeichert. Auf welchen Knoten die Replikate abgelegt werden, wird von der *Platzierungsstategie für Replikate* bestimmt. Wurde beim Anlegen des Schlüsselraums ein Replikationsfaktor von 1 angegeben, so werden Zeilen nur auf dem durch den Partitionierer bestimmten Knoten gespeichert. Wird der Replikationsfaktor auf $N > 1$ gesetzt, werden $N - 1$ Replikate auf anderen Knoten abgelegt.

Cassandra bietet verschiedene Platzierungsstategien für Replikate an. Welche Strategie verwendet werden sollte, gibt die zugrunde liegende physikalische Verteilung der Knoten vor. Grundlegend wird zwischen Knoten im gleichen Rack und Knoten im gleichen Datacenter unterschieden. Es wird davon ausgegangen, dass (i) einzelne Knoten, (ii) komplette Racks oder (iii) komplette Datacenter ausfallen können. Um diese Ausfälle kompensieren zu können, müssen die Replikate in verschiedenen Racks und in verschiedenen Datacentern abgelegt werden. In der aktuellen Version bietet Cassandra die folgenden Strategien an:

Simple Strategy: Replikate werden bei den nächsten Knoten im logischen Ring abgelegt. Die zugrunde liegende Topologie des Netzwerkes wird nicht berücksichtigt.

Old Network Topology Strategy: Es wird ein Replikat in einem zweiten Datacenter abgelegt. Alle weiteren Replikate werden über die Racks im ersten Datacenter verteilt.

Network Topology Strategy: Diese ähnelt der Old Network Topology Strategy. Hierbei wird jedoch mehr als 1 Replikat im zweiten Datacenter untergebracht.

Snitches

Die beiden letztgenannten Replica Placement Strategies benötigen Informationen, in welchen Racks und in welchen Datacentern sich welche Knoten befinden. Diese Informationen werden von *Snitches* bereitgestellt. Die standardmäßig von Cassandra verwendete *Simple Snitch* berechnet diese Informationen aus IP-Adressen.

Knoten mit IPv4-Adressen mit gleichen Werten im ersten und zweiten Oktett befinden sich im gleichen Datacenter. Ist auch das dritte Oktett identisch, so befinden sich diese Knoten im gleichen Rack.

$$\text{Beispiel:}\quad \overbrace{\underbrace{192.\ 168.}_{Datacenter}\ \underbrace{100.}_{Rack}\ \underbrace{001}_{Knoten}}^{IPv4-Adresse}$$

Um komplexere Netzwerktopologien abbilden zu können, existiert zudem eine konfigurierbare Snitch, die `PropertyFileSnitch`. In dieser können Beziehungen zwischen Knoten, Racks und Datacentern manuell hinterlegt werden. Ein Beispiel für eine solche Konfiguration ist in Listing F.1 aufgeführt. In dieser Konfiguration existieren sechs Knoten, zwei Datacenter (`DC1` und `DC2`) und in jedem Datacenter zwei Racks (`RAC1` und `RAC2`).

Listing F.1: Snitch Konfiguration (PropertyFileSnitch)

```
1 # Data Center One
2 10.0.0.1=DC1:RAC1
3 10.0.0.8=DC1:RAC1
4 10.1.4.7=DC1:RAC2
5
6 # Data Center Two
7 10.5.2.1=DC2:RAC1
8 10.5.2.2=DC2:RAC1
9 10.5.3.1=DC2:RAC2
10
11 # default for unknown nodes
12 default=DC1:RAC1
```

Peer-to-Peer und Gossip

In vielen verteilten Systemen finden sich zwei unterschiedliche Klassen von Systemen: *Koordinatoren* und *Arbeiter*. Die Arbeiter sind für die Verarbeitung der Abfragen zuständig. Die Koordinatoren übernehmen Aufgaben wie das Verteilen von Abfragen oder das Prüfen, ob alle Mitglieder erreichbar sind. Oft stellen diese Koordinatoren einen *single point of failure* dar. Fällt der Koordinator aus, ist das gesamte System nicht mehr funktionsfähig.

In Cassandra kommt eine *Peer-to-Peer Architektur* zum Einsatz: alle Knoten nehmen die gleichen Aufgaben war. Abfragen können an jeden Knoten gestellt werden und der Ausfall eines *Knotens* sorgt höchstens für eine verringerte Leistungsfähigkeit des Systems, nicht jedoch für den Ausfall des gesamten Systems. Zudem sorgt die Architektur dafür, dass problemlos weitere Knoten in das System integriert werden können (siehe Abschnitt F.2.2).

Es wird ein *Gossip protocol* [DGH+87] für die Kommunikation der Knoten untereinander verwendet. Periodisch tauschen dazu Knoten Gossip-Nachrichten aus. Aus Sicht eines *Knotens* (dem *Gossiper*) sieht die Kommunikation wie folgt aus [Hew10, S. 89]:

1. Alle n Sekunden wählt der *Gossiper* (G) zufällig einen Knoten (K) aus seiner Nachbarschaft aus und beginnt mit der Kommunikation.
2. G sendet K eine `GossipDigestSynMessage`.

3. Empfängt K die Nachricht, so bestätigt er dies mit Versand einer `GossipDigestAckMessage` an G.

4. Den Empfang der Nachricht von K bestätigt G wiederum mit dem Versand einer `GossipDigestAck2Message` an K.

Erhält der Gossiper keine Antwort auf seine `GossipDigestSynMessage` geht er davon aus, dass der Knoten derzeit nicht erreichbar oder die Nachricht bei der Übertragung verloren gegangen ist. Es wird von Cassandra eine Implementation des Φ *Accrual Failure Detector* [HDYK04] eingesetzt. Dieser *Detector* sorgt dafür, dass Knoten erst nach einer bestimmten Zeit als nicht erreichbar markiert werden.

Durch die Nachrichten erhält jeder Knoten mit der Zeit Informationen über seine Nachbarn. Neben der IP-Adresse wird die Menge der gespeicherten Informationen (*Load*), sowie die Positionen im Ring (*Token*) ausgetauscht. Mit dem Programm `nodetool` lassen sich diese Informationen anzeigen.

In dem Listing F.2 sieht man einen Logischen Ring mit den drei Knoten: *node1, node2, node3*.

Listing F.2: Ein Logischer Ring mit drei Knoten

```
1 root@node1:~# /root/cassandra/bin/nodetool ring
2
3 Datacenter: datacenter1
4 ==========
5 Address Rack  Status State   Load      Owns    Token
6     3955191628143462120
7 node1    rack1 Up     Normal  93.96 KB  30.07%
      -8944999014129822443
8 node2    rack1 Up     Normal  42.59 KB  44.34%
      -7662070610797591870
9 node3    rack1 Up     Normal  1.5 MB    25.59%
      3955191628143462120
```

F.2.3. Lesen und Schreiben von Daten

In diesem Abschnitt wird beschrieben, wie Lese- und Schreibanforderungen behandelt werden. Es wird zudem die Idee der *Tunable Consistency* genauer erläutert. Darüber hinaus werden drei Konzepte zum Beheben von Inkonsistenzen betrachtet: (*i*) *Hinted Handoffs*, (*ii*) *Anti-Entropy* und (*iii*) *Read Repair*.

Um Daten zu lesen oder zu schreiben, kann sich ein Client mit jedem beliebigen Knoten verbinden. Dieser Knoten übernimmt dann die Rolle eines *Koordinierenden Knotens*. Schematisch ist dies in der Abbildung F.4 dargestellt. Der Knoten E übernimmt dort die Rolle des Koordinierenden Knotens. Dieser leitet die Abfragen des Clients an die zuständigen Knoten weiter. An wie viele Knoten die Abfragen weitergeleitet werden, hängt vom gewählten *Konsistenz-Level* und dem genutzten Replikationsfaktor ab (siehe Abschnitt F.2.3).

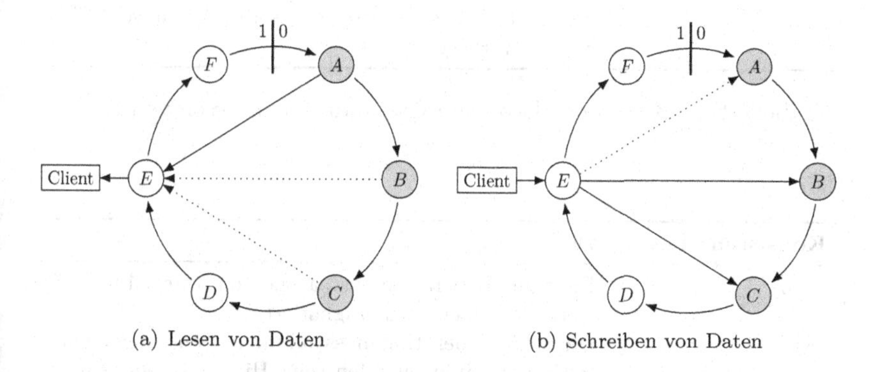

Abbildung F.4.: Lesen und schreiben von Daten. Der Client verbindet sich mit einem Knoten im Ring. An diesen Knoten sendet er seine Lese- und Schreibanforderungen. Dieser Knoten leitet die Abfragen an die zuständigen Knoten (A, B, C) weiter. Abhängig von der gewählten Konsistenz werden die Abfragen an unterschiedlich viele Knoten weitergeleitet.

Tunable Consistency

Clients spezifizieren bei Lese- oder Schreiboperationen den Konsistenz-Level, welchen sie für die Abfrage wünschen. Die möglichen Konsistenz-Level für das Lesen sind in Tabelle F.1, die für das Schreiben in Tabelle F.2, aufgeführt. Um so höher der Konsistenz-Level gewählt wird, desto mehr Knoten sind an der Abfrage beteiligt. Dies sorgt für verbesserte Konsistenz, jedoch für schlechtere Performance. Das individuelle Festlegen des Konsistenz-Level bei Abfragen wird als *Tunable Consistency* bezeichnet.

Konsistenz-Level	Bedeutung
ONE	Es werden die Zeilen von dem Knoten zurückgeliefert, welcher als erstes antwortet.
QUORUM	Haben $(\frac{Replikationsfaktor}{2} + 1)$ Knoten geantwortet, werden die Zeilen mit dem neuesten Zeitstempel an den Client ausgeliefert.
ALL	Verhält sich wie QUORUM, jedoch wird mit dem Ausliefern der Zeilen gewartet, bis die Zeilen von allen Knoten vorliegen.

Tabelle F.1.: Konsistenz-Level von Cassandra beim Lesen von Daten

Konsistenz-Level	Bedeutung
ZERO	Die Schreiboperation wird asynchron bearbeitet. Auftretende Fehler werden ignoriert.
ANY	Die Schreiboperation muss auf mindestens einem Knoten durchgeführt worden sein. Hinted Handoffs sind erlaubt (siehe Abschnitt F.2.3).
ONE	Die Schreiboperation muss auf mindestens einem Knoten bestätigt worden sein.
QUORUM	Es müssen mindestens $(\frac{Replikationsfaktor}{2} + 1)$ Knoten die Schreiboperation bestätigen.
ALL	Die Schreiboperation muss von allen Knoten bestätigt worden sein, welche für die Daten zuständig sind.

Tabelle F.2.: Konsistenz-Level von Cassandra beim Schreiben von Daten

Durch eine entsprechende Wahl von Knoten kann *Read your Writes Konsistenz* [TvS07, S. 424f] erreicht werden. Dies bedeutet, dass auf eine Schreiboperation folgende Leseoperation die geschriebenen Daten sehen muss, sofern sich beide Operationen auf die gleiche Zeile beziehen. Alternativ können beim Lesen der Zeile auch neuere Daten zurückgeliefert werden, falls diese zwischenzeitlich von einem anderen Prozess aktualisiert wurde.

Erreicht wird dies, indem mindestens ein Knoten an beiden Operationen beteiligt ist. Dieser Knoten erhält in der Schreiboperation die geänderten Daten. Da der Knoten auch an der Leseoperation beteiligt ist, werden die Daten wieder an den Client ausgeliefert. Da immer die Daten mit dem neusten Zeitstempel an den Client ausgeliefert werden, erhält der Client mindestens den soeben geschriebenen Stand der Daten. Formal kann dies über die Ungleichung $W + R > N$ beschrieben werden. In der Ungleichung steht W für die Anzahl der Knoten, auf denen die Daten geschrieben wurden, R für die Anzahl der Knoten von den die Daten gelesen wurden und N steht für den Replikationsfaktor des Schlüsselraums.

Hinted Handoff

Bei einem *Hinted Handoff* handelt es sich um einen Hinweis für einen Knoten, welcher aktuell nicht erreichbar ist. Hinted Handoffs werden genutzt, um Schreibzugriffe zwischenzuspeichern und später auszuführen, sobald der Zielknoten wieder erreichbar ist. Im Konsistenz-Level ANY reicht das Erstellen eines Hinted Handoffs schon aus, um dem Client das Schreiben der Daten erfolgreich bestätigen zu können, obwohl bislang kein Replikat aktualisiert worden ist.

Beispiel: Der Client C möchte Daten auf dem Knoten A verändern. Der Knoten A ist aktuell nicht erreichbar. Der Client hat sich mit Knoten B verbunden und sendet diesem die Schreibanforderung. Als Konsistenz-Level gibt er ANY an. Dem Knoten B ist es nun erlaubt, die Schreibanforderung zu speichern und dem Client das Schreiben der Daten zu bestätigen. Der Knoten B wartet bis der Knoten A wieder erreichbar ist und sendet diesem daraufhin die Schreibanforderung.

Hinted Handoffs sorgen dafür, dass Schreibzugriffe auch dann durchgeführt werden können, wenn Knoten nicht erreichbar sind. Zudem sorgen

Hinted Handoffs dafür, das Knoten schnell auf einen aktuellen Stand gebracht werden, sobald sie wieder erreichbar sind.

Anti-Entropy und Read Repair

Das Konsistenzmodell von Cassandra erlaubt vorübergehende Inkonsistenzen (*Eventual Consistency*). Neben den Hinted-Handoffs wird mit zwei weiteren Techniken gearbeitet, um Inkonsistenzen zu beheben: (*i*) *Anti-Entropy* und (*ii*) *Read Repair*.

Read Repair: Unabhängig vom gewählten Konsistenz-Level, fordert der Koordinierende Knoten bei einem Lesezugriff die Daten von allen Knoten an. Der Koordinierende Knoten überprüft, ob alle erhaltenen Zeilen den gleichen Zeitstempel aufweisen. Sofern auf Knoten veraltete Zeilen vorliegen, initiiert der Koordinierende Knoten einen Schreibzugriff, um die Zeilen zu aktualisieren (Abbildung F.5). Der Konsistenz-Level bei lesenden Zugriffen gibt demnach nur an, wann der Koordinierende Knoten dem Client eine Antwort übermittelt, nicht aber, von wie vielen Knoten die Zeilen gelesen werden.

Anti-Entropy: Mittels Read Repair werden Inkonsistenzen für Daten, welche häufig gelesen werden, schnell korrigiert. Inkonsistenzen in Daten, welche nur selten gelesen werden, werden mittels Anti-Entropy korrigiert. Hierzu tauschen die Knoten untereinander *Prüfsummen* über die gespeicherten Daten aus. Verwendet werden dazu *Merkle Trees* [RCM82] um mit möglichst wenig Netzwerkverkehr große Mengen an Daten überprüfen und gegebenenfalls korrigieren zu können.

Persistenz

Dieser Abschnitt beschreibt, wie Daten lokal auf einem Knoten persistent gespeichert werden. Schreibzugriffe werden zunächst in einem *Commit Log* festgehalten. Sobald der Schreibzugriff im Commit Log steht, bestätigt der Knoten diesen als erfolgreich. Auch bei einem Programmfehler oder Neustart kann der Schreibzugriff aus dem Commit Log wiederhergestellt werden.

Nachdem der Schreibzugriff im Commit Log festgehalten ist, werden die geänderten Daten im Arbeitsspeicher, in einer *Memtable*, abgelegt.

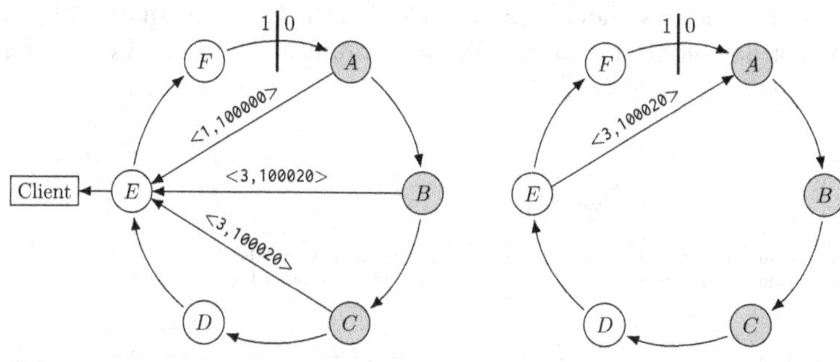

(a) Lesen einer Zeile von allen Knoten

(b) Aktualisieren einer veralteten Zeile

Abbildung F.5.: Anwendung von Read Repair: In Abbildung (a) fordert der Knoten E eine Zeile von den Knoten A, B und C an. Dabei stellt er fest, dass der Knoten A einen veralteten Stand besitzt. Knoten B und C antworten mit dem Wert `3`, geschrieben bei Zeitstempel `100 020`. Der Knoten A antwortet hingegen mit dem Wert `1` geschrieben bei Zeitstempel `100 000`. Der Knoten wird in Abbildung (b) aktualisiert.

Die Daten sind dort gemäß ihres Zeilenschlüssels sortiert. Überschreitet die Memtable eine gewisse Größe, werden diese Daten auf die Festplatte ausgelagert (*flush*) und die Memtable geleert. Die auf die Festplatte ausgelagerten Daten werden sortiert als *SSTable* (*Sorted String Table*) gespeichert. Da die Daten bereits sortiert im Speicher vorliegen, können diese unverändert auf die Festplatte herausgeschrieben werden.

Sobald die Daten erfolgreich auf die Festplatte geschrieben worden sind, wird das Commit Log geleert. Die dort vermerkten Schreibzugriffe sind nun persistent in der SSTable abgelegt. SSTables sind unveränderlich. Eine einmal geschriebene SSTable kann nach dem Schreiben nicht mehr verändert werden [CAS13c].

Um Speicherplatz zu sparen und die Anzahl der zu verwaltenden SSTables zu reduzieren, werden in regelmäßigen Abständen *Compactions* durchgeführt. Dabei werden die bestehenden SSTables in eine neue SSTable überführt. Veraltete, durch einen Schreibzugriff aktualisierte, Daten werden dabei nicht übernommen. Nachdem die neue SSTable aufgebaut worden ist, werden die bestehenden SSTables gelöscht (siehe Abbildung F.6). Das Konzept der Memtable und SSTables stammt aus der Architektur der Software *Google Bigtable* [CDG+08].

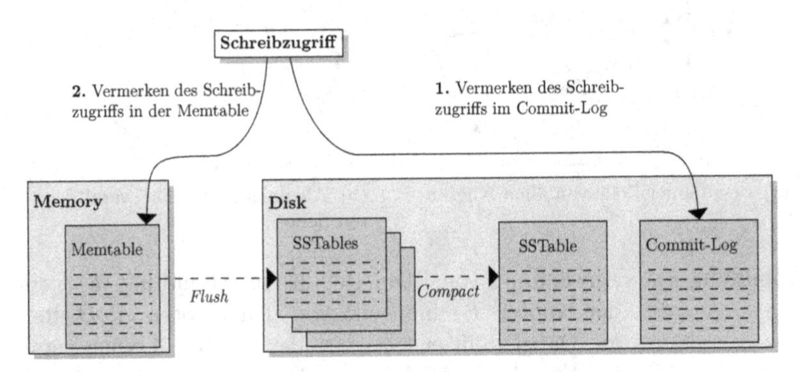

Abbildung F.6.: Architektur von Cassandra: Zusammenhang zwischen Commit-Log, Memtable, SSTables und Compaction.

Zugriffe auf die Festplatte sind im Vergleich zu Zugriffen auf den Arbeitsspeicher um einige Zehnerpotenzen langsamer. Soll ein Knoten Daten lesen, prüft dieser zuerst, ob die Daten im Arbeitsspeicher, in der Memtable, vorhanden sind. Liegen die Daten dort nicht vor, müssen alle SSTables nach dem neuesten Stand dieser Daten durchsucht werden.

Um diese Suche mit wenig Zugriffen auf die Festplatte durchzuführen, werden *Bloom Filter* eingesetzt [Blo70]. Ein Bloom Filter ist ein nichtdeterministischer Algorithmus, um speichersparend festzustellen, ob ein Wert in einer Sammlung von Werten auftaucht. Der Algorithmus kann zuverlässig entscheiden, ob ein Wert *nicht* Element einer Sammlung ist. Nichtzutreffende positive Antworten (*False Positives*) sind jedoch möglich.

Jeder SSTable wird ein Bloom Filter zugeordnet. Mithilfe der Filter kann festgestellt werden, in welchen SSTables die benötigten Daten *nicht* stehen. Diese SSTables müssen nicht von der Festplatte geladen werden. Hierdurch kann die Anzahl der Zugriffe auf die Festplatte erheblich reduziert werden. Nur auf SSTables, in denen die Daten womöglich stehen, muss zugegriffen werden.

F.2.4. Sicherheit

Im Standardfall erlaubt Cassandra den Zugriff von beliebigen Clients. Eine Anmeldung ist für den Zugriff auf die Daten nicht erforderlich. Dieser Ansatz geht davon aus, dass sich alle Knoten in einem geschützten Netzwerk befinden. Jeder der Zugriff auf dieses Netzwerk hat, darf auch auf die Daten zugreifen.

Ist dies nicht gewünscht, lässt sich eine Authentifizierung einrichten. Jeder Client, welcher auf die Daten zugreifen möchte, muss sich mit einem Benutzernamen und einem Passwort anmelden. Cassandra bringt hierzu einen `SimpleAuthenticator` mit. Dieser gleicht die Anmeldedaten mit zwei Dateien ab. In der Datei `access.properties` sind die Zugriffsberechtigungen hinterlegt. In der Datei `passwd.properties` sind die Benutzernamen und Passwörter hinterlegt.

Beispiel: In Listing F.3 auf Seite 259 wird der Zugriff auf den Schlüsselraum `Keyspace1` konfiguriert. Die Benutzer `jsmith` und `Elvis Presley` dürfen auf diesen nur lesend zugreifen. Der Benutzer `dilbert` darf zudem auch Daten verändern [DAT13].

Listing F.3: Konfiguration des SimpleAuthenticator

```
1 Keyspace1.<ro>=jsmith, Elvis Presley
2 Keyspace1.<rw>=dilbert
```

Die Passwörter für die Anmeldung an Cassandra sind im im Listing F.4 angegeben.

Listing F.4: Konfiguration des SimpleAuthenticator

```
1 jsmith=havebadpass
2 Elvis Presley=graceland4ever
3 dilbert=nomoovertime
```

Reichen die vom `SimpleAuthenticator` angebotenen Möglichkeiten nicht aus, so lassen sich eigene *Authenticator-Module* schreiben. Diese können genutzt werden um beispielsweise Benutzer gegen eine Datenbank oder gegen einen *LDAP-Server* zu authentifizieren. Die selbst entwickelten Klassen müssen das Interface `org.apache.cassandra.auth.IAuthenticator` implementieren.

F.2.5. Performance

Im Jahr 2010 veröffentlichten die Autoren *Avinash Lakshman* und *Prashant Mailk* das erste Paper zu Cassandra [LM10]. In diesem Paper sind auch einige Erfahrungen mit der Performance von Cassandra bei Facebook enthalten. Dort wurde zu dieser Zeit eine Installation von Cassandra auf 150 Systemen, verteilt über zwei Rechenzentren, mit 50+ TB an Daten betrieben. Wie im ersten Abschnitt beschrieben, haben Benutzer auf der Webseite von Facebook die Möglichkeit, sich gegenseitig Nachrichten zu schicken. Diese Nachrichten wurden in dieser Cassandra-Installation gespeichert.

In dem Paper sind die Laufzeiten zweier Abfragen veröffentlicht (siehe Tabelle F.3). Beide Abfragen greifen lesend auf die gespeicherten Daten zu. (*i*) *Search Interactions* lädt alle Nachrichten, welche ein Benutzer von einem anderen Benutzer erhalten hat. (*ii*) *Term Search* durchsucht alle Nachrichten eines Benutzers nach einem Schlüsselwort.

Latenz	**Search Interactions**	**Term Search**
Min	7.69 ms	7.78 ms
Median	15.69 ms	18.27 ms
Max	26.12 ms	44.41 ms

Tabelle F.3.: Latenz von Abfragen des *Cassandra-Clusters* bei Facebook (nach [LM10, S. 5])

Im Jahr 2012 veröffentlichten Forscher in ihrem Paper „*Solving big data challenges for enterprise application performance management*“ einen Vergleich der Performance von verschiedenen *Datenbankmanagementsystemen* [RGVS+12]. Für den Vergleich haben die Autoren verschiedene Szenarien mit unterschiedlichen Abfragen konzipiert. Die Ergebnisse von zwei Szenarien werden im folgenden kurz vorgestellt: (*i*) *Workload R* und (*ii*) *Workload RW*.

Im ersten Szenario werden 95% lesende Operationen und 5% schreibende Operationen durchgeführt (Abbildung F.7(a)). Im zweiten Szenario erfolgen 50% schreibende und 50% lesende Operationen (Abbildung F.7(b)). Zwei Punkte fallen bei diesem Vergleich auf: (*i*) Cassandra skaliert fast linear hinsichtlich der Knoten und der möglichen Operationen in beiden

Szenarien. (*ii*) Ab acht Knoten liegt die Performance von Cassandra über der Performance der anderen Systeme.

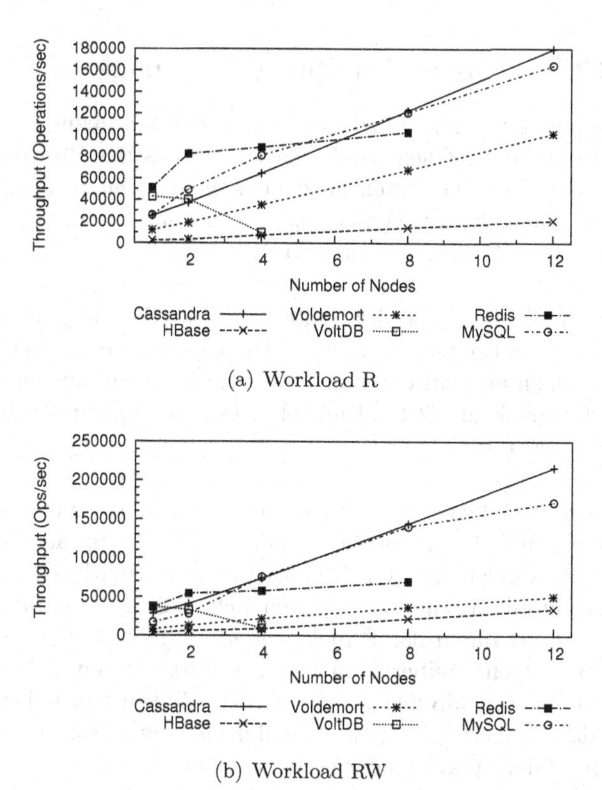

(a) Workload R

(b) Workload RW

Abbildung F.7.: Vergleich der Laufzeiten verschiedener *Datenbankmanagementsysteme* (nach [RGVS+12, S. 6f])

F.3. Erweiterungen von Cassandra

Cassandra wurde seit der ersten Veröffentlichung stark weiterentwickelt. Eine große Community von Entwicklern veröffentlicht alle paar Monate neue Versionen mit neuen Funktionen. Zwei dieser neueren Funktionen werden in diesem Abschnitt aufgegriffen. Dabei handelt es sich zum einen um die Abfragesprache *CQL – Cassandra Query Language* mit der, ähnlich der Sprache *SQL*, Abfragen formuliert werden können. Zum anderen wird die Anbindung von Hadoop kurz vorgestellt.

F.3.1. CQL – Cassandra Query Language

Cassandra bietet mehrere Möglichkeiten, auf Daten zuzugreifen. Neben einer Schnittstelle für Client-Bibliotheken, mittels des Protokolls *Thrift* [ASK07], lassen sich die Daten auch über ein *Command Line Interface* (*CLI*) ansprechen. In der Version 0.8 von Cassandra wurde zudem die *Cassandra Query Language* eingeführt.

Die Sprache CQL ist von der Syntax stark an SQL angelehnt. Mittels CQL können Daten gelesen, geändert oder gelöscht werden. Auch strukturelle Änderungen an Spaltenfamilien oder an Schlüsselräumen sind möglich. Zwei Beispiele zum Zugriff mittels CLI und CQL finden sich in den Listings F.5 und F.6.

CQL wurde mit dem Ziel entwickelt, eine stabile und einfache Schnittstelle zu Cassandra bereitzustellen. Zudem sollte die Sprache schnell erlernbar für Anwender mit SQL-Kenntnissen sein. Hierdurch wurde auch die Interaktion mit Anwendungen vereinfacht. Für die Programmiersprache *Java* existiert durch das Projekt *cassandra-jdbc* [JDB13] ein JDBC-Treiber[2]. Mit diesem Treiber kann auf Cassandra mit den gleichen Methoden wie auf ein RDBMS zugegriffen werden. Zudem wurde beim Design von CQL darauf Wert gelegt, dass nachfolgend keine großen Änderungen an der Syntax der Sprache mehr erfolgen sollen.

Dies soll in Zukunft dafür sorgen, dass Cassandra den Anwendungen eine stabile Schnittstelle anbietet. Die Syntax der CLI hat in den letzten Versionen von Cassandra größere Änderungen erfahren. Programme welche per CLI auf Daten zugreifen, müssen daher fortlaufend angepasst werden. Neben den vielen Ähnlichkeiten besitzen SQL und CQL auch grundlegende Unterschiede. So sind in CQL keine Joins implementiert. Zudem sind in CQL Schlüsselwörter für die Tunable Consistency enthalten. In vielen Abfragen lassen sich Konsistenz-Level angeben. Ein Beispiel hierfür ist in Listing F.7 zu finden. In diesem Listing wird mit dem Konsistenz-Level `QUORUM` gearbeitet.

[2] JDBC - *Java Database Connectivity*

Listing F.5: Abfrage einer Zeile – Casandra CLI und CQL

```
1 # CLI
2 get People['21'];
3
4 # CQL
5 SELECT * from People WHERE key = 21;
```

Listing F.6: Anlegen einer Zeile – Casandra CLI und CQL

```
1 # CLI
2 set users['jsmith'][firstname] = 'John';
3 set users['jsmith'][lastname] = 'Smith';
4 set users['jsmith'][age] = '22';
5
6 # CQL
7 INSERT INTO users (KEY, firstname, lastname, age)
      VALUES ('jsmith', 'John', 'Smith', '22');
```

F.3.2. Integration von Hadoop

Cassandra Datenbanken sind oft sehr groß. Möchte man die dort gespeicherten Daten auswerten, so bietet es sich an, die Daten mittels *Map-Reduce* zu verarbeiten und auszuwerten [DG04]. Ein sehr verbreitetes Open-Source Framework hierfür ist Hadoop.

Für die Ablage von großen Datenmengen bringt Hadoop ein eigenes Dateisystem mit: *HDFS*. Dieses Dateisystem ist auf die redundante Speicherung großer Datenmengen spezialisiert. In Cassandra sind die Daten bereits redundant gespeichert. Nutzt man die klassischen Techniken von Hadoop, so müssen die Daten aus Cassandra exportiert und in HDFS importiert werden, bevor mit diesen gearbeitet werden kann. Neben einer Verdopplung des genutzten Speicherplatzes, benötigt das Kopieren der Daten ins HDFS einige Zeit. Dies sorgt bei großen Datenmengen für deutliche Verzögerungen, bis die eigentliche Auswertung der Daten beginnen kann. Ebenfalls müssen Programme entwickelt werden, welche das Kopieren der Daten übernehmen.

Listing F.7: Anlegen einer Zeile

```
1 # CLI
2 consistencylevel as QUORUM;
3 set users['jsmith'][firstname] = 'John';
4 set users['jsmith'][lastname] = 'Smith';
5 set users['jsmith'][age] = '22';
6
7 # CQL
8 INSERT INTO users (KEY, firstname, lastname, age) VALUES ('
      jsmith', 'John', 'Smith', '22') USING CONSISTENCY QUORUM;
```

Ab Cassandra Version 0.6 kann Hadoop direkt auf die in Cassandra gespeicherten Daten zugriffen. Ein Export der Daten in HDFS entfällt. Ebenfalls ist es möglich, von Hadoop berechnete Ergebnisse wieder an Cassandra zu übergeben. Konkret stehen hierzu die Klassen `org.apache.cassandra.hadoop.ColumnFamilyInputFormat` und `org.apache.cassandra.hadoop.ColumnFamilyOutputFormat` zur Verfügung. Diese können in eigene Hadoop Programme eingebunden werden. Ebenfalls existiert eine Erweiterung für das *Pig* Framework [ORS+08], welche einen direkten Zugriff auf die in Cassandra gespeicherten Daten erlaubt.

F.4. Fazit

In dieser Arbeit wurden die Architektur, die Geschichte und einige neuere Funktionen der Software Apache Cassandra vorgestellt. Es wurde auf Themen wie Redundanz, Konsistenz, Peer to Peer und Replikation eingegangen. Ebenso wurde der im Jahr 2012 durchgeführte Performance-Vergleich verschiedener Datenbankmanagementsysteme angesprochen. Dieser bescheinigt Cassandra, in vielen Szenarien, eine höhere Performance als anderen DBMS.

Auch wenn Cassandra heute nicht mehr bei dem ursprünglichen Entwickler (Facebook) eingesetzt wird, nutzen vielen Firmen diese Software für eigene Projekte. Es ist damit zu rechnen, dass aufgrund der rasant wachsenden Datenmengen, auch in Zukunft die Nachfrage nach Cassandra und anderen NoSQL-Datenbanken nicht nachlassen wird.

Anhang G. Scripte

Listing G.1: Script zur Installation von Cassandra

```
1 #!/bin/sh
2 #
3 # This script will install apache
4 # cassandra with all its dependencies.
5 # In addition, a basic configuration
6 # will be applied to cassandra.
7 #
8 # Jan Kristof Nidzwetzki
9 #
10 #######################################
11 
12 cassandra_dir=/opt/cassandra
13 cassandra_version=2.0.7
14 cassandra_url=http://ftp-stud.hs-esslingen.de/pub/Mirrors/ftp.
      apache.org/dist/cassandra/$cassandra_version/apache-
      cassandra-$cassandra_version-bin.tar.gz
15 seed_ip=192.168.1.105
16 
17 # Set language for output processing
18 LANG=C
19 
20 # Is cassadra already installed?
21 if [ -d $cassandra_dir ]; then
22    echo "Cassandra is already installed, exiting"
23    exit -1
24 fi
25 
26 # Install jdk, wget and other required software
27 apt-get install -y openjdk-7-jdk wget vim
28 
29 # Install cassandra
30 mkdir -p $cassandra_dir
31 cd $cassandra_dir
32 wget $cassandra_url
33 
34 rc=$?
35 
36 if [[ $rc != 0 ]] ; then
```

```
37      echo "Unable to download cassandra. exiting"
38      exit -1
39  fi
40
41  tar zxvf apache-cassandra-$cassandra_version-bin.tar.gz
42  cd apache-cassandra-$cassandra_version
43
44  # Apply a basic configuration
45  mainip=$(ifconfig eth0 | grep "inet addr" | cut -d ":" -f 2 |
        cut -d " " -f 1)
46
47  if [ ! -f conf/cassandra.yaml ]; then
48     echo "Unable to locate cassandra main configuration (
          cassandra.yaml)"
49     exit -1
50  fi
51
52  sed -i "s/listen_address: .*/listen_address: $mainip/" conf/
        cassandra.yaml
53  sed -i "s/rpc_address: .*/rpc_address: $mainip/" conf/
        cassandra.yaml
54  sed -i "s/seeds: .*/seeds: \"127.0.0.1,$seed_ip\"/" conf/
        cassandra.yaml
55
56  echo "Cassandra is successfully installed..."
57  echo " "
```

Listing G.2: Script zur Installation des cpp-Treibers

```
1  #!/bin/sh
2  #
3  # This script will download and build the
4  # DataStax C++ Driver for Apache Cassandra
5  #
6  # It will create two .deb packages
7  #
8  # You can install them as follows:
9  #
10 # dpkg -i cassandra0_0.5-1_amd64.deb
11 # dpkg -i cassandra0-dev_0.5-1_amd64.deb
12 #
13 # Jan Kristof Nidzwetzki
14 #
15 ######################################
16 
17 # Install build dependencies
18 apt-get install -y git cmake libboost-system-dev libboost-
       thread-dev libboost-date-time-dev libboost-program-options
       -dev libboost-test1.49-dev fakeroot dpkg-dev
19 
20 # Make tmp dir
21 dir=$(mktemp -d)
22 cd $dir
23 
24 # Download and build driver
25 git clone https://github.com/datastax/cpp-driver.git
26 cd cpp-driver
27 
28 # On RPM based distributions, you can build
29 # the driver with:
30 # cmake . && make && make cql_demo && make cql_test && make
       test && make install
31 
32 dpkg-buildpackage -rfakeroot
33 
34 echo "Build ready"
```

Listing G.3: Script zum Starten und Stoppen von Cassandra

```
1 #!/bin/bash
2 #
3 # This script will start and stop cassandra
4 # on multiple nodes
5 #
6 # Jan Kristof Nidzwetzki
7 #
8 ######################################
9
10
11 # Cassandra Nodes
12 nodes="node1 node2 node3 node4 node5 node6"
13
14 # Cassandra dir
15 cassandradir="/opt/psec/nidzwetzki/cassandra/apache-cassandra
      -2.0.7"
16
17 # Start cassandra
18 start() {
19 for node in $nodes; do
20
21    echo -n "Starting Cassandra on Node $node "
22    ssh $node "source .secondorc; $cassandradir/bin/cassandra >
          /dev/null" &
23    echo "  [ Done ]"
24
25 done
26
27 echo -e "\n\n\n\n\n"
28
29 echo "Wait for cassandra nodes to become ready...."
30 sleep 10
31
32 # Wait for cassandra nodes
33 while [ true ]; do
34
35  ring=$($cassandradir/bin/nodetool ring)
36  $cassandradir/bin/nodetool ring
37
38  if [ $(echo $ring | grep Down | wc -l) -eq 0 ]; then
39     if [ $(echo $ring | grep Up | wc -l) -gt 10 ]; then
40        break
41     fi
42  fi
43
44  sleep 5;
45 done
```

```
46 }
47
48 # Stop cassandra
49 stop() {
50 for node in $nodes; do
51
52     echo -n "Killing Cassandra on node $node"
53     ssh $node "ps ux | grep CassandraDaemon | grep -v grep |
           awk {'print \$2'} | xargs kill 2> /dev/null"
54     echo "  [ Done ]"
55
56 done
57 }
58
59
60 case "$1" in
61
62 start)
63     start
64     ;;
65 stop)
66     stop
67     ;;
68 *)
69     echo "Usage $0 {start|stop}"
70     ;;
71 esac
72
73 exit 0
```

Listing G.4: Script zum Starten und Stoppen

```
1 #!/bin/bash
2 #
3 # This script starts and stops a
4 # local DSECONDO installation. This Script
5 # can also manage multiple DSECONDO worker nodes.
6 #
7 # Jan Kristof Nidzwetzki
8 #
9 #######################################
10
11 # Set language to default
12 LANG=C
13
14 # port for secondo
15 port=11234
16
17 # Keyspace to use
18 keyspace="keyspace_r2"
19
20 # Cassandra Nodes
21 nodes="node1 node2 node3 node4 node5 node6"
22
23 # Variables
24 screensessionServer="dsecondo-server"
25 screensessionExecutor="dsecondo-executor"
26
27 # Scriptname and Path
28 pushd `dirname $0` > /dev/null
29 scriptpath=`pwd`
30 scriptname=$(basename $0)
31 popd > /dev/null
32
33 # Get local IP
34 function getIp {
35    /sbin/ifconfig | grep "inet addr" | grep -v "127.0.0.1" |
        cut -d ":" -f 2 | awk {'print $1'} | head -1
36 }
37
38 # Get id for screen
39 function getScreenId {
40    ids=$(screen -ls | grep $1 | cut -f1 -d'.' | tr -d '\t')
41
42    if [ $(screen -ls | grep $1 | cut -f1 -d'.' | wc -l) -eq 1
        ]; then
43      echo -n $ids
44    else
45      echo -n "-1"
```

```
46    fi
47 }
48
49 # Exec a command in screen session
50 function execCommandsInScreen {
51   session=$1
52   shift
53
54   screenid=$(getScreenId "$session")
55
56   while [ "$1" != "" ]; do
57     COMMAND=$1
58
59     # Line borrowed from psecondo tools
60     screen -S $screenid -p 0 -X stuff "${COMMAND}$(printf \\r)
         "
61     shift
62   done
63 }
64
65 # Start local dsecondo instance
66 start_local() {
67    echo "Starting DSECONDO instance"
68
69    if [ ! -f $SECONDO_CONFIG ]; then
70       echo "Unable to locate SECONDO config" 1>&2
71       exit -1;
72    fi
73
74    # Change SECONDO Server Port in configuration
75    sed -i "s/SecondoPort=.*/SecondoPort=$port/"
          $SECONDO_CONFIG
76
77    # Check if screen is already running
78    sInstances=$(screen -ls | egrep "($screensessionServer|
          $screensessionExecutor)" | wc -l)
79
80    if [ $sInstances -ne 0 ]; then
81        echo "[Error] Screen is already running... " 1>&2
82        exit -1
83    fi
84
85    # Start screen in deamon mode
86    screen -dmS $screensessionServer
87    screen -dmS $screensessionExecutor
88
89    execCommandsInScreen $screensessionServer "cd
          $SECONDO_BUILD_DIR/bin" "./SecondoMonitor -s"
90    sleep 2
```

```
91     localIp=$(getIp "")
92     execCommandsInScreen $screensessionExecutor "cd
           $SECONDO_BUILD_DIR/Algebras/Cassandra/tools/
           queryexecutor/" "./Queryexecutor -i $localIp -k
           $keyspace -p $port"
93 }
94
95 # Stop local dsecondo instance
96 stop_local() {
97     echo "Stopping DSECONDO instance"
98
99     # Kill the screen executor session
100    screenid=$(getScreenId "$screensessionExecutor")
101
102    if [ "$screenid" != "-1" ]; then
103       echo $screenid
104       kill $screenid
105    fi
106
107    # Line borrowed from psecondo tools
108    screenid=$(getScreenId "$screensessionServer")
109    if [ "$screenid" != "-1" ]; then
110       execCommandsInScreen $screenid "quit" "y" "exit"
111       sleep 5
112    fi
113
114    # Kill the screen executor session
115    screenid=$(getScreenId "$screensessionServer")
116
117    if [ "$screenid" != "-1" ]; then
118       echo $screenid
119       kill $screenid
120    fi
121
122 }
123
124 # Start all descondo instances
125 start() {
126
127    for node in $nodes; do
128       echo -n "Starting DSECONDO on Node $node "
129          ssh $node "source .secondorc; $scriptpath/$scriptname
                 start_local > /dev/null"
130
131       echo "  [ Done ]"
132    done
133 }
134
135 # Stop all desecondo instances
```

```
136 stop() {
137    for node in $nodes; do
138
139       echo -n "Stopping DSECONDO on Node $node "
140          ssh $node "source .secondorc; $scriptpath/$scriptname
                 stop_local > /dev/null"
141
142       echo "  [ Done ]"
143    done
144 }
145
146 case "$1" in
147
148 start)
149    start
150    ;;
151 stop)
152    stop
153    ;;
154 start_local)
155    start_local
156    ;;
157 stop_local)
158    stop_local
159    ;;
160 *)
161    echo "Usage $0 {start|stop}"
162    ;;
163 esac
164
165 exit 0
```

Listing G.5: Script zum Ausführen von Experimenten

```
1  #!/bin/bash
2  #
3  # This script runs a given query 20 times
4  # and measure the execution time. The collected times
5  # will be exported as a CSV file named "Experiment.csv"
6  #
7  # Jan Kristof Nidzwetzki
8  #
9  ##########################
10
11 # process parameter
12 query=$1
13
14 # check parameter
15 if [ $# -ne 1 ]; then
16     echo "Usage $0 <QUERY>"
17     echo ""
18     echo "Example $0 \"query plz feed sortby[PLZ] count\""
19     exit -1
20 fi
21
22 # create a temp file for our secondo queries
23 file=$(mktemp)
24
25
26 cat <<-EOF > $file
27 open database opt
28
29 delete Experiments
30
31 let Experiments = [const rel(tuple([
32   Experiment: int,
33   ExecutionTime: real
34 ]))
35 value ()]
36
37 EOF
38
39 for e in `seq 1 20`; do
40     # delete old variables
41     echo "delete x1;" >> $file
42     echo "" >> $file
43
44     # insert Abfrage
45     echo $query >> $file
46     echo "" >> $file
47
```

```
48     # write execution time
49     echo "let x1 = SEC2COMMANDS feed tail[1] avg[ElapsedTime]"
           >> $file
50     echo "" >> $file
51     echo "query Experiments inserttuple[$e, x1] consume" >>
           $file
52     echo "" >> $file
53 done
54
55 echo "query Experiments" >> $file
56 echo "" >> $file
57 echo "query Experiments feed csvexport['Experiment.csv', FALSE
       , TRUE] count" >> $file
58
59 cat $file
60
61 # execute statements
62 ./SecondoBDB -i $file
63
64 # remove old statement file
65 rm $file
```

Listing G.6: Installation im Cluster

```
1  # Download and Install Boost and the cassandra cpp-driver
2  mkdir cql
3  cd cql
4
5  # Download Boost 1.55 and build
6  wget http://sourceforge.net/projects/boost/files/boost/1.55.0/
       boost_1_55_0.tar.bz2/download -O boost_1_55_0.tar.bz2
7  tar jxvf boost_1_55_0.tar.bz2
8  cd boost_1_55_0
9
10 # Build boost (--layout=tagged add the -mt prefix to the
       libraries)
11 ./bootstrap.sh  --prefix=../boost
12 ./b2 --layout=tagged
13 ./b2 --layout=tagged install
14
15 # Download and build the cassandra cpp driver
16 cd /export/homes/nidzwetzki/cql
17 git clone https://github.com/datastax/cpp-driver
18 cd cpp-driver
19
20 # Set custom boost installation path
21 export BOOSTROOT=/export/homes/nidzwetzki/cql/boost/boost
22 export BOOST_INCLUDEDIR=/export/homes/nidzwetzki/cql/boost/
       boost/include
23 export BOOST_LIBRARYDIR=/export/homes/nidzwetzki/cql/boost/
       boost/lib
24
25 cmake -DBoost_NO_SYSTEM_PATHS=TRUE -DBoost_NO_BOOST_CMAKE=TRUE
       -DBoost_ADDITIONAL_VERSIONS=1.55.0  -DBoost_DEBUG=ON .
26
27 make
28
29 # Build secondo with Cassandra support
30 cd ~/cql/secondo
31
32 # Add these lines to SECONDO makefile.algebras
33 ALGEBRA_DIRS += Cassandra
34 ALGEBRAS     += CassandraAlgebra
35 ALGEBRA_DEPS += boost_system-mt boost_thread-mt pthread
       boost_unit_test_framework-mt boost_date_time-mt
       boost_program_options-mt ssl crypto z cql
36
37 ALGEBRA_INCLUDE_DIRS += /export/homes/nidzwetzki/cql/cpp-
       driver/include
38 ALGEBRA_INCLUDE_DIRS += /export/homes/nidzwetzki/cql/boost/
       boost/include
```

```
39 ALGEBRA_DEP_DIRS += /export/homes/nidzwetzki/cql/cpp-driver
40 ALGEBRA_DEP_DIRS += /export/homes/nidzwetzki/cql/boost/boost/
       lib
41 LDFLAGS := -L/export/homes/nidzwetzki/cql/boost/boost/lib $(
       LDFLAGS)
42
43 # Change the LD_LIBRARY_PATH in your .secondorc
44 # Add boost and libcql to LD_LIBRARY_PATH
45 export LD_LIBRARY_PATH=/export/homes/nidzwetzki/cql/cpp-driver
       :/export/homes/nidzwetzki/cql/boost/boost/lib:
       $LD_LIBRARY_PATH
46
47 # Build SECONDO
48 make
49
50 # Check that our boost installation is used correctly
51 ldd ~/cql/cpp-driver/libcql.so | grep boost
52 ldd ~/cql/secondo/bin/SecondoBDB  | grep boost
53
54 # The output of ldd should look like
55 libboost_date_time-mt.so.1.55.0 => /export/homes/nidzwetzki/
       cql/boost/boost/lib/libboost_date_time-mt.so.1.55.0 (0
       x00007f2835588000)
56 libboost_program_options-mt.so.1.55.0 => /export/homes/
       nidzwetzki/cql/boost/boost/lib/libboost_program_options-mt
       .so.1.55.0 (0x00007f283531e000)
57 libboost_system-mt.so.1.55.0 => /export/homes/nidzwetzki/cql/
       boost/boost/lib/libboost_system-mt.so.1.55.0 (0
       x00007f283511a000)
58 libboost_thread-mt.so.1.55.0 => /export/homes/nidzwetzki/cql/
       boost/boost/lib/libboost_thread-mt.so.1.55.0 (0
       x00007f2834f01000)
59 libboost_unit_test_framework-mt.so.1.55.0 => /export/homes/
       nidzwetzki/cql/boost/boost/lib/
       libboost_unit_test_framework-mt.so.1.55.0 (0
       x00007f2834c39000)
60
61
62 # Install jre 7
63 mkdir ~/cql/java
64 cd ~/cql/java
65 wget http://javadl.sun.com/webapps/download/AutoDL?BundleId
       =87437 -O jre-7u55-linux-x64.tar.gz
66 tar zxvf jre-7u55-linux-x64.tar.gz
67
68 # Add java path to your .secondorc
69 export JAVA_HOME=/export/homes/nidzwetzki/cql/java/jre1.7.0_55
70 export PATH=${JAVA_HOME}/bin:$PATH
71
```

```
72 # Download and install Cassandra
73 for i in node1 node2 node3 node4 node5 node6; do ssh
       nidzwetzki@$i mkdir /opt/psec/nidzwetzki; done
74 for i in node1 node2 node3 node4 node5 node6; do ssh
       nidzwetzki@$i ~/cql/secondo/Algebras/Cassandra/tools/
       install_cassandra.sh; done
```

Listing G.7: Mitschrift zum Lokalitäts-Experiment

```
1 # Delete old cassandra data
2 for i in node1 node2 node3 node4 node5 node6; do ssh
     nidzwetzki@$i "rm -r /opt/psec/nidzwetzki/cassandra/data/"
     ; don
3
4 # Change num_tokens 256 -> 1 in casssandra configuration
5 for i in node1 node2 node3 node4 node5 node6; do ssh
     nidzwetzki@$i "sed -i 's/num_tokens: .*/num_tokens: 1/' /
     opt/psec/nidzwetzki/cassandra/apache-cassandra-2.0.7/conf/
     cassandra.yaml"; done
6
7 # Start Cassandra
8 for i in node1 node2 node3 node4 node5 node6; do ssh
     nidzwetzki@$i "source .secondorc; /opt/psec/nidzwetzki/
     cassandra/apache-cassandra-2.0.7/bin/cassandra"; done
9
10 # Create keyspaces
11 /opt/psec/nidzwetzki/cassandra/apache-cassandra-2.0.7/bin/
     cqlsh node1
12
13 CREATE KEYSPACE keyspace_r1 WITH replication = {'class': '
     SimpleStrategy', 'replication_factor' : 1};
14 CREATE KEYSPACE keyspace_r2 WITH replication = {'class': '
     SimpleStrategy', 'replication_factor' : 2};
15 CREATE KEYSPACE keyspace_r3 WITH replication = {'class': '
     SimpleStrategy', 'replication_factor' : 3};
16 CREATE KEYSPACE keyspace_r4 WITH replication = {'class': '
     SimpleStrategy', 'replication_factor' : 4};
17 CREATE KEYSPACE keyspace_r5 WITH replication = {'class': '
     SimpleStrategy', 'replication_factor' : 5};
18 CREATE KEYSPACE keyspace_r6 WITH replication = {'class': '
     SimpleStrategy', 'replication_factor' : 6};
19
20 # Show ring configuration
21 /opt/psec/nidzwetzki/cassandra/apache-cassandra-2.0.7/bin/
     nodetool ring
22
23 Datacenter: datacenter1
24 ==========
25 Address         Rack        Status State   Load
     Owns                Token
26                  7769250552274390696
27 132.176.69.185  rack1       Up     Normal  58.64 KB
     27.97%              -5517027743252419198
28 132.176.69.182  rack1       Up     Normal  45.16 KB
     8.63%              -3924745331368564957
```

```
29 132.176.69.183  rack1       Up      Normal  77.67 KB
       8.29%              -2395795041556440644
30 132.176.69.184  rack1       Up      Normal  79.16 KB
       10.74%              -4152234116029577900
31 132.176.69.181  rack1       Up      Normal  37.53 KB
       19.45%              3171945662543051227
32 132.176.69.186  rack1       Up      Normal  81.46 KB
       24.92%              7769250552274390696
33
34 # Experiments
35
36 # Stop cassandra
37 for i in node1 node2 node3 node4 node5 node6; do ssh
       nidzwetzki@$i "ps faux | grep cassandra | grep -v grep |
       awk {'print \$2'} | xargs kill" ; done
```

Listing G.8: Ermitteln des Festplattendurchsatzes

```
1 #include <stdio.h>
2 #include <sys/time.h>
3 #include <fcntl.h>
4 #include <unistd.h>
5 #include <string.h>
6 #include <string>
7 #include <iostream>
8 #include <sstream>
9
10 using namespace std;
11
12 const size_t size = 1024 * 1024; // 1 MB
13 const size_t multiply = 500;     // 500 * size
14
15 char a[size];
16
17 size_t chunks = 20;
18
19 void printTime(size_t i, timeval start, timeval end) {
20
21         long mtime, seconds, useconds;
22         seconds  = end.tv_sec  - start.tv_sec;
23         useconds = end.tv_usec - start.tv_usec;
24
25         mtime = ((seconds) * 1000 + useconds/1000.0) + 0.5;
26
27         printf("%zu %ld milliseconds\n", i, mtime);
28
29 }
30
31 string getFilename(int i) {
32         stringstream ss;
33         //ss << "/opt/psec/nidzwetzki/output_";
34         ss << "/mnt/diskb/psec2/nidzwetzki/output_";
35         ss << i;
36         return ss.str();
37 }
38
39
40 int main() {
41
42         int fdr = open("/dev/urandom", O_RDONLY);
43         read(fdr, a, sizeof(a));
44         close(fdr);
45
46         struct timeval start, end;
47
```

```
48          // Write
49          for (int i = 0; i < chunks; ++i) {
50                  gettimeofday(&start, NULL);
51                  string filename = getFilename(i);
52                  int fd = open(filename.c_str(), O_WRONLY|
                        O_CREAT|O_TRUNC|O_SYNC, 0644);
53
54                  if(! fd) {
55                          printf("Unable to open file for
                                writing\n");
56                  }
57
58                  for (int j = 0; j < multiply; ++j){
59                          write(fd, &a, sizeof(a));
60                  }
61                  close(fd);
62
63                  gettimeofday(&end, NULL);
64                  printTime(i, start, end);
65          }
66
67          printf("\n\n");
68
69          // Read
70          for (int i = 0; i < chunks; ++i) {
71                  gettimeofday(&start, NULL);
72                  string filename = getFilename(i);
73                  int fd = open(filename.c_str(), O_RDONLY );
74                  if(! fd) {
75                          printf("Unable to open file for
                                reading\n");
76                  }
77                  int readBytes;
78                  int total = 0;
79                  while( readBytes = read(fd, a, sizeof(a)) ) {
80                          total = total + readBytes;
81                  }
82                  //printf("Read %d\n", total);
83                  close(fd);
84
85                  gettimeofday(&end, NULL);
86                  printTime(i, start, end);
87          }
88
89
90          return 0;
91  }
```

Anhang H. Quellcode

Der Quellcode des Systems kann auf den Webseiten des Lehrgebietes *Datenbanksysteme für neue Anwendungen* der *FernUniversität Hagen* unter der URL http://dna.fernuni-hagen.de/Secondo.html/DSecondo/DSE CONDO-Website/index.html heruntergeladen werden.

Listingverzeichnis

Literaturverzeichnis

[Apa14a] Apache Webserver 2.2 Dokumentation - Log Files, 2014. http://httpd.apache.org/docs/2.2/logs.html - Abgerufen am 11.08.2014.

[Apa14b] Webseite des Apache Webservers, 2014. http://httpd.apache.org/ - Abgerufen am 22.07.2014.

[Ara14] ArangoDB - the multi-purpose NoSQL DB, 2014. https://www.arangodb.org/ - Abgerufen am 20.04.2014.

[ASK07] Aditya Agarwal, Mark Slee, and Marc Kwiatkowski. Thrift: Scalable cross-language services implementation. Technical report, Facebook, 4 2007.

[Azu14] Microsoft Inc. Microsoft Azure. *Webseite des Dienstes Microsoft Azure - Abgerufen am 14.07.2014.* http://azure.microsoft.com/de-de/, 2014.

[BH77] Henry C. Baker, Jr. and Carl Hewitt. The incremental garbage collection of processes. *SIGPLAN Not.*, 12(8):55–59, August 1977.

[Blo70] Burton H. Bloom. Space/time trade-offs in hash coding with allowable errors. *Commun. ACM*, 13(7):422–426, 1970.

[But97] David R. Butenhof. *Programming with POSIX Threads.* Addison-Wesley Longman Publishing Co., Inc., Boston, MA, USA, 1997.

[CAS13a] Apache cassandra users, 2013. http://planetcassandra.org/Company/ViewCompany - Abgerufen am 25.04.2013.

[CAS13b] Apache cassandra website, 2013. http://cassandra.apache.org/ - Abgerufen am 25.04.2013.

[CAS13c] Apache Cassandra Wiki - MemtableSSTable, 2013. http://wiki.apache.org/cassandra/MemtableSSTable - Abgerufen am 15.04.2013.

[CAS14a] Apache cassandra cql, 2014. http://cassandra.apache.org/doc/cql3/CQL.html - Abgerufen am 15.04.2014.

[CAS14b] Apache Cassandra Wiki - Thrift, 2014. http://wiki.apache.org/cassandra/ThriftInterface - Abgerufen am 19.04.2014.

[CBB+03] Mitch Cherniack, Hari Balakrishnan, Magdalena Balazinska, Don Carney, Uur Çetintemel, Ying Xing, and Stan Zdonik. Scalable distributed stream processing. In *In CIDR*, 2003.

[CDE+12] James C. Corbett, Jeffrey Dean, Michael Epstein, Andrew Fikes, Christopher Frost, J. J. Furman, Sanjay Ghemawat, Andrey Gubarev, Christopher Heiser, Peter Hochschild, Wilson Hsieh, Sebastian Kanthak, Eugene Kogan, Hongyi Li, Alexander Lloyd, Sergey Melnik, David Mwaura, David Nagle, Sean Quinlan, Rajesh Rao, Lindsay Rolig, Yasushi Saito, Michal Szymaniak, Christopher Taylor, Ruth Wang, and Dale Woodford. Spanner: Google's globally-distributed database. In *Proceedings of the 10th USENIX Conference on Operating Systems Design and Implementation*, OSDI'12, pages 251–264, Berkeley, CA, USA, 2012. USENIX Association.

[CDG+08] Fay Chang, Jeffrey Dean, Sanjay Ghemawat, Wilson C. Hsieh, Deborah A. Wallach, Mike Burrows, Tushar Chandra, Andrew Fikes, and Robert E. Gruber. Bigtable: A distributed storage system for structured data. *ACM Trans. Comput. Syst.*, 26(2):4:1–4:26, June 2008.

[CP84] Stefano Ceri and Giuseppe Pelagatti. *Distributed Databases Principles and Systems.* McGraw-Hill, Inc., New York, NY, USA, 1984.

[CPP14a] Bug CPP-116 im Bugtracker von DataStax, Inc., 2014. https://datastax-oss.atlassian.net/browse/CPP-116 - Abgerufen am 18.06.2014.

[CPP14b] Bug CPP-144 im Bugtracker von DataStax, Inc., 2014. https://datastax-oss.atlassian.net/browse/CPP-144 - Abgerufen am 18.06.2014.

[CPP14c] Bug CPP-22 im Bugtracker von DataStax, Inc., 2014. https://datastax-oss.atlassian.net/browse/CPP-22 - Abgerufen am 18.06.2014.

[CPP14d] Bug CPP-80 im Bugtracker von DataStax, Inc., 2014. https://datastax-oss.atlassian.net/browse/CPP-80 - Abgerufen am 18.06.2014.

[CPP14e] Geplante Funktionen des cpp-treibers in der Version 1.0 - Aufgeführt im Bugtracker von DataStax, Inc., 2014. https://datastax-oss.atlassian.net/browse/CPP/fixforversion/11709/?selectedTab=com.atlassian.jira.jira-projects-plugin:version-summary-panel - Abgerufen am 12.08.2014.

[CQL14a] Cassandra - When to use an index, 2014. http://www.datastax.com/documentation/cql/3.0/cql/ddl/ddl_when_use_index_c.html - Abgerufen am 14.04.2014.

[CQL14b] Collection Columns in CQL auf der Website von DataStax, Inc., 2014. http://www.datastax.com/documentation /cql/3.1/cql/ddl/ddl_collection_columns_c.html - Abgerufen am 14.04.2014.

[CQL14c] Primary Keys in CQL auf der Webseite von planetcassandra.org, 2014. http://planetcassandra.org/blog/post/primary-keys-in-cql/ - Abgerufen am 14.04.2014.

[Cri91] Flavin Cristian. Understanding fault-tolerant distributed systems. *Commun. ACM*, 34(2):56–78, February 1991.

[CSRL01] Thomas H. Cormen, Clifford Stein, Ronald L. Rivest, and Charles E. Leiserson. *Introduction to Algorithms*. McGraw-Hill Higher Education, 2nd edition, 2001.

[Dad96] Peter Dadam. *Verteilte Datenbanken und Client/Server-Systeme - Grundlagen, Konzepte und Realisierungsformen.* Springer, 1996.

[DAT13] Apache cassandra documentation der firma datastax inc. - authentication, 2013. http://www.datastax.com/docs/1.2/configuration/authentication - Abgerufen am 15.04.2013.

[Dat14a] C++ Driver for Cassandra Open Sourced!, 2014. http://www.datastax.com/dev/blog/datastax-cpp-driver-for-cassandra-open-sourced - Abgerufen am 18.04.2014.

[Dat14b] DataStax, Inc. in der deutschen Wikipedia, 2014. http://en.wikipedia.org/w/index.php?title=DataStax&oldid=580059116 - Abgerufen am 18.04.2014.

[DG92] David DeWitt and Jim Gray. Parallel database systems: The future of high performance database systems. *Commun. ACM*, 35(6):85–98, June 1992.

[DG04] Jeffrey Dean and Sanjay Ghemawat. Mapreduce: Simplified data processing on large clusters. In *OSDI*, pages 137–150, 2004.

[DGH+87] Alan J. Demers, Daniel H. Greene, Carl Hauser, Wes Irish, John Larson, Scott Shenker, Howard E. Sturgis, Daniel C. Swinehart, and Douglas B. Terry. Epidemic algorithms for replicated database maintenance. In Fred B. Schneider, editor, *PODC*, pages 1–12. ACM, 1987.

[DHJ+07] Giuseppe DeCandia, Deniz Hastorun, Madan Jampani, Gunavardhan Kakulapati, Avinash Lakshman, Alex Pilchin, Swaminathan Sivasubramanian, Peter Vosshall, and Werner Vogels. Dynamo: amazon's highly available key-value store. In Thomas C. Bressoud and M. Frans Kaashoek, editors, *SOSP*, pages 205–220. ACM, 2007.

[Dye08] Russell Dyer. *Mysql in a Nutshell.* O'Reilly Media, Inc., second edition, 2008.

[FAC12] How Big Is Facebooks Data?, 2012. http://techcrunch.com/2012/08/22/how-big-is-facebooks-data-2-5-billion-pieces-of-content-and-500-terabytes-ingested-every-day/ - Abgerufen am 26.08.2014.

[FAC13] Facebook: The underlying technology of messages, 2013. https://www.facebook.com/notes/facebook-engineering/the-underlying-technology-of-messages/454991608919 - Abgerufen am 25.04.2013.

[GAB+14] Ralf Hartmut Güting, Dirk Ansorge, Thomas Behr, Christian Düntgen, Simone Jandt, and Markus Spiekermann. *SECONDO Version 3.1 - User Manual.* http://dna.fernuni-hagen.de/Secondo.html/, 2014.

[GBD10] Ralf Hartmut Güting, Thomas Behr, and Christian Düntgen. Secondo: A platform for moving objects database research and for publishing and integrating research implementations. *IEEE Data Eng. Bull.*, 33(2):56–63, 2010.

[GdAA+14] Ralf Hartmut Güting, Victor Teixeira de Almeida, Dirk Ansorge, Thomas Behr, Christian Düntgen, Simone Jandt, and Markus Spiekermann. *SECONDO Version 3.1 - Programmer's Guide.* http://dna.fernuni-hagen.de/secondo/files/ProgrammersGuide.pdf, 2014.

[Geo11] L. George. *HBase: The Definitive Guide.* O'Reilly Media, Inc., 2011.

[GGL03] Sanjay Ghemawat, Howard Gobioff, and Shun-Tak Leung. The google file system. *SIGOPS Oper. Syst. Rev.*, 37(5):29–43, October 2003.

[GIT14] Webseite des Cassandra CPP-Treiber auf Github, 2014. https://github.com/datastax/cpp-driver - Abgerufen am 11.06.2014.

[GL02] Seth Gilbert and Nancy Lynch. Brewer's conjecture and the feasibility of consistent, available, partition-tolerant web services. *SIGACT News*, 33(2):51–59, June 2002.

[GPL91] GNU General Public License - Version 2.0, 1991. http://www.gnu.org/licenses/gpl-2.0.html - Abgerufen am 04.07.2014.

[GPL07] GNU General Public License - Version 3.0, 2007. http://www.gnu.org/copyleft/gpl.html - Abgerufen am 04.07.2014.

[GR12] J. F. Gantz and D. Reinsel. The digital universe in 2020: Big data, bigger digital shadow's, and biggest growth in the far east. *IDC*, 2012.

[Güt08] R.H. Güting. *Operator Based Query Progress Estimation*. Informatik-Berichte. FernUniversität in Hagen. Fak. für Mathematik und Informatik, 2008.

[Güt93] Ralf Hartmut Güting. Second-order signature: a tool for specifying data models, query processing, and optimization. *SIGMOD Rec.*, 22(2):277–286, June 1993.

[Güt08] Ralf Hartmut Güting. Implementierung von Datenbanksystemen für neue anwendungen, 2008. Unveröffentlichtes Kursmanuskript, Lehrgebiet Datenbanksysteme für neue Anwendungen, FernUniversität in Hagen.

[Had14] Hadoop - Webseite, 2014. http://hadoop.apache.org/ - Abgerufen am 25.04.2014.

[HDYK04] Naohiro Hayashibara, Xavier Défago, Rami Yared, and Takuya Katayama. The accrual failure detector. In *SRDS*, pages 66–78. IEEE Computer Society, 2004.

[Hew10] E. Hewitt. *Cassandra: The Definitive Guide*. O'Reilly Media, Inc., 2010.

[HT93] Vassos Hadzilacos and Sam Toueg. Distributed systems (2nd ed.). chapter Fault-tolerant Broadcasts and Related Problems, pages 97–145. ACM Press/Addison-Wesley Publishing Co., New York, NY, USA, 1993.

[ILK08] Stratos Idreos, Erietta Liarou, and Manolis Koubarakis. Continuous multi-way joins over distributed hash tables. In *Proceedings of the 11th International Conference on Extending Database Technology: Advances in Database Technology*, EDBT '08, pages 594–605, New York, NY, USA, 2008. ACM.

[Inc14a] DataStax Inc. Cassandra Dokumentation auf der Website von DataStax Inc., 2014. http://www.datastax.com/docs - Abgerufen am 18.04.2014.

[Inc14b] DataStax Inc. Website von DataStax Inc., 2014. http://www.datastax.com/ - Abgerufen am 18.04.2014.

[Inf14] Webseite des Produktes InfoSphere Streams, 2014. http://www-03.ibm.com/software/products/en/infosphere-streams - Abgerufen am 11.06.2014.

[JDB13] Webseite vom Cassandra JDBC-Treiber, 2013. http://code.google.com/a/apache-extras.org/p/cassandra-jdbc/ - Abgerufen am 22.04.2013.

[Jos06] S. Josefsson. The Base16, Base32, and Base64 Data Encodings. RFC 4648 (Proposed Standard), October 2006.

[KE06] Alfons Kemper and André Eickler. *Datenbanksysteme - Eine Einführung, 6. Auflage.* Oldenbourg, 2006.

[Ker10] Michael Kerrisk. *The Linux Programming Interface: A Linux and UNIX System Programming Handbook.* No Starch Press, San Francisco, CA, USA, 1st edition, 2010.

[KLL+97] David Karger, Eric Lehman, Tom Leighton, Rina Panigrahy, Matthew Levine, and Daniel Lewin. Consistent hashing and random trees: distributed caching protocols for relieving hot spots on the world wide web. In *Proceedings of the twenty-ninth annual ACM symposium on Theory of computing*, STOC '97, pages 654–663, New York, NY, USA, 1997. ACM.

[KW14] M. Klose and D. Wrigley. *Einführung in Apache Solr.* O'Reilly Media, Inc., 2014.

[Lam78] Leslie Lamport. Time, clocks, and the ordering of events in a distributed system. *Commun. ACM*, 21(7):558–565, July 1978.

[Lam98] Leslie Lamport. The part-time parliament. *ACM Trans. Comput. Syst.*, 16(2):133–169, May 1998.

[Lam01] Leslie Lamport. Paxos Made Simple. *SIGACT News*, 32(4):51–58, December 2001.

[LG13a] Jiamin Lu and Ralf Hartmut Güting. Simple and efficient coupling of hadoop with a database engine. In *Proceedings of the 4th Annual Symposium on Cloud Computing*, SOCC '13, pages 32:1–32:2, New York, NY, USA, 2013. ACM.

[LG13b] Jiamin Lu and Ralf Hartmut Güting. *User Guide For Parallel Secondo - Abgerufen am 02.09.2014*. http://dna.fernuni-hagen.de/papers/PSUserGuide.pdf, 2013.

[LG13c] Jiamin Lu and Ralf Hartmut Güting. Parallel secondo: Practical and efficient mobility data processing in the cloud. In Xiaohua Hu, Tsau Young Lin, Vijay Raghavan, Benjamin W. Wah, Ricardo A. Baeza-Yates, Geoffrey Fox, Cyrus Shahabi, Matthew Smith, Qiang Yang 0001, Rayid Ghani, Wei Fan, Ronny Lempel, and Raghunath Nambiar, editors, *BigData Conference*, pages 17–25. IEEE, 2013.

[Lin14] Webseite des Geschäftsnetzwerkes LinkedIn, 2014. https://www.linkedin.com/ - Abgerufen am 11.06.2014.

[LLC11] Seagate Technology LLC. *DataSheet - Barracuda 7200.12 Performance and reliability for everyone - Abgerufen am 11.07.2014*. http://www.seagate.com/docs/pdf/datasheet/disc/barracuda-7200-12-ds1668-6-1101us.pdf, 2011.

[LLC12] Seagate Technology LLC. *DataSheet - Constellation ES.3 Data Sheet - Abgerufen am 11.07.2014*. http://www.seagate.com/www-content/product-content/constellation-fam/constellation-es/constellation-es-3/en-us/docs/constellation-es-3-data-sheet-ds1769-1-1210us.pdf, 2012.

[LM09] Avinash Lakshman and Prashant Malik. Cassandra: a structured storage system on a p2p network. In *Proceedings of the twenty-first annual symposium on Parallelism in algorithms and architectures*, SPAA '09, pages 47–47, New York, NY, USA, 2009. ACM.

[LM10] Avinash Lakshman and Prashant Malik. Cassandra: a decentralized structured storage system. *SIGOPS Oper. Syst. Rev.*, 44(2):35–40, April 2010.

[LMS05] P. Leach, M. Mealling, and R. Salz. Rfc 4122: A universally unique identifier (uuid) urn namespace, 2005.

[Lu12] Jiamin Lu. *How to Write Parallel Queries in Parallel SECONDO - Abgerufen am 14.07.2014.* http://dna.fernuni-hagen.de/secondo/files/example.pdf, 2012.

[Moc87] P. Mockapetris. *RFC 1035 Domain Names - Implementation and Specification.* Internet Engineering Task Force, November 1987.

[Nid12] Jan Kristof Nidzwetzki. Operator-kostenmodelle für fortschrittschätzung und optimierung in datenbanksystemen. *Bachelorarbeit, Lehrgebiet Datenbanksysteme für neue Anwendungen, Fernuniversität in Hagen*, 2012.

[Nid13] Jan Kristof Nidzwetzki. Cassandra. *Seminararbeit im Seminar Big Data Management, Lehrgebiet Datenbanksysteme für neue Anwendungen, Fernuniversität in Hagen*, 2013.

[NoS14] NoSQL - A Relational Database Management System - Abgerufen am 18.04.2014, 2014. http://www.strozzi.it/cgi-bin/CSA/tw7/I/en_US/nosql/Home

[OH12] Regina Obe and Leo Hsu. *PostgreSQL: Up and Running.* O'Reilly Media, Inc., 2012.

[ORS+08] Christopher Olston, Benjamin Reed, Utkarsh Srivastava, Ravi Kumar, and Andrew Tomkins. Pig latin: a not-so-foreign language for data processing. In *Proceedings of the 2008 ACM SIGMOD international conference on Management of data*, SIGMOD '08, pages 1099–1110, New York, NY, USA, 2008. ACM.

[ÖV11] M. Tamer Özsu and Patrick Valduriez, editors. *Principles of Distributed Database Systems.* Springer, New York, 3 edition, 2011.

[PAPV09] Wenceslao Palma, Reza Akbarinia, Esther Pacitti, and Patrick Valduriez. DHTJoin: processing continuous join queries using DHT networks. *Distributed and Parallel Databases*, 26(2-3):291–317, 2009.

[PD96] Jignesh M. Patel and David J. DeWitt. Partition based spatial-merge join. *SIGMOD Rec.*, 25(2):259–270, June 1996.

[PHM10] Eelco Plugge, Tim Hawkins, and Peter Membrey. *The Definitive Guide to MongoDB: The NoSQL Database for Cloud and Desktop Computing.* Apress, Berkely, CA, USA, 1st edition, 2010.

[PSE14] Parallel Secondo Website, 2014. http://dna.fernuni-hagen.de/Secondo.html/ParallelSecondo/index.html - Abgerufen am 05.04.2014.

[Rah94] E. Rahm. *Mehrrechner-Datenbanksysteme: Grundlagen der verteilten und parallelen Datenbankverarbeitung.* Addison-Wesley, 1994.

[RCM82] Mountain View CA Ralph C. Merkle. Method of providing digital signatures. Patent, 01 1982. US 4309569.

[RGVS+12] Tilmann Rabl, Sergio Gómez-Villamor, Mohammad Sadoghi, Victor Muntés-Mulero, Hans-Arno Jacobsen, and Serge Mankovskii. Solving big data challenges for enterprise application performance management. *Proc. VLDB Endow.*, 5(12):1724–1735, August 2012.

[Sam14] Webseite des Apache Samza Projektes, 2014. http://samza.incubator.apache.org/ - Abgerufen am 11.06.2014.

[ScZ05] Michael Stonebraker, Uğur Çetintemel, and Stan Zdonik. The 8 requirements of real-time stream processing. *SIGMOD Rec.*, 34(4):42–47, December 2005.

[SEC06] Setting up an SDK for Secondo, 2006. http://dna.fernuni-hagen.de/secondo/files/SDK_SETUP.pdf - Abgerufen am 05.08.2014.

[SEC14] SECONDO Webseite, 2014. http://dna.fernuni-hagen.de/Secondo.html/ - Abgerufen am 05.04.2014.

[Ser14] Amazon Inc. Amazon Web Services. *Webseite der Amazon Web Services - Abgerufen am 14.07.2014.* http://aws.amazon.com/de/, 2014.

[SMLN13] J.R. Spiegel, M.T. McKenna, G.S. Lakshman, and P.G. Nordstrom. Method and system for anticipatory package shipping, December 24 2013. US Patent 8,615,473.

[SVS+13] Jeff Shute, Radek Vingralek, Bart Samwel, Ben Handy, Chad Whipkey, Eric Rollins, Mircea Oancea, Kyle Littleeld, David Menestrina, Stephan Ellner, John Cieslewicz, Ian Rae, Traian Stancescu, and Himani Apte. F1: A distributed sql database that scales. In *VLDB*, 2013.

[Tan09] Andrew S. Tanenbaum. *Moderne Betriebssysteme*. Pearson Studium, 3., aktualisierte auflage. edition, 2009.

[TSJ+09] Ashish Thusoo, Joydeep Sen Sarma, Namit Jain, Zheng Shao, Prasad Chakka, Suresh Anthony, Hao Liu, Pete Wyckoff, and Raghotham Murthy. Hive: A warehousing solution over a map-reduce framework. *Proc. VLDB Endow.*, 2(2):1626–1629, August 2009.

[TvS07] Andrew S. Tanenbaum and Maarten van Steen. *Verteilte Systeme*. Pearson Studium, 2., aufl. edition, 2007.

[Vir14] Virtual Nodes in Cassandra auf der Website von DataStax, Inc., 2014. http://www.datastax.com/dev/blog/virtual-nodes-in-cassandra-1-2 - Abgerufen am 18.04.2014.

[Vog09] Werner Vogels. Eventually consistent. *Commun. ACM*, 52(1):40–44, January 2009.

[Vol14] Project Voldemort: A distributed database, 2014. http://project-voldemort.com/ - Abgerufen am 05.08.2014.

[WDT12] Inc. Western Digital Technologies. *DataSheet - WD Caviar Blue Desktop Hard Drives - Abgerufen am 11.07.2014*. http://www.wdc.com/wdproducts/library/SpecSheet/ENG/2879-701277.pdf, 2012.

[Whi09] Tom White. *Hadoop: The Definitive Guide*. O'Reilly Media, Inc., 1st edition, 2009.

[WIK13] Apache Cassandra in der Wikipedia, 2013. http://en.wikipedia.org/w/index.php?-title=Apache_Cassandra&oldid=545483041 - Abgerufen am 25.04.2013.

Printed in the United States
By Bookmasters

Printed in the United States
By Bookmasters